Mutig IST DAS NEUE Schön

Friseurinnen.
Freundinnen.
Unternehmerinnen.
Unser Abenteuer zur
internationalen Haarpflegemarke

MALIA

INHALT

VORWORT

Wenn ich an Mona und Julia denke, macht mein Herz vor Freude immer einen kleinen Satz. Diese beiden wundervollen Frauen und Freundinnen sind in meinem Leben eine solche Bereicherung und Inspiration, dass es mir die größte Freude ist, das Vorwort zu diesem ganz besonderen Buch zu schreiben.

Nicht nur, weil es die äußerst bemerkenswerte Geschichte einer unglaublichen Unternehmensgründung ist, sondern auch weil Julia und Mona ihren Erfolg und alles, was damit in Zusammenhang steht, sich so sehr verdient haben - sie haben sich alles selbstständig erschaffen und aufgebaut. Sie haben ihren eigenen Zweifeln getrotzt, haben eine komplette Branche auf den Kopf gestellt und sich selbst dabei gefunden.

Es gibt ein wunderschönes Zitat: "Freunde sind Menschen, die dir nicht den Weg zeigen, sondern ihn einfach mit dir gehen."[1]

Im Business erfolgreich zu sein, ist das eine, aber eine wirklich tiefe und ehrliche Freundschaft aufzubauen, die einen durch alle Höhen und Tiefen begleitet, ist Erfüllung.

Genau das verbindet Julia und Mona miteinander, sie gingen und gehen noch heute gemeinsam ihren Weg der Langhaarmädchen. Diese beiden Manifestation-Queens haben in Australien ihren Traum gemeinsam entwickelt und nach und nach aufgebaut und das mit einer Leichtigkeit, die noch sehr selten scheint in unserer Geschäftswelt.

Seit dem ersten Moment, als ich Julia und Mona vor knapp fünf Jahren getroffen habe, hatten sie einen besonderen Platz in meinem Herzen und ich bin unendlich stolz, dass sich unsere Wege mit diesem Buch wieder verbinden.

[1] Quelle unbekannt

4

Schon damals hat mich beeindruckt, mit welcher Begeisterung, Klarheit und Energie die beiden ihren Weg bereits vor sich gesehen haben und mit einem beeindruckenden Durchhaltevermögen allen Widerständen getrotzt haben. Selten habe ich Menschen erlebt, die so sehr für das brennen, was sie tun und damit auch alles um sich herum zum Leuchten bringen.

Und jetzt ist es endlich da: "Mutig ist das neue Schön". Ich wünsche diesem Buch, dass es auch dich innerlich zum Leuchten bringt und dich daran erinnert, dass alles möglich ist, wenn wir uns erlauben, wieder groß zu träumen. Mona und Julia haben heute als Friseurmeisterinnen ein richtiges Imperium aufgebaut und die ganze Schönheitsbranche durchgeschüttelt.
Sie haben Persönlichkeitsentwicklung und Spiritualität mit Schönheit und der ganzen Welt, die damit verwoben und eher oberflächlich ist, verbunden und so eine ganz neue Energie eingebracht.

Die beiden nehmen uns in ihrem Buch so ehrlich und humorvoll mit in ihre Welt und lassen dabei jedoch keinesfalls aus, wie steinig und kurvig der Weg zum eigenen Unternehmen war und dass es gerade die wirklich herausfordernden Momente gewesen sind, die sie heute innerlich gestärkt haben.

Diese Geschichte ist für alle, die den Ruf hören, raus aus der Komfortzone zu gehen, etwas Außergewöhnliches zu schaffen und den eigenen Weg zu gehen. Und vielleicht inspiriert dich diese Geschichte sogar dazu, selbst eine eigene Geschichte zu beginnen, von der wir dann in Zukunft lesen, denn je mehr Menschen auf ihre innere Stimme hören, desto mehr Geschichten der Freundschaft und Liebe werden entstehen.

Laura Malina Seiler

....

*Hier kannst du deinen Namen eintragen. Wie ein Geschenk, das du dir mit diesem Buch selbst machst. Vielleicht schenkst du es auch einem wichtigen Menschen in deinem Leben oder du lässt es irgendwann einmal von uns für dich persönlich signieren.

Je größer der

DACHSCHADEN,

desto freier der BLICK

auf die Sterne!!

UNSERE MOTIVATION

Mit Herzklopfen und breit grinsend verfasse ich im Flieger über dem Mittelmeer gerade die ersten Zeilen unseres Buches. Wohl gemerkt wurde mir bereits in der Schulzeit direkt beflügelnd mitgegeben, dass ich leichte Legasthenie aufweisen würde. Umso mehr genieße ich es gerade, dir jedes einzelne Wort, jede einzelne Story und alle Ups und Downs unserer Langhaarmädchen-Reise mitzugeben. Denn ich habe etwas zu erzählen. Ob es nur Buchstaben bleiben oder dies ein Buch ist, das dein Leben verändern wird - das entscheidest am Ende DU ganz allein.

Dass dieses Buch genau in diesem Moment in deinen Händen liegt, kann für dich ein Zufall sein oder nicht. Ein Wink des Schicksals oder nicht. Tatsache ist, dass dein bisheriges Leben exakt so verlaufen ist, dass wir uns heute treffen und ich dir ein bisschen von unserer Reise erzählen darf.

Wir sind Mona und Julia, Friseurmeisterinnen und Gründerinnen der Haarpflegemarke Langhaarmädchen. Wir dürfen uns das erste Start-up nennen, das es 2018 in Kooperation mit dm Deutschland geschafft hat, eine eigene Exklusivmarke zu entwickeln, mit der wir heute in 15 Ländern[2] erfolgreich sind.

Ich bin Julia. Diejenige, die unsere Träume, Ziele und Visionen zu Papier bringt, damit wir sie raus aus unserem Kopf und gemeinsam mit unserem Team zum Leben erwecken. Keine Sekunde lang mussten Mona und ich überlegen, wer von uns beiden dieses Herzstück an Buch für dich schreiben wird. Mona ist für mich das inspirierendste und euphorischste Wesen, das ich in meinem ganzen bisherigen Leben kennenlernen durfte. Einen Stift und ein Blatt Papier, da sind wir uns laut lachend einig, bekommt sie aber nur in die Hand, wenn sie wilde Sonnen-Mindmaps und verrückte neue Visionen spinnen möchte. Mona hat mein Leben um 183 Grad auf den Kopf gestellt und ich liebe sie dafür. Deshalb werde ich aus unserer tiefen Verbundenheit heraus das Abenteuer unseres Lebens für uns beide zum Besten geben.

Mit keinem anderen Medium konnten wir bisher einen derartigen Deep Dive hinlegen und unseren Roadtrip durchs Leben so aus-

---

[2] Stand Oktober 2022

gelassen und ehrlich erzählen. Wir teilen mit dir in diesem Buch die volle Ladung Gänsehaut-Momente, unsere geheimsten Gedanken und unsere noch nie erzählten, schmerzlichsten Erlebnisse auf dieser Reise.

Viel zu oft haben auch wir in Extremen gelebt und diesen einen Mentor, dieses eine Buch, diesen einen Vortrag so stark es ging inhaliert, um dann immer wieder festzustellen, dass UNSER Erfolg nur gelingen kann, wenn wir uns unseren ganz persönlichen Remix aus all unseren Erfahrungen, unseren Ruhephasen und besonders unseren Schmetterlingen im Bauch zusammen puzzeln.

Lass dich heute und immer, wenn du dieses Buch in deinen Händen hältst, mitreißen, umhauen und zum Träumen verleiten. Wir wollen dich staunen, kichern und jubeln hören. Wir finden, es darf wieder mehr vertraut, geschätzt und versucht werden.

Wir möchten mit diesem Buch dein Herz erreichen und hoffen, dass es dich eine Weile begleitet. In unseren MINDFUL MEMOS laden wir dich zum Innehalten, zum Gedankenaustausch oder zum kurzen Reflektieren ein. Wie eine gute Freundin an deiner Seite, die dir zur richtigen Zeit ein paar stärkende Worte oder einen kräftigen Arschtritt verpassen wird.

Ja, wir Langhaarmädchen träumen gerne groß! Und realisieren nach mehr als sieben Jahren langsam, welches Märchen wir hier mit unserer eigenen Haarpflegemarke lebendig haben werden lassen und Tag für Tag leben dürfen.

Wir sind allerdings nicht als Langhaarmädchen geboren worden und haben uns vor unserer Gründung nie schlau genug, nie schön genug oder selbstbewusst genug gefühlt und unser Unternehmen glücklicherweise trotzdem gegründet. Oder vielleicht gerade DESWEGEN. Weil wir UNS hatten. Weil wir zwei gespürt haben, dass Mona in mir und ich in ihr mehr sehen konnte, als wir es zu diesem Zeitpunkt in uns selbst sehen konnten.

Vielleicht denkst du auch längst, dass du weißt, wie viel du kannst und was du wert bist. Doch was wäre, wenn die Wahrheit deine kühnsten Vorstellungen übersteigt?

Vielleicht können wir mit unseren Zeilen genau dieses Gefühl in dir wecken, das dich unaufdringlich hin und wieder ein Stück tragen und stärken wird und dich womöglich inspiriert, einfach mal anders zu denken. Anders über dich selbst.

Für uns ist dies ein Buch, das wir damals in der Schule schon gerne vorgelegt bekommen hätten. Als wir noch nicht wussten, was alles in uns steckt und noch auf uns wartet. Als wir, noch von lauter unausgesprochenen Selbstzweifeln geplagt, uns sowas von fehl am Platz gefühlt hatten.

Warum ich dir zu jedem Kapitel mehr als handgeschriebene Sprüche hinterlassen habe, wirst du spätestens dann entdecken, wenn sich dein Dachschaden unserem annähert. 😜

Wer uns Langhaarmädchen kennt, erwartet vermutlich ein Buch, das vor Motivation zur eigenen Selbstentfaltung nur so strotzt. Das kann es für dich sein! Inspiriert durch viele ehrliche Gespräche haben wir uns mit den Jahren allerdings auch gegenseitig sensibilisiert und uns bewusst gemacht, wie sehr alleine das Wort Potenzialentfaltung für viele Menschen ein mehr erdrückendes als motivierendes Gefühl auslösen kann.

Wordings innerhalb der Persönlichkeitsentwicklung können auf unterschiedliche Weise interpretiert werden und immer auch die indirekte Botschaft hinterlassen, mit dem, wo man sich als Persönlichkeit aktuell befindet, noch nicht genug zu sein. Als könnte man mit viel mehr Anstrengung, Disziplin und Willen viel schneller, weiter und höher in seiner Entwicklung sein als das, was man im Moment lebt. Ganz schnell können dann ursprünglich gedachte Motivationen eher als Stress wahrgenommen werden, den Mona und ich tunlichst vermeiden möchten.

Nicht nur, weil wir ziemlich nett sind, sondern, weil wir am eigenen Leib erfahren durften, dass Weiterentwicklung aus einer liebevollen Fülle heraus wesentlich erfüllendere Sprünge zulässt, als sich unter Druck auf Teufel komm raus verändern und weiterentwickeln zu wollen.

Die beste Entfaltung und das schönste Wachstum entsteht in unseren Augen dann, wenn es uns gar nicht direkt bewusst ist, dass wir uns mitten in unserer intrinsischen Motivation befinden, in der wir ohne groß nachzudenken automatisch mehr leisten, als wir uns selbst je zugetraut hätten. Um so wichtiger ist es uns, mit unseren Zeilen jene Magie an dich weiterzugeben, die wir seit Australien selbst erfahren durften, die einfach passieren darf.

Wir wissen nämlich, wie leicht es ist, von Entfaltung zu sprechen, wenn sich ein Großteil unserer Träume bereits verwirklicht hat. Allerdings standen wir 2015 vor dem Nichts und konnten seit der ersten Langhaarmädchen-Stunde, besonders weil wir pleite waren und keine Ahnung hatten, was kommen würde, einfach fühlen, dass uns der Durchbruch gelingen kann, wenn wir uns für Erfolg entscheiden und uns innerlich danach ausrichten würden. Das taten wir. Weil wir Bock hatten.

„Du musst Träume, Ziele und eine Vision haben!", hatte Mona ihren Papa Rudi schon als Kind immer sagen hören, was sich erst zu Monas und dann zu unserem allgegenwärtigen, unbewussten Mantra entwickelte. Uns stärkte diese Aufforderung, so viel größer zu träumen, als man es sich zu jedem bisherigen Zeitpunkt hatte vorstellen können.

Gleichzeitig möchten wir dir mit unserer Geschichte unbedingt ans Herz legen, dass es absolut keine Träume, nicht einmal Ziele und schon gar keine bewegende Mission braucht, um glücklich zu sein und ein erfülltes Leben zu führen. Wir dürfen uns immer wertvoll fühlen, weil wir es sind. Wir alle und zu jeder Zeit. Auch wenn wir davon überzeugt sind, dass einem Erfolg nicht einfach so über Nacht zufliegt, sondern eine Entscheidung ist, die wir treffen, geht es zu allererst einmal darum, sich seines eigenen Wertes unabhängig aller äußeren Umstände bewusst zu werden. Wir dürfen alle viel weniger vergleichen und mehr vertrauen, dass jeder von uns seinen ganz eigenen wertvollen Weg geht, der genau so, mit all seinen Learnings und Abzweigungen, passieren darf.

Mit diesen Zeilen möchte ich dich einladen, mit so viel Leichtigkeit wie nur möglich in dieses Buch zu starten und uns voller Freude auf unseren Berg- und Talfahrten zu begleiten. Meinungen und Betrachtungsweisen des Lebens sind alle subjektiv. Genau wie unser Erfolg. Das, was wir dir heute erzählen, ist nicht DIE EINE Wahrheit. Es ist UNSERE Wahrheit. Unsere Interpretation vom Sinn des Lebens, die UNS guttut. Alles, was wir tun können, ist dir mitzugeben, wie unser Leben auf einmal Kopf stand und für uns dadurch erst so richtig Sinn ergab.

So haben wir für uns als gelernte Friseurmeisterinnen in einer undurchsichtigen, überfordernden Welt unseren ganz eigenen Weg durchs Unternehmertum gebahnt und unseren Platz für Langhaarmädchen kreiert. Lass dir von niemandem sagen, dass du deinen Weg noch finden wirst. Du gehst ihn längst. Lass dich beim Betrachten anderer Wege nicht von deinem ablenken und genieße, wer du schon jetzt bist. Manche Lebensphasen ergeben erst im Rückblick Sinn und lassen dich deine Meilensteine dann eben verbinden. Für uns liegt genau darin der größte Mut verborgen. Seinen Weg nicht nur für andere schön zu pinseln, sondern die eigene Schönheit durch den Mut zu leben, sich selbst treu zu bleiben.

Mona und ich sind zwei stinknormale Mädels, die dich nun einladen, deinen Hintern entspannt auf die heiße Sitzbank unseres Vans BOP zu schwingen und mit uns unseren Roadtrip zur Verwirklichung unserer Träume zu erleben.

Also, schnall dich an - es ist

Zeit für ABENTEUER !

Dein Langhaarmädchen, Julia
... inspiriert und verwandelt von all den tiefen Gesprächen und Abenteuern mit meiner besseren Langhaarmädchenhälfte Mona. DANKE!

Mindful DISCLAIMER vornweg:

Im Folgenden und in weiteren Kapiteln geht es immer wieder stellenweise um das sensible Thema Essstörung. Da wir wissen, wie viele Frauen und Männer dort draußen von einer Essstörung betroffen sind und wir verantwortungsvoll mit diesem Thema umgehen wollen, möchte wir an dieser Stelle, über folgenden QR-Code die wundervolle Kira Céline Paul zu Wort kommen lassen. Kira war Monas Coachin und ist bis heute treue Langhaarmädchen-Wegbegleiterin und Freundin für uns beide. Kira litt selbst über 10 Jahre an einer Essstörung und startete im März 2017 ihren wundervollen Podcast SoulFood Journey. Aus dem Podcast ist schließlich eine gleichnamige Coaching-Plattform entstanden, welche die Lücke zwischen ambulanter oder stationärer Therapie zum Alltag durch individuelle Begleitung schließt. Das Team aus ehemaligen Betroffenen, die ausgebildete Coaches mit langjähriger Erfahrung sind, begleiten Menschen mit Essstörungen auf ihrem persönlichen und spirituellen Weg zurück zu sich selbst. Wenn es dich interessiert, findest du hier Aufklärungen, erste Anlaufstellen für Betroffene oder deren Umfeld und weitere persönliche Einblicke in unterschiedliche Essstörungsformen sowie individuelle Heilungswege.

ICH wäre dann jetzt bereit, abgeholt zu werden und ans MEER zu fahren.

SEELENSTRIPTEASE – DER ROADTRIP, DER ALLES VERÄNDERT HAT

Australien, 29. November 2015

Julia, ich habe eine Essstörung.

Murmelte es neben mir mutig und gleichzeitig verschämt unter der Bettdecke hervor. Es war 2 Uhr nachts. Wir lagen in Monas Van und ich starrte im Dunkeln an die alte, blecherne Decke. Wir standen auf dem Parkplatz eines kunterbunten Hostels inmitten der Natur und Mona lag Hüfte an Hüfte an mich gekuschelt auf der 1,20 m Matratze neben mir.

Seit 1,5 Jahren war Mona nun auf Weltreise und seit sechs Monaten mit diesem Van unterwegs. Nur wenige Stunden zuvor war ich überglücklich und mit einem Gefühl von Freiheitsschlag im tropischen Norden Australiens, in Cairns, gelandet. Als ich den Flughafen verließ und mich eine Wand aus angestauter Hitze fast umhaute, lief mir ein wildes, ungeschminktes Hippiemädchen barfuß, laut jauchzend und mit Freudentränen in den Augen entgegen. Wie in Zeitlupe sehe ich Mona noch heute auf mich zutanzen, mit ihrer messy Walla-Walla-Mähne, als wäre sie frisch aus dem Meer gestiegen, mit dem halblangen, etwas schief sitzenden Kleid und dem langen türkisfarbenen Federohrring, der sich in ihre Beach Waves anschmiegte. Ich meine nicht die gemachten Beach Waves mit dem Lockenstab sondern die Waves, die wirklich vom Salzwasser geküsst und von der heißen Luft zerzaust machen, was sie wollen.

Während also Mona so auf mich zugerannt kam, wurde mir erst bewusst, wie sehr es ihr die Welt bedeutet hatte, dass ich wahrhaftig die 14.699 Kilometer und über 20 Stunden Flugzeit auf mich genommen hatte und aus Deutschland zu ihr geflogen war. Vor lauter Freude und einem typischen Mona Move verlor sie während des Laufens ihr Handy, was nach dem Aufprall noch einige Meter durch die Gegend schoss. Alles egal. Jetzt wurde ich erstmal ganz lange und herzlich zerdrückt. Sie roch nach einem pudrig duftenden Deo, das sich für die Zeit des Roadtrips in mein Gehirn brennen würde.

Mindful MEMO an Dich:

Kennst du das? Diese Düfte, die sich so in deinem Herz und Hirn verewigen, dass sie einen ganzen Lebensabschnitt mit all seinen dazugehörigen Gefühlen und Wahrnehmungen abrufen können, sobald du sie in die Nase bekommst?! Ganz genau so. Hmmmm. Ich werde diesen Freiheits-Duft wohl mein ganzes Leben lang nicht vergessen.

Du bist wirklich daaa, Lulia!!!

Lulia. So nannte mich Mona immer in ihren glücklichsten Momenten. Wie ein Kleinkind, das das „J" noch nicht aussprechen konnte. Das brachte mich immer zum Grinsen und verriet sooo viel über sie. Sie grabschte an meinen Armen entlang, als würde sie mein Dasein immer noch nicht fassen können. Ja, ich kenne kein euphorischeres Mädchen als dieses. Fast schon überfordernd waren ihre Freudentränen und ihre wilde Gestik für eine Unterfränkin wie mich. Doch irgendetwas ließ mich in ihrer Gegenwart diese Gefühle immer genießen, auch wenn ich für diese emotionalen Ausraster zu diesem Zeitpunkt eigentlich noch etwas zu cool war.

Komm, ich zeig dir meinen Bus BOP und dann fahren wir direkt ans Meer, zwinkerte sie mir freudestrahlend zu. Da stand er vor mir. Ein wahr gewordener Hippie-Traum von Bus. Außen kunterbunt mit einer Unterwasserwelt aus Schildkröten, Fischen und Peacezeichen bemalt, was unsere Augen vom Rost und allen möglichen Dellen ablenkte. Ein verblasster schwarzer Schnauzer zierte seine Motorhaube.

„Wow! Zum Verlieben, Mona! Und wieso eigentlich BOP?"

Steht so auf seinem Nummernschild. Ausnahmsweise mal kein kreativer Einfall von mir, kicherte Mona und schwang sich auf den heißen Fahrersitz der rechten Seite. Innen duftete es gemütlich nach einem Mix aus Sonnencreme, aufgeheizten Polstern und Freiheit. Ein selbstgebastelter weißer Traumfänger und bunte Perlenketten schmückten den Rückspiegel. Auf den Sonnenblenden hatte ihm jemand Augen aufgemalt. Er war wohl in all seinen Jahren nicht nur für Mona zu einer Persönlichkeit geworden, die das Vanlife nach Zuhause anfühlen ließ.

Das Leben war auf einmal ein Ponyhof. MEIN Ponyhof. Ich hatte mich tatsächlich getraut, meinen Job als Friseurmeisterin in Würzburg zu kündigen, um mit dieser Frau die nächsten vier Wochen auf einem Roadtrip zu verbringen - nicht wissend, dass dies der Roadtrip unseres Lebens werden sollte. Um dir die ganze Wahrheit zu erzählen: Ich hatte meiner Chefin in meinem damaligen Friseursalon in Würzburg gesagt, dass ich meine Freundin Mona gerne für vier Wochen in Australien besuchen würde.

„Unmöglich kann ich Ihnen vier Wochen Urlaub genehmigen, denken Sie nur an die Kunden."

Es waren auch keine drei Wochen möglich, was mich unfassbar traurig und nachdenklich stimmte. Nie wieder sollte ich in diesem Salon als Friseurin die Möglichkeit haben, die Welt länger als zwei Wochen am Stück zu entdecken? Seit längerem lag eine graue Wolke über mir, die mir irgendetwas sagen wollte. Also hörte ich radikal auf mein Herz und kündigte.

Irgendwann einmal hatte mir meine Chefin gestresst verraten, dass der Erfolg des Salons von mir abhinge, weil ich in unserem kleinen Team die meisten Stunden für sie arbeitete. Diese Aussage hatte in mir ganz schön Druck ausgelöst. ICH sollte verantwortlich sein? Für IHREN Erfolg? Mitfühlend bot ich ihr deshalb an, erst in drei Monaten den Salon zu verlassen, damit sie in Ruhe eine Nachfolgerin für mich finden konnte. Mein Wohl sollte nicht über dem des Salons stehen. Auch wenn das für mich bedeutet hatte, dass ich Mona und BOP in Australien nicht mehr besuchen konnte, da ihr Visum im Dezember 2015 ablief und sie das Land verlassen musste.

Am darauffolgenden Tag konnte ich merkwürdigerweise mein leeres Sparschwein und die Karteikarten unserer Kundinnen und Kunden nicht auffinden. „Julia, ich muss Ihnen heute kündigen. Sie brauchen morgen nicht mehr wieder zu kommen." Aus Angst, ich würde einen eigenen Salon eröffnen, hatte meine Chefin tatsächlich alle Karteikarten vor mir versteckt, damit ich keine Kontakte „stehlen" konnte. Ich war völlig perplex und versicherte ihr, dass ich ihr die Wahrheit über meinen Besuch in Australien erzählt hatte und ich danach keine Ahnung hatte, wie es für mich weitergehen würde. „Sind Sie sicher, dass diese Freundin Sie nicht auf die falsche Bahn bringen wird?!"

Mit diesem Satz im Raum und einem Handschlag, den sie mir verwehrte, verließ ich den Salon. Und fühlte mich nur noch mehr darin bestätigt, das Richtige getan zu haben. Nun begann ein neuer Weg. Mein Weg. Und das bedeutete für mich, dass ich Mona nun doch noch besuchen konnte! Ich war überglücklich. Alles sollte wohl so kommen.

Noch nie war ich so lange alleine geflogen und das schönste Geschenk, das mir Mona nun machen konnte, war, ohne groß nachzudenken mit diesem klapprigen, bunt bemalten Blechhaufen direkt an den nächstgelegenen Strand zu tuckern. Das gefiel mir. Ein unbeschreibliches Gefühl von Leichtigkeit und Abenteuerlust umhüllte meinen Körper samt Seele. Gleichzeitig lag so viel Gefühl von Heimat und Vertrautem in der warmen Luft, weil wir UNS hatten.

Mein kleiner Rückblick für dich:
Mona und ich hatten uns 2013, erst zwei Jahre zuvor, in München in einem renommierten Friseursalon kennengelernt. Es war Freundschaft auf den ersten Blick. Ich hatte ein Vorstellungsgespräch und kam so aufgeregt wie wohl noch nie in den Salon, nahm wie aufgefordert auf einer bequemen Couch Platz und das Erste, was mir ins Auge stach, war Mona in der hintersten Ecke des Salons. Sie war irgendwie anders als all die Friseurinnen und Friseure, die ich bisher kennengelernt hatte. Sie war eine Erscheinung. Wunderschön, sympathisch, und ihre Löwenausstrahlung samt wilder Mähne fesselte mich. Diesen besonderen Umgang mit ihrer damaligen Kundin kann ich bis heute nicht vergessen. Alles, was sie tat, sah so leicht aus! Sie saß neben ihrer Kundin und plauderte und lachte mit ihr, als wäre sie eine alte Freundin. Von dieser Leichtigkeit würde ich mir später noch vieles abschauen können. Ihr lockeres Auftreten beeindruckte mich und schnürte mir gleichzeitig den Hals zu, war ich doch davon überzeugt, dass ich solch eine Lässigkeit und Offenheit vor anderen niemals würde erreichen können. Ich hatte zwar zu diesem Zeitpunkt bereits sämtliche Titel in der Friseurbranche abgeräumt, aber nie das Gefühl, angekommen zu sein.

Hinzu kam, dass ich mir das Leben mit meinen 24 Jahren in meiner Gedankenwelt selbst schwer machte. Ich hatte so angestrengt gehofft, dass sich mit dem Älterwerden ein automatisches Selbstbewusstsein einstellen würde und diese energieraubende Unsicherheit über mich und meine Person endlich verfliegen würde. Meine Empathie, die eigentlich eine Stärke hätte sein können, lief wie eine Dauerwerbesendung in meinem Kopf ab und verkündete mir ununterbrochen die neuesten Angebote an Zweifeln und Sorgen, was andere über mich denken könnten und was ich alles Falsches sagen könnte. Gekrönt von dem ständigen Stress-Gedanken, dass ich jeden Moment hochrot anlaufen könnte, was für mich, rein energetisch, mehrfach am Tag den persönlichen Knock-Out meines Systems bedeutete. Ganz gemein, oft einfach ohne Grund. Einfach, weil mein Körper gefühlt gegen mich arbeitete und oft nicht wusste, wohin mit all dem angestauten Druck, den ich mir selbst machte.

Mindful MEMO an DICH:

Wenn du diese Gefühle kennst und vielleicht noch etwas jünger bist, dann kann ich dich beruhigen. Viele unnötige, aufgeregte Gedanken wurden bei mir mit dem Älterwerden ruhiger und man lernt, Unwichtiges auch als unwichtig einzuordnen. Hauptsache, du denkst nie, dass du da alleine durch musst. Es werden immer die richtigen Menschen dein Leben kreuzen, wenn du nur genau hinsiehst.

Mein Plan war es, in dieser neuen Stadt endlich mein ganz persönliches Glück zu finden und dann voller Tatendrang, mit neuen Erkenntnissen und viel mehr Selbstbewusstsein irgendwann in meine Heimat bei Würzburg zurückzukehren. Die Realität sah anders aus. Der Salon, in dem ich auf Mona traf, war innerhalb von vier Monaten erschreckenderweise mein dritter Anlauf in München. Bisher hatten mich zwar alle Salons mit meinem Vorzeige-Zeugnis und dem scheuen Rehblick ohne zu zögern mit Kusshand angestellt. Doch im Salonalltag machte sich dann besonders während des Haarewaschens am Rückwärtswaschbecken, in Momenten also, in denen mich meine Kundinnen und Kunden mal nicht über den Spiegel beobachten konnten, immer wieder aufs Neue eine ganz schwere Melancholie in mir breit.

Diese leicht depressiven Gefühle halfen mir allerdings glücklicherweise auch, immer wieder weiterzuziehen, und die Hoffnung, das Richtige noch zu finden, nicht aufzugeben.

„Julia, das macht sich irgendwann im Lebenslauf aber auch nicht mehr gut, wenn du so oft deinen Arbeitsplatz wechselst", mahnte mich ein Kumpel. Zwar lieb gemeinte, ehrliche Worte, die mich aber nur noch mehr zweifeln ließen. War das denn nicht in Ordnung, wenn ich so sprunghaft immer wieder meine Zelte abbrach und auf mein Gefühl hörte? Sollte ich nicht so wählerisch sein und meine Gefühle ignorieren, selbst wenn ich mich nicht wohl im Job fühlte?

Zurück im Vorstellungsgespräch wurde ich vom Chef begrüßt mit:

„Du hast ja ganz rote Flecken am Hals. Alles ganz entspannt hier, Julia." Superpeinlicher erster Eindruck, Julia, klasse. Unter meinem extra stark deckenden Make-up versammelte sich wie gewohnt ein einziger, heißer Feuerball, der all den Stress, den ich mir bereits vor diesem Gespräch gemacht hatte, über mein Gesicht loswerden wollte. Es war für mich immer das Schlimmste auf Erden, vor anderen rot zu werden. Als könnte man mir meine Schwäche in diesem Moment vom Körper ablesen.

„Naja, es ist ehrlicherweise so, dass es mir verdammt viel bedeutet, wie dieses Gespräch heute hier ausgeht. Davon hängt ab, wie ich mein weiteres Leben gestalten werde."

Egal wie rot meine Haut wurde, ließ ich es mir nicht nehmen, zumindest ansatzweise nachvollziehbar zu erklären, was in mir vorging. Klappt es nicht, dachte ich weiter bei mir, werde ich nach einem halben Jahr München das Handtuch werfen und mit noch weniger Selbstbewusstsein zurück in meine alte Heimat kriechen. Wenn ich es hier wieder nicht fühlen würde, wäre der einzige Weg für mich zurück zu meiner ersten großen Liebe, zurück ins bekannte Nest zu Freunden und Familie und einem riesigen, drückenden Fragezeichen, das über meiner Zukunft steht. Zurück und weg von der Veränderung und dem Wachstum außerhalb meiner Komfortzone, das ich mir eigentlich so sehnlichst gewünscht hatte.

Und los Verstand, jetzt heißt es funktionieren und ihnen das geben, was sie hören möchten: Ich ratterte wieder einmal herunter, dass ich nach meinem Fachabitur in Gestaltung vom Landesinnungsverband des bayerischen Friseurhandwerks zur ersten Kammer-, Landes-, und Bundessiegerin und damit 2010 zu „Deutschlands bester Jungfriseurin" gekürt wurde. In Anerkennung an meine „herausragenden Leistungen" im Rahmen der absolvierten Berufsausbildung erhielt ich 2011 ein Stipendium des Bundesministeriums für Bildung und Forschung, wodurch ich 2012 meinen Meisterpreis auch hier mit Auszeichnung der Bayerischen Staatsregierung absolvierte. On top konnte ich ein Visagisten-Diplom vorzeigen und war bereit, auch ohne das Gehalt einer Friseurmeisterin gewissenhaft und lernfreudig zu funktionieren. Nach diesem Vorstellungsgespräch wurde ich wieder einmal mit Kusshand eingestellt und sollte Recht behalten mit der Vermutung, dass diese Anstellung unfassbaren Einfluss auf mein Leben nehmen würde. Hätte ich diese geheimnisvolle Frau in der Ecke damals nicht kennengelernt, wären wir beide definitiv nicht da, wo wir heute sind. Mona kam am ersten Tag auf mich zugehopst, lehnte sich freudestrahlend über die Rezeption und fragte mich erwartungsvoll, ob ich auch Hair und Make-up für Hochzeiten machen würde. Als hätte sie in dem Moment gewusst, dass wir vier Jahre später mit unserem eigenen Stylingbus durchs ganze Land ziehen würden. „Ähm nein, leider nicht", antwortete ich direkt wieder etwas verschämt. Ich hätte ihr zwar eine Wettbewerbsfrisur mit 100 Punkten darbieten können, aber nichts alltags- oder eventtaugliches. Mona grinste bloß süß. *Macht nix, das bring ich dir noch bei.* Das war Tag eins unserer Freundschaft. Und damit Tag eins unseres gemeinsamen Abenteuers, auch wenn davon weit und breit noch nichts zu sehen war.

Das Geheimnis
der FREIHEIT ist
Gut.

CAIRNS

SYDNEY

MELBOURNE

Zurück in Australien:

„Du hast eine Essstörung? So richtig mit Kotzen und so?", fragte ich Mona nach ihrer direkten Offenbarung, ohne dabei groß nach Drama zu klingen.

Neee, Essen wieder rauskotzen, das habe ich echt noch nie gemacht. Das wäre Bulimie. Ich habe einfach ein gestörtes Verhältnis zu Essen. 24/7 denke ich daran. An Essen, an mein Idealgewicht, daran, was ich müsste, aber nicht tue, daran, was ich gerne sein würde, aber nicht schaffe, daran, was ich sein könnte, wenn ich mein Idealgewicht erreichen würde ...

Das war krass.

In Stresssituationen esse ich unkontrolliert viel und haue mir dann das ungesündeste Zeug rein. Ich habe mich dann einfach nicht im Griff und habe so richtige Fressflashs. Danach hasse ich mich wieder dafür und der Stress beginnt von Neuem. Ein Teufelskreis. Ist auch nicht so wichtig, ich wollte nur irgendwie, dass du es direkt weißt, nachdem wir jetzt vier Wochen aufeinander hocken werden. Vor dir werde ich mich vermutlich beherrschen können.

Es brach mir das Herz. Wie konnte eine für mich so wunderschöne, strahlende Frau sich mit einer Essstörung plagen und mit diesem Geheimnis durchs Leben gehen? Was musste passiert sein, sodass im Leben nichts anderes zählt? Und wie sollten wir jetzt damit umgehen? Ich hatte Mona ihre Essstörung nie angesehen. Sie hatte sie zu gut versteckt. Bisher hatte ich Mona ja hauptsächlich im Umgang mit ihren Kundinnen und Kunden kennengelernt. Und dabei war immer MONA die Frau, die jeden freudestrahlend empfing. *Sie* war es, die Mut machte. Und *sie* war es auch, die Selbstbewusstsein verlieh und das Schöne aus jedem herauskitzelte.

Erschöpft vom aufregenden Auftakt in unser Abenteuer wechselten wir noch ein paar Gedanken und schliefen dann ein. Dass Monas Essstörung und diese hässlichen Gedanken, die sie über sich selbst pflegte, noch zum größten Geschenk für sie und uns werden sollten, würden wir erst viel später noch erfahren.

Die darauffolgenden Tage waren pure Magie für uns. Einfach alles fühlte sich an wie ein Neustart in eine andere Welt, wobei wir noch nicht wussten, dass wir Australien nicht mehr so verlassen würden, wie wir es betreten hatten.

Von Cairns aus starteten wir die beliebte Sunshine-Route der Ostküste entlang gen Süden, immer Richtung Melbourne. Von Sidney aus sollte ich in knapp vier Wochen zurückfliegen.

Mehr als 2000 Meilen und noch mehr Gedanken, die noch entdeckt werden wollten, lagen vor uns.

Alles war so anders und in mir brodelte es vor Aufregung.

Natürlich ließ ich es mir nicht nehmen, mich auch im Linksverkehr direkt hinter das Steuer zu setzen, und den alten Herrn ordentlich durch die Prärie zu treten. BOP brauchte morgens immer eine etwas längere Warmlaufphase, um in die Puschen zu kommen, und wurde mit einem manuellen Choke zum Laufen gebracht. Wir fuhren, was das Zeug hielt, und ließen uns vom Steinschlag in der Windschutzscheibe, der sich immer mehr zu einem Riss über die Hälfte der Scheibe ausweitete, nicht aufhalten. Heute dürfen unsere Mamas das alles wissen.

Es war eine ganz besondere Hitze, die für meinen Körper, der im Dezember kalte Temperaturen gewohnt war, gleichzeitig irritierend und wohltuend gewesen ist. Wohltuend vor allem deshalb, weil wir jeden Tag ungeschminkt und schwitzend ohne Klimaanlage genossen hatten und ich mich selbst mit glühenden Bäckchen neben Mona einfach wohl fühlte. Mona hat die besondere Gabe, dass man sich in ihrer Gegenwart von ihr als ganzes Wesen gesehen und nicht als Hülle betrachtet fühlt.

Mindful MEMO an DICH:

Neben welchen Menschen fühlst du dich so richtig pudelwohl? Es gibt wohl kaum etwas Wertvolleres in unserem zwischenmenschlichen Dasein, als Freunde um uns zu haben, die uns lieben, wie wir sind und damit die authentischste Version von uns selbst zum Vorschein bringen.

Die verschwitzte Haut auf der ledernen Fahrerbank gepaart mit dem kühlen, aufbäumenden Fahrtwind, der durch die offenen Fenster zog - es war unbeschreiblich, es war perfekt. Ich liebte es, die Macht des Windes zwischen meinen Händen zu spüren. Eine Kraft, die mich und meine Finger automatisch beruhigte. Endlich durfte ich mal wieder schwach sein, musste nicht funktionieren, musste kein Selbstbewusstsein vortäuschen und konnte meine Grund-Nervosität herunterfahren. Immer mit dabei unser Traumfänger am Rückspiegel, der wie ein gutes Omen, angetrieben durch den Takt des Fahrtwindes, zwischen uns beiden tanzte. Schnell stellte sich heraus: Mona und ich, wir waren aus demselben Holz geschnitzt. Wir liebten es, unsere dreckigen Füße bedenkenlos der noch dreckigeren Windschutzscheibe entgegenzustrecken. Wir grölten Oldies und Weinfest-Lieder und waren verblüfft, weil wir beide so viele gleiche Songs aus unserer Vergangenheit liebten. Wir sprachen tagelang über unsere Familien, unsere Freunde, unsere Herkunft, unsere Werte und wollten in diesen Momenten nichts mehr, als den anderen so wirklich kennenzulernen. Es war erstaunlich. Unsere bisherigen Leben ähnelten sich so stark. Auch Mona war genauso wohl behütet in einer großen Familie mit zwei Geschwistern aufgewachsen wie ich. Mona neben zwei älteren Brüdern. Ich neben einem älteren Bruder und einer jüngeren Schwester, von denen wir beide abnormal schwärmten. Wir kamen beide vom Land und liebten die Gegend, aus der wir kamen. Mona erzählte mir von ihrem damaligen Traum, Maskenbildnerin zu werden. Verrückt, das war ursprünglich auch mein Ziel gewesen. Doch irgendetwas hielt uns beide immer von diesem Weg ab. Unsere Gespräche waren so anders als jene im Salonalltag, den wir immerhin ein halbes Jahr miteinander geteilt hatten. Und das, während wir durch diese atemberaubend facettenreichen Landschaften fuhren. Entlang der Küstenstraße ging es für uns durch üppige Gebirgslandschaften, in denen wir BOP bei jedem Anstieg mit unserer Durchhalteparole einheizen mussten, damit er nicht den Geist aufgab. „BOP, BOP, BOP, BOP...Wuhuuuu" kreischten wir jedesmal wie zwei aufgeregte Hühner, wenn wir wieder einen Berg gemeistert hatten. Auf BOP war Verlass. Weiter ging es vorbei an saftig grünen Regenwäldern, Bananenplantagen und weiß leuchtenden Sandstränden. Immer wieder überkamen uns sehnsüchtige, weite Blicke auf das glitzernde Meer. Salzige Brisen, frische Abkühlungen in ruhigen Buchten und verdammt viel Vitamin Sea machten das Leben zu einem Paradies. Aber auch trockene Wüstenebenen und hektarweise abgebrannte schwarze Felder, die unsere manchmal wie leergefegten Straßen säumten, gehörten zu unserer Reise dazu. Bei jedem toten Känguru oder Wallaby am Highway Straßenrand durchzuckte es uns. Einen halben Tag später prägten wieder völlig andere Aussichten auf felsige Landzungen und goldene Strände das harmonische Landschaftsbild.

Die lauen Abende waren immer voller Spannung. Für unsere täglich wechselnden Stellplätze folgten wir einfach unserem Gefühl. Manch einer wäre mit unserer Art zu reisen verrückt geworden. Selten waren es Campingplätze, häufiger unerlaubte Wohngebiete, in die wir uns schlichen. Eines Morgens – und wäre Mona nicht dabei gewesen, würde ich heute denken, ich hätte diese Geschichte erfunden – wurden wir von einem unfassbar lauten, den Van erschütternden Aufschlag geweckt. Ein kurzer, halbverschlafener Blick durch die Heckscheibe verriet, dass ein wutentbrannter Ordnungsdienst mit seinem Rasentraktor mehrfach von hinten gegen unseren BOP rumste, um uns unmissverständlich klarzumachen, dass es Scheiß-Backpackern nicht erlaubt war, auf diesem Grünstreifen in der schönen Nachbarschaft zu nächtigen. Mona und ich trauten uns nicht einmal, den Van zu verlassen, um uns anzuhören, was uns der Ordnungshüter zu sagen hatte, und kletterten stattdessen hastig über unsere Fahrerbank ins Cockpit, schmissen den Motor an, ohne BOP das Vorglühen zu ermöglichen, und brausten ungläubig, völlig perplex und mit Herzrasen davon.

Diesen Schock mussten wir erst einmal verdauen. Letztlich blieb uns wieder einmal nichts anderes übrig, als uns vor Lachen auf dem Boden zu krümmen. Und glücklicherweise machten die paar Dellen mehr an BOP auch keinen großen Unterschied mehr aus. Ab und zu waren unsere Stellplätze für die Nacht auch mal wunderschöne Strandplätze oder Felder im düsteren Nirgendwo. Immer mit dem Bewusstsein, dass im Gebüsch ein paar andere Kaliber an Tieren als in Deutschland auf uns warten könnten. Einmal fuhren wir nachts einen nicht enden wollenden Feldweg entlang, weil uns, unserer Meinung nach, auf dem Navi ein Campingplatz in der Pampa angezeigt wurde.

Der Asphalt - übersät von tausenden kleinen Huckeln - wirkte im klapprigen BOP sitzend wie eine unfassbar unruhige, steinharte Oberfläche, die es uns nicht ermöglichte, schneller als sechs Meilen pro Stunde zu schleichen, weil uns BOP sonst drohte, auseinanderzufallen. Als wir in kompletter Dunkelheit dachten, endlich angekommen zu sein, hielten wir an und erkannten beim Aussteigen das einsame Schild „Watch out crocodiles" in der pechschwarzen Ferne. Keine Sekunde sind wir länger geblieben, liefen zügig zurück zum Van und fuhren prustend und ohne Rücksicht auf Verluste wieder zurück.

Ein andermal, als wir in der Dämmerung und mit offener Van-Türe gerade dabei waren, unser Bett herzurichten, raschelte es so laut im Busch, dass wir uns mit einem Satz im Bus wiederfanden, die Schiebetür hinter uns zu schmissen und keinen Schluck mehr trinken wollten, um in der hereinbrechenden Dunkelheit nur nicht wieder hinaus zu müssen. Nervenkitzel pur und viele Lachflashs für uns zwei Hosenscheißer.

Dieser Roadtrip war ein wundervolles Abenteuer mit nicht enden wollenden neuen, atemberaubenden Eindrücken. Vielleicht war auch das der Grund dafür, warum wir oft gar nicht anders konnten, als im Hier und Jetzt zu staunen und den verstaubten Alltag hinter uns zu lassen. Dass BOP nicht einmal versichert war, erfuhr ich von Mona nur so by the way, als wir im dichten Verkehr mal wieder durch Städte düsten und dabei engste Straßen durchqueren mussten, weil wir uns, wie so oft, verfahren hatten. Und das bei Linksverkehr. Kopfschüttelnd, kichernd und mit genug Dusel im Gepäck glückte auch das.

Was ich auch nie vergessen werde und was so viel über Monas Persönlichkeit aussagt, ist ihr Fast-Geschenk an mich: Mona hatte mir während einer Pause am Strand gestanden, dass sie einen selbstgebastelten Adventskalender für mich vorbereiten wollte, es aber zeitlich nicht mehr ganz geschafft hatte, ihn fertig zu stellen. Also kippte sie einfach einen Haufen bunter Tonpapier-Zettel auf unser Bett, auf denen wild ein paar Botschaften standen.

Heute brauchst du nur deinen Bikini, Sonnencreme und gute Laune. Es geht zum Great Barrier Reef.
Fraser Island, die größte Sandinsel der Welt, is calling.
Byron Bay Day! Ab zum östlichsten Punkt Australiens!

Auf anderen standen angefangene Sätze oder auch mal gar nichts. Meine Mona hatte, typisch für sie, wieder erst während des Werkelns gemerkt, dass viel mehr Arbeit dahintersteckte und dass es ja gar nicht so viel Spaß machte, 24 Tage lang zu planen und die Botschaften dann als Überraschung auch noch chronologisch korrekt auf 24 Zetteln aufzulisten. Wir schmissen uns weg und ich bedankte mich für das Fast-Geschenk, das ich bis heute in meiner Bastel-Schublade in Karlsruhe aufbewahre.

Mindful MEMO an DICH:

Ich persönlich liebe es ja, kreativ zu sein. Was anderen schwerfällt, ist für mich wie die willkommene Genehmigung, wieder Kindergartenkind sein zu dürfen und damit dann auch noch für staunende, glückliche Gemüter zu sorgen. Drei Mal darfst du raten, wer dir in diesen 200 Seiten die Handlettering-Botschaften hinterlassen hat. Das war dann wohl die Lulia in mir. ♥

Eine andere Aktion von Mona wird mich den Moment nie vergessen lassen, als sie nach unserem Power Nap auf der Raststation ohne meinen prustenden Aufschrei ganz entspannt beinahe falsch herum auf den Highway aufgefahren wäre. Was habe ich sie ausgelacht! Und statt sich von mir ärgern zu lassen, wendete sie entspannt, lachte sich selbst mit aus und beteuerte, dass es ihr sicher noch rechtzeitig aufgefallen wäre. Monas Orientierungssinn ist von einem anderen Stern. Und wenn das nicht gerade lebensgefährliche Auswirkungen hat, liebe ich sie dafür! Eine wundervolle Leichtigkeit lag in der Luft und Tag für Tag bewiesen wir uns unbewusst mehr, wie wunderbar es zwischen uns harmonierte. Früh wurde mir klar: Wir zwei passen „zam". Auf eine ganz besondere Art und Weise verband uns diese individuelle Kreativität, unsere Naivität und der wilde Wunsch nach der eigenen Freiheit. Freiheit mit dem Ehrgeiz gepaart, das Leben in die eigene Hand zu nehmen und das Schicksal bestmöglich herauszufordern. Zu diesem Zeitpunkt konnten wir das Gefühl von Aufbruch, das in der Luft lag, noch nicht so recht einordnen oder in Worte fassen, aber es war längst da. Spannend, dass wir zuvor dachten, wir würden uns von den süßen sechs Monaten, die wir zusammen in München gearbeitet hatten, gut kennen. Australien und die gemeinsame Reise stellte unsere Freundschaft auf engstem Raum auf eine komplett andere Probe. Würden wir den anderen nach dieser intensiven Zeit immer noch wahrhaftig fühlen und riechen können, hätten wir wohl den Grundstein für unseren gemeinsamen, zukünftigen Weg gelegt. Allerdings lagen da ja noch drei Wochen vor uns, um die ganze Wahrheit voneinander kennenzulernen.

Es ist nie zu spät, um zu SEIN, wie man SEIN will.

CHANCENERKENNUNG —
WIE AUS SCHMERZ LANGHAARMÄDCHEN ENTSTAND

Es war ein superschöner Abend auf einer riesengroßen, leerstehenden Campingplatzwiese. Wir hatten gerade abgewaschen und BOP ganz gemütlich mit Kerzen und Lichterketten von innen zum Strahlen gebracht. Irgendwie duftete diese Sommernacht ein wenig nach Glück.

Julia, ich muss dir so viel sagen. Darf ich? Darf ich dir einmal alles rausprudeln?

Mona schaffte es selbst vor mir, immer gekonnt aber unbeabsichtigt, eine Spannung aufzubauen, die sie selbst kaum aushielt.

„Klar, schieß los", freute ich mich, ließ mir aber die gewisse Coolness von ihrer Aufgeregtheit nicht nehmen.

LANG...HAAR...MÄDCHEN.

Ihre dramatischen Kunstpausen machten alles so fesselnd für mich. Ich kuschelte mich ein und lauschte aufmerksam jedem Wort, das Mona von sich gab.

Stell dir vor. Ich habe mir so viele Gedanken gemacht, was wir beide alles erreichen könnten. Und jetzt, wo du wahrhaftig da bist, auch noch gekündigt hast und wie ich frei bist wie ein Vogel, fühle ich es noch mehr. Hör zu. Als du Mitte 2014 zurück nach Würzburg bist, war das noch ein Grund mehr für mich, meine Weltreise am 18.10.2014 in Kapstadt zu starten. Ich hatte so Lust, einmal alles hinter mir zu lassen. Auch die Trennung von meinem damaligen Freund hat mich sicher bewogen, zu neuen Ufern und Abenteuern aufzubrechen und endlich meiner Begeisterung als Hair & Make-up Artist zu folgen. Kurzfristig war ich wohl der glücklichste Mensch auf Erden. Das dachte ich zumindest. Julia, ich war sooo unglücklich, als ich die ersten geilen Jobs am Meer hatte. Eigentlich will ich absolut nicht schimpfen, weil mir bewusst ist, welches Privileg ich habe, all das überhaupt erfahren zu dürfen, aber ich muss dir einfach mein gesamtes Herz ausschütten, was diese oberflächliche Beauty-Welt mit mir gemacht hat, damit du verstehst, was ich am Ende vor habe, okay? Also, hör einfach zu, das ergibt am Ende alles einen Sinn.

Ich liebte Monas emotionale, aufbrausende Art, wenn ihr etwas wichtig war.

Ich stand täglich mit den hübschesten, dünnsten und attraktivsten Models am Set, war oft nur eine Nummer für sie und fühlte mich zunehmend hässlicher, unattraktiver und einfach nur wertlos. Ist das wirklich alles? Ist das diese Scheinwelt, von der ich dachte, dass sie mich glücklich machen würde? Möchte ich, Ramona Mayr Hair & Make-up Artist, dazu beitragen, einfach alles nur schön zu pinseln oder möchte ich, Mona, einen tieferen Sinn in mir und meiner Arbeit spüren, den ich weitergeben kann an alle, die mit mir in Berührung kommen? Oder liegt meine Frustration nur an meiner Einstellung? Ich möchte hier nicht die hübschen Models bewerten oder gar die Arbeit der vielen erfolgreichen Marken für meinen Schmerz verantwortlich machen. Alles hat seine Berechtigung. Ich merke einfach, wie es mich persönlich und meine Gedankenwelt runterzieht und den Schmerz, den ich mit meiner Essstörung eh schon habe, nur noch heftiger glühen lässt. Womöglich habe ich mich von dieser scheinbar perfekten Welt besonders anziehen lassen, weil es genau das war, was ich haben wollte, aber gefühlt nie erreichen konnte. Das Schlimmste war für mich, wenn ich hörte, dass die Models, die für mich ach so perfekt waren, sich über ihren eigenen Körper beklagten. Julia, sie waren PERFEKT, aber auch diese Mädels und Jungs waren nicht zufrieden mit ihrem Leben, was ich absolut nicht verstehen konnte. Mein Ziel war es, als bekannte und erfolgreiche Stylistin zurück nach Deutschland zu kehren. Stattdessen merkte ich, wie mich die wenigen Monate in Kapstadt zermürbten, wie ich mich selbst kaputt machte. Ich musste raus hier. Mein erster Traum war zerplatzt. Als wäre eine heiße Nadel mit ordentlich Karacho in meine Regenbogen-Seifenblase gefahren, um mir deutlich klarzumachen, dass es das nicht sein konnte.

Wer war ich und was wollte ich tun, wenn sich diese Welt, nach der ich so sehr gestrebt hatte, als eine für mich ganz düstere, schmerzende Welt offenbarte. Auch wenn der Gedanke echt peinlich ist, sagte ich mir immer wieder, dass selbst wenn meine innere Welt bröckelte, ich nach außen ja noch nichts verloren hatte. So viele Freunde und meine Familie aus der Heimat waren so stolz auf mich. Ramona Mayr, Hair-& Make-up Artist in Südafrika. So viel Stolz und gleichzeitig so viel Druck, den ich mir selbst machte. Was, wenn ich versagen würde? Ich musste weiterziehen. Aufgeben war nicht drin. Ich hatte keine Antworten, aber ich hatte, nachdem der erste Traum zerplatzt war, immerhin noch meine Friseurlehre, meinen Friseurmeisterin-Titel, den mir keiner mehr nehmen konnte. Natürlich definierte ich mich erst einmal darüber, was ich gelernt hatte. Was sollte für andere sonst wertvoll an mir sein? Nach drei Monaten Kapstadt waren meine Eltern zum Abschluss sogar noch zwei Wochen zu mir gereist und hatten mich am letzten Tag gestärkt zum Flughafen gebracht. So erleichtert saß ich im Flieger nach Sydney, um wieder einmal wie ein unbeschriebenes Blatt Papier in die Zukunft zu fliegen, die hoffentlich meine Erfüllung mit sich brachte.

Neuanfang die Zweite.

Ich bin jetzt seit einem Jahr in Australien. Ich reiste erst ein wenig und wurde dann mit Kusshand für die ersten drei Monate in exakt dem Salon in Sidney aufgenommen, den ich für mich ins Auge gefasst hatte. Ich wurde ganz gut bezahlt, hatte tolle Menschen um mich und wurde als fleißige, deutsche Arbeitskraft mit unzähligen Überstunden natürlich sehr geschätzt. Sie schätzten mich so sehr, dass sie mir nach sechs Wochen ein Arbeitsvisum angeboten hatten, das hatte ich dir erzählt. Heißt, ich hätte für die nächsten fünf Jahre in Sidney am Meer arbeiten können. Klang nach außen und für meinen Lebenslauf erstmal geil und immer mehr freundete ich mich mit dieser neuen Errungenschaft an. Bis du mir am anderen Ende der Welt diese eine Frage gestellt hast.

„Ist das wirklich das, was du willst?"

Boah, mit dieser einen Frage hast du mich so verdammt tief getroffen, weil du es mit deiner liebevollen und direkten Art immer wieder geschafft hast, dass ich ehrlich zu mir selbst sein musste. Mit einem Schlag wurde mir bewusst, dass dies absolut nicht das war, was ich von meinem Leben erwartet hatte. Ich weiß noch, wie ich den Laptop nach unserem Skypecall zugeklappt hatte und dachte: Wow, diese Frau hat es mal wieder geschafft, mir mit einem Satz die Augen zu öffnen. Du hast für mich meinen Weg in Frage gestellt, was mich letztendlich dazu bewegt hat, das Sponsorship abzulehnen und neu zu denken, mich neu auszurichten. Mich dort für fünf Jahre zu verpflichten, hätte womöglich bedeutet, mit Anfang 30 wieder an diesem Punkt zu stehen und unglücklich und voller Ungewissheit nach Deutschland zurückzukehren. Wenn ich ganz ehrlich zu mir war, konnte ich mir von meinem hart erarbeiteten Geld keine eigene Wohnung leisten, saß in einer lauten Sechser-WG fest, *hatte wegen der Überstunden vom Strand nicht wirklich viel mitbekommen und merkte nach wenigen Wochen, dass hier auch nur mit Wasser gekocht wurde und keiner glücklicher war als in Deutschland. Das war zumindest meine Wahrnehmung zu diesem Zeitpunkt. „Erfüllt" sollte sich für meinen Geschmack irgendwie anders anfühlen.*

Ganz im Gegenteil, Julia, es war hier erschreckenderweise für viele ganz normal, täglich Drogen einzuschmeißen, um den Alltag zu benebeln. Das brachte mich alles so krass zum Nachdenken. Irgendwie beruhigend, wenn es im sonnigen Australien auch nicht anders ist als in der Heimat. Gleichzeitig auch ein Tiefschlag, weil ich so sehr gehofft hatte, dass ich hier endlich mein Glück und meinen Erfolg finden würde. Julia, du kennst mich, wenn ich über etwas nachdenke, sind es keine flachen Gedankenflausen, die sich wieder verflüchtigen. Meine Gedanken, die nichts mehr beschönigen und eher das Drama verdeutlichen wollten, versammelten sich zu einem exorbitant großen Gedankenkarussell, das mich täglich zu verschlingen drohte. Auf einmal fühlte sich alles so an, als hätte ich nichts mehr. Ich hatte keine Heimat, in die ich stolz zurückkehren wollte. Ich hatte kein Zuhause, in dem ich mich wohl fühlte, ich hatte Freunde im Ausland, die vielleicht gar keine Freunde waren. Ich hatte Meerblick, aber keine Zeit. Ich hatte Arbeit, aber ohne Zukunft. Ich hatte oberflächlichen Erfolg, aber ohne Tiefgang. Ich hatte Klarheit über mein Chaos, aber absolutes Chaos in meiner Klarheit. Ich war lost. Und das schmerzte. Ich weiß, Julia, anderen geht es schlimmer. Ich weiß, ich könnte für so vieles einfach nur dankbar sein. Aber ich sag dir ganz ehrlich, ich konnte es einfach nicht mehr. Ich fühlte absolut nichts mehr. Für mich war es das tiefste Loch ever – ohne Ausblick.

Denn natürlich hätte ich wieder zurückgekonnt in meinen alten Job, in mein altes Leben, aber ich fühlte vor Kurzem doch noch so viel mehr in mir.

Mindful MEMO an DICH:

Kennst du diese Momente auch? In denen man mal eben alles hinterfragt? Bei mir sind sie vielleicht nicht ganz so gefühlsintensiv wie bei Mona. Aber das Wichtigste ist doch, zu begreifen, dass wir sie alle von Zeit zu Zeit mal haben. Und dass Zweifel einfach sein dürfen. Ja - sogar notwendig sind, um voranzukommen. Manchmal müssen wir das Chaos wohl umarmen, bevor wir den Weg wieder klar sehen.

Hatte ich mich so in mir und diesem Gefühl von „Da geht noch so viel mehr, Mona" getäuscht? Es war da! Und daran hielt ich fest. Es war die Erinnerung an einen Gedanken, den ich nur wieder aufleben lassen musste. Ein Gedanke wie eine dünne Wurzel, die in mein tiefes dunkles Loch hinunter ragte, an der ich mich festhalten und wieder hochziehen konnte. Deshalb suchte ich im Mai wie ferngesteuert nach einem Van, der mich kostengünstig in die Wildnis bringen sollte, um Abstand von all dem zu gewinnen, was mich runterzog. Ich wollte reisen, auf andere Gedanken kommen und egal, was kam, für Veränderung sorgen.

Ich fand sie. Online hatte ich eine ganz besondere Annonce von einem Bus gefunden. Ich hatte ja keine Ahnung von Technik, aber das bunte Bild und sein Name überzeugten mich. Nenn mich dumm, aber was hatte ich noch zu verlieren? Ich wurde wie magisch angezogen von ihm und bewarb mich auf den Van. Ich erzählte dem Besitzer Dominic komischerweise direkt von meiner hoffnungslosen Phase und dass ich diesen Van für mehr als nur einen Roadtrip in meinem Leben brauchte! Noch dazu hatte ich eine „Haircut for Donation", also „Haarschnitt für den guten Zweck"-Journey geplant, mit der ich Geflüchtete in München unterstützen wollte. Dominic erzählte mir am Telefon, dass es viele andere Mitbewerber gab, aber scheinbar haute ich ihn um. Glücklicherweise hatte ich von meiner Mama gelernt, so offen und unverblümt wie möglich mit Menschen zu quatschen. Das verschaffte mir hier einen Vorteil. Ein Vorteil war auch, dass der Van nicht wenige Straßen weiter um die Ecke stand, sondern am anderen Ende von Australien auf mich wartete. So hatte ich vor dem Flug nach Cairns genügend Zeit, mir Gedanken darüber zu machen, was erfolgreiche Menschen wohl anders machen würden. In den verschiedensten YouTube-Formaten fand ich das erste interessante Learning, das mich veränderte. Die Menschen, die ich als erfolgreich und erfüllt ansah oder die sich selbst so bezeichneten, berichteten so ziemlich alle davon, dass sie in ihrem Leben schon mindestens einmal pleite waren. Ich zog also ohne schlechtes Gewissen und mit 2.225 Dollar auf meinem Konto los und war mir bewusst, dass nach den 2.000 Dollar, die ich für BOP blechen musste, der Punkt „pleite" schon einmal geschafft wäre. Vielleicht klingt das erstmal nicht direkt clever, aber mit diesem Buskauf hatte ich zum ersten Mal das Gefühl, auf mein Herz zu hören.

Meine Familie stand fest im Leben und auch bei diesem Schritt wieder hinter mir. Meine Eltern hatten es mit drei Kindern geschafft, ein großes Haus und ihren persönlichen Wohlstand eigenständig aufzubauen UND glücklich zu sein. Mein Papa Rudi war immer unser Fels in der Brandung. Er machte Sport am Morgen, Yoga am Abend, saß immer dankbar am Abendtisch und sagte mir und meinen Brüdern so oft:

Kinder, ihr müsst TRÄUME, ZIELE und VISIONEN haben!

Wenn ich das so erzähle, frage ich mich, ob meine größten Lehrer wohl bereits die ganze Zeit am Familientisch saßen. Von meiner Mama hatte ich die unbekümmerte Offenheit anderen Menschen gegenüber. Sie war für mich die Liebevolligkeit in Person, auch wenn es das Wort vielleicht gar nicht gibt. Das herzliche Miteinander und das Streben nach Harmonie machten mich zu der Mischung, die ich heute bin. Meine Eltern unterstützten mich in jeder Lebenslage finanziell, alles andere wäre gelogen. Allerdings fairerweise gegenüber meinen Brüdern immer mit Darlehen, die ich wieder zurückzahlen musste, um das Gefühl für Geld nie zu verlieren. Sidney war viel zu teuer und mein bisheriges Gehalt in meinem Leben als Friseurin viel zu gering, als dass ich hätte größere Summen ansparen können. Allerdings erkannten meine Eltern, dass ich alles gab, dass ich mich immer weiterentwickeln wollte und glaubten somit auch in dieser verwirrten Selbstfindungsphase daran, dass sich für mich alles zum Guten wenden würde.

Klingt komisch, aber mit dem Besitzer des Vans habe ich dann noch gemeinsam drei Wochen die Ostküste erkundet. Es lief nichts zwischen uns aber ich vertraute ihm einfach blind. Auch weil mir ehrlich gesagt gar nichts anderes übrig blieb.

Im Nachhinein war auch er wie ein begleitender Engel, der einfach nur da war, damit ich mit meinen verrückten Gedanken nicht ganz allein war. Es half mir wahnsinnig, über die Vergangenheit zu reden, viel aufzuarbeiten und zu philosophieren, warum alles so kam, wie es kommen musste. Als wir nach drei Wochen zurück in Cairns waren, war es Zeit, von ihm Abschied zu nehmen. Ich verbrachte noch ein paar Nächte mit ein paar Backpackern in einer WG, um BOP aufzurüsten für einen Trip in die Stille – ganz für mich. Du kennst mich, ich liebe Menschen. Ich liebe Verbundenheit, ich liebe es, Momente zu teilen, Persönlichkeiten aufzusaugen, von anderen Menschen zu lernen. Ich liebe es nicht nur, ich brauch es, um mich erfüllt zu fühlen. Doch in dieser Phase war alles anders. Ich wollte jetzt einfach nur noch alleine sein. So hatte ich mich selbst noch nie erlebt.

Am letzten Abend, als ich schon längst bereit war, Cairns zu verlassen, wurde ich von ein paar Backpackern noch auf eine letzte Party mitgeschleppt. Aber ich hatte keinen Bock mehr auf Alkohol und trank einfach mein Red Bull. Du musst dir vorstellen, dass die Party in diesem Moment gefühlt ohne mich weiterlief und ich von dieser kalten Dose in meiner noch kälteren Hand wie eingefroren war. Als wäre die Zeit stillgestanden, blickte ich die Dose an und dachte: Wie spannend, ich habe Abenteuer in der Hand. Ich hatte Action und Adrenalin, Coolness und Mut hinuntergeschluckt. Wie zur Hölle schafft es ein Getränk, solch eine Welt um ein Produkt zu erschaffen, das in mir sogar Gefühle auslöst und mich besser fühlen lässt?! Welche Magie steckt bitte hinter dieser Marke, dass sie es schafft, mich lebendiger fühlen zu lassen und das wohlgemerkt nicht nur durch die Inhaltsstoffe! Das Verrückte daran: Mir war bewusst, dass es nur ein Produkt war und trotzdem feierte ich es, weil es diese Marke geschafft hatte, dass es mir besser ging. Wie viel Macht kann ein Getränk bitte haben? Wie viel kann man bitte mit der richtigen Macht bewegen? Das war mein letzter Abend in der Zivilisation und gleichzeitig der Anfang von allem. Noch an diesem Abend fing ich an, mich mit dieser letzten Inspiration wie ein Nerd in meinen Bus zurückzuziehen und meine eigene Welt auf den Kopf zu stellen.

Ich war von da an drei Monate alleine unterwegs. Ich hielt mich hauptsächlich bei Cairns auf, wo ich mich auskannte. Ich fuhr nicht viel. Mir ging es nicht mehr darum, viel im Außen zu entdecken. Ich lebte planlos in den Tag hinein, in der Hoffnung, das Gefühl zu verlieren, irgendjemandem Rechenschaft ablegen zu müssen, was ich aktuell machte. Es war fast schon so, als würde ich für andere nicht mehr existieren wollen. Ich brauchte einfach Zeit mit mir. Unabgelenkt von anderen Einflüssen. Ich kannte mich selbst so nicht und das war wohl die wundervollste, einsamste Zeit in meinem Leben, die ich jemals hatte. Ich wollte keine Gespräche, die mich auf neue Gedanken brachten. Ich wollte nichts sehen, was mich inspirierte. Ich wollte nichts hören, was mich an die Realität erinnerte. Ich wollte nichts fühlen. Das heißt, ich wollte etwas fühlen, aber endlich das, was pur, was echt war. Das, was *wirklich ICH war. Das, was wirklich nur aus mir heraus kam. Du meine Güte - habe ich in dieser Phase verstanden, was mich als kreativen, visuellen, emotionalen Menschen alles in meinem Alltag beeinflusste. Ich fühlte mich mit dieser Erkenntnis wie gelähmt, als wären all meine bisherigen Gedanken, meine Entscheidungen, meine Worte, meine Persönlichkeit in dem ganzen Trubel wie manipuliert gewesen.*

Ich weiß, Julia, jetzt klinge ich wie eine Aussteigerin. Das Tolle daran: Es fühlte sich nie so an, als würde ich nicht zurück wollen. Mein Ziel war es nicht, auf einmal für immer im Busch zu leben und die Gesellschaft zu verdammen. Diese Gesellschaft ermöglichte mir eine unfassbare Plattform, auf der ich, wenn ich endlich mal wieder ich selbst war, auch wieder ein echter Teil davon sein konnte, um damit nicht nur mich selbst, sondern auch andere bereichern konnte. Ich wollte einfach nur zurück zu mir. Meiner inneren Stimme endlich mal wieder folgen oder sie überhaupt erst mal hören?! Wie eine innere Macht kam es in dieser Stille immer wieder über mich. Eine Stille, die gleichzeitig ganz leise, aber mit voller Inbrunst versucht hatte, mir etwas zu sagen. Es war so anstrengend an manchen Tagen! Am meisten plagten mich die Zweifel, die Gedanken, ob ich denn noch ganz „normal" war. War ich zu einem Hippie-Mädchen geworden, das komplett abdriftete, oder war es das Beste, was ich mir in diesem Moment antun konnte? Und dann warst da du, Lulia. Deine Meinung, deine Energie, dein offenes Herz waren das Liebste, was ich in dieser Phase hören, sehen und fühlen wollte. Die stundenlangen Skype-Calls mit dir waren wie ein Anker für mich. Durch deinen Zuspruch wusste ich, ich kann abdriften so viel ich wollte, Grenzen überschreiten, mich gehen lassen und träumen, soweit ich mochte. Ich wusste, du holst mich zurück, wenn es sein musste. Du hast mir den Rahmen gegeben, komplett anders über mein Leben und meine Möglichkeiten nachzudenken, ohne dabei die Realität zu verlieren.

„Okay, wow. Ich war doch einfach nur da und fand's geil, dass meine Freundin im Ausland das tat, was ich mich zurück in meiner Heimat Würzburg nie getraut hätte. Für mich fühlte es sich so an, als würdest du wie meine Seelenverwandte das ganze Ding durchleben, so als müsste ich mich in diesem Moment nicht für ein Leben in Würzburg oder für das andere, mutige in Australien entscheiden. Du hast so viel mit mir geteilt, dass es das Größte für mich war, in meiner Sicherheit zu sein und gleichzeitig die ungeschminkte Wahrheit über diesen anderen möglichen Weg zu erfahren."

Du warst mehr als nur da, glaub mir. Natürlich hatte ich Zuspruch von meiner Familie, natürlich haben Freundinnen von mir gesagt, okay ja cool, mach doch mal. Aber mit dir war es anders. Du hast mich beflügelt, weiterzugehen und höher zu träumen als jemals zuvor. Und was dabei rausgekommen ist, würde ich dir jetzt gerne erklären.

DREAM BIG — GEISTIGE GRENZENSPRENGUNG

Komm, ich zeig dir was.

Mona ließ sich mit ihren funkelnden Augen und ihren zerzausten Wellen auf die Matratze fallen, blickte breit grinsend an die Van-Decke und winkte mich zu sich. Schulter an Schulter lagen wir nun da. Wie in den letzten Nächten auch. Doch nun sollte sich meine Perspektive für immer verändern.

Am Abend vor dem Schlafengehen sehe ich immer diese abgeranzten Sprüche an der Vandecke über mir.

Was ich in diesem Moment nach wie vor sah, waren bunte, englische Pinterest-Sprüche, die wild über die Decke verteilt klebten.

„Ja, die hab ich schon gesehen, cool ..."

Neee, schau sie dir nochmal genauer an. Wahrscheinlich lesen Millionen Menschen jeden Tag solche Sprüche, aber was wäre, wenn wir sie wirklich mal ernst nehmen würden ... ?

Diese Frau sah ein Universum über sich aufgehen. Zwischen dem, was ich in diesem Moment sah, und dem, was sie sah, lagen Welten dazwischen. Das weiß ich heute.

Lulia, diese Sprüche verändern alles.

„Ja?"

Der Tiefgang unserer Unterhaltungen erfüllte mich zunehmend. Jedes Gespräch mit ihr war so weit weg vom Gewohnten. Als hätte meine Seele darauf gewartet, diese Art von Gesprächen zu führen. Mona deutete strahlend auf die verschiedenen Sprüche und betonte einen nach dem anderen so einprägsam, dass ich diesen hoffnungsvollen Klang nie wieder vergessen werde:

Ihre folgenden Worte fesselten mich auf eine noch nie dagewesene Art und Weise.

Stell dir einmal ganz kurz vor, dass alles möglich wäre, okay? Stell dir vor, es gäbe keine Grenzen. Nicht in deinem Kopf, nicht im wahren Leben!

„Okay."

Was würdest du lieben zu tun? Was würdest du machen, wenn dir die ganze Welt offen stünde, du alles Geld der Welt hättest, alles Selbstbewusstsein und jeden Mut des Universums?

„Weiß nicht. Darüber habe ich mir noch nie Gedanken gemacht. So funktioniert die Realität nun mal nicht. Wir alle brauchen einen Job, wir müssen Geld verdienen, wir müssen den Alltag meistern ..."

Pssscht, ich weiß, lächelte Mona sanft. Das ist es ja. Das machen wir alle. Jeden Tag. Ich habe mir in der Auszeit mit BOP wirklich mal Zeit und das freche Selbstbewusstsein genommen, an diesem Punkt eben einmal weiter zu träumen. Mich nicht von meinem Verstand hinreißen und abhalten zu lassen, wie es deiner gerade auch ganz vernünftig tut. Das ist menschlich. Unser Verstand denkt, er beschützt uns, indem er uns sofort auflistet, was alles nicht geht. Was alles nicht funktionieren kann.

„Und? Wie weit konntest du träumen?"

Unendlich weit! grinste mich Mona mit glühenden Backen an. *Die 180 Seiten Mindmap dazu zeige ich dir später.*

„180 Seiten Mindmap? Mona?!?! Du scherzt, oder?"

Nope.

Wir lachten uns schlapp.

Kling ich komisch? Sagst du mir das, bitte??

„Mona, erzähl weiter, du Muse!"

„Tu endlich, was du liebst!", schrie mich ein Spruch an!

„Wenn du es träumen kannst, kannst du es auch tun!", forderte mich ein anderer auf.

„Wenn du durch die Hölle gehst, dann gehe weiter!"

„Rede über deine Träume und versuche, sie wahrzumachen!", schubsten sie mich.

„Glaube an Wunder!"

Auf einmal waren es für mich keine klassischen Motivationsquotes mehr. Sie waren, so verrückt das klingen mag, meine besten Begleiter auf meiner Reise zu mir, zu meinen besten, eigenen Gedanken über mich und über meine Zukunft. Nur für einen Moment schaltete ich das Drama, das mein Verstand täglich aufrief, ab und irgendetwas fing an, sich zu ändern. Ich lag jeden Abend da und fragte mich: Angenommen, ich würde auf diese Sprüche hören und nur noch das tun, was ich liebte, was wäre das? Ich rattere dir das jetzt runter, aber du musst dir vorstellen, dass in Wirklichkeit Wochen und Monate vergangen waren, bis ich mir ein Bild formen konnte. Jeden Tag setzte ich immer mehr und mehr Puzzleteile zusammen. Naja, keep it simple, stupid gedacht, sagte ich zu mir: Ich liebe Haare. Noch präziser, lange Haare. Ich liebe Styling und Looks noch mehr als nur Haarschnitte. Ich liebe Menschen mit Tiefgang. Ich liebe es, Vollgas zu geben. Ich liebe Herausforderungen. Ich liebe es, unterwegs zu sein. Ich liebe es, wenn ich anderen helfen kann. Ich liebe es, wenn die Dinge, die ich tue, einen Sinn ergeben. Im besten Fall bewege ich mich, aber auch andere Menschen dazu, sich einfach gut zu fühlen.

„Tell me more, tell me more" stimmte ich ein.

Monas Augen leuchteten. Sie redete sich in dieser Nacht in Rage. Allerdings ganz anders, als sie das zuvor tat. Da war nichts mehr von einem wilden Kauderwelsch. Alles hatte auf einmal Hand und Fuß. Alles war so greifbar und total ehrlich und einfach echt. Das gefiel mir. Nein, das beeindruckte mich. Automatisch rief mein Hirn die Version MEINES Lebens auf und ratterte parallel zu Monas Geschichte meine eigene mit. Denn auch ich spürte genau das, was Mona durchlebt hatte, nur vermutlich nicht ganz so heftig wie sie. Ja, ich war zufrieden mit meinem Job als Friseurmeisterin in Würzburg, aber war ich glücklich? War ich, wenn ich ehrlich zu mir selbst war, erfüllt? Auch in mir schlummerte dieses Gefühl, und dieses Gefühl schmerzte mich sehr oft auf dem Weg zur Arbeit.

Du kannst doch eigentlich mehr, Julia, und du liebst es, ins kalte Wasser zu springen.

Mona sprach mir aus der Seele, obwohl ich noch nicht einmal wusste, was das genaue Produkt ihrer Gedanken war. Wenn es eines geben sollte.

Julia, was habe ich im Salon in München hauptsächlich gemacht, weil ich es einfach am besten konnte?

„Mädels mit langen Haaren?"

Richtig! Habe ich eine Stunde nach allen Regeln der Kunst Haare geschnitten? Nein. Ich habe lieber ordentlich zugehört und beraten und dann nur so viel geschnitten, wie es sich meine Kundinnen gewünscht haben. Habe ich mich besonders gewählt ausgedrückt oder besonders perfektionistisch gearbeitet? Nein. Ich war einfach, wie ich bin, und habe mit meiner Kreativität überzeugt. Die letzten Wochen habe ich nochmal Revue passieren lassen, warum besonders Kundinnen mit langen Haaren immer wieder zu mir kamen. Ich konnte ihnen genau das geben, was sie wirklich brauchten! Weil ich sie mit meinen langen Haaren so sehr verstand. Nicht, weil ich selbst die perfekte Mähne hatte, sondern weil ich schwer unter meinen dünnen Haaren litt. Ich wusste, was der Wunsch bedeutete, wunderschöne, lange Haare zu tragen und wie mich tolle Haare einfach schöner und stärker fühlen ließen. Erst meine Haarverdichtung ließ mich so viel mehr nach mir selbst anfühlen, dass ich jede Frau von Herzen verstand, die ihre Haare in den besten Händen wissen wollte. Aus Leid wurde Leidenschaft!

Julia, wir brauchen alle jemanden, der uns versteht und uns zuhört, so wie eine Freundin das tut. Jemanden, der auf deine Haarbedürfnisse eingeht, ein Profi. Und jemanden, der Wünsche umsetzt, wie ein Künstler. Meine Kundinnen wollten immer verstanden werden, beraten werden und ein geiles Ergebnis tragen, mit dem sie – und das war das Wichtigste – auch Zuhause selbstständig klarkommen konnten. Ich beriet teilweise im gesamten Termin auf das Styling zuhause. Ich gab ihnen ein Glätteisen in die Hand und erklärte, was ich tat. Ich wollte keine perfekt gestylte Kundin, die den Salon verließ und zuhause schimpfend vor dem Spiegel stand, weil sie es alleine nicht hinbekam. Ich wollte nie die Expertin sein und etwas kreieren, was meine Kundinnen letztlich nur bei mir bekamen. Ich wollte mein Wissen an meine Kundinnen weitertragen und sie zu eigenen Haarexpertinnen machen. Damit sie sich, egal mit welcher Haarlänge- oder struktur, schön fühlten. Ich hätte den ganzen Tag nur stylen können, deshalb dachte ich ja auch, die High Fashion Branche wäre etwas für mich. Der Unterschied ist nur, dass, wenn ich Models style, sie von der Produktion nicht gefragt werden, wie sie sich fühlen und was sie gerne tragen würden. Und Models möchten einfach nicht wissen, wie sie diesen Look zuhause nachstylen können, weil er so oft fernab von alltäglich tragbar war.

Es war mittlerweile zwei Uhr nachts, aber das hielt uns nicht auf. Kurze Pipipause auf der Wiese mit Blick in den unfassbar schönen Sternenhimmel und weiter ging es.

Julia, das sagte sie immer gerne, wenn etwas besonders Wichtiges folgte. *Was ich dir sagen will: Ich war nicht völlig falsch in dieser Hair and Make-up-Welt. Ich war nicht völlig fehl am Platz, wie ich es zwischendurch vermutet hatte und was mich so schmerzte. Alles, was ich gelernt und erfahren hatte, alles war so wertvoll und prägend und musste passieren, um auf all diese wundervollen Gedanken zu kommen, die ich nun über mich und das, was kommt, habe. Jedes Gefühl, egal ob anstrengend oder erfüllend, ist da, um uns etwas zu sagen. Ich habe ein Talent. Ich habe nicht umsonst meinen Friseurmeister-Titel und sämtliche Erfahrungen gesammelt. Das Einzige, was für mich nur nie gestimmt hat, war die Welt drum herum! Und es liegt nun an mir, das zu verändern. Julia, ich spüre, das Zeug dazu zu haben.*

„Das klingt so wundervoll! Und jetzt sag, Mona! Wie wollen wir das anstellen?"

„believe and you're HALFWAY there."

THEODORE ROOSEVELT

SELBSTVERTRAUEN —
WENN WIR NICHT AN UNS GLAUBEN, WIRD ES KEINER TUN

Schließ mal deine Augen, stell dir vor und träum dich mal kurz mit mir rein:

Wir beide sind verdammt gut in unserem Handwerk. Du warst Kammer-, Landes- und Bundessiegerin, hast deinen Meisterpreis mit Auszeichnung der bayerischen Staatsregierung und ich weiß, wie geil deine Arbeiten sind. Ich war zweifach für den German Hairdressing Award nominiert, habe Erfahrungen in der High-Fashion-Branche, habe für große Marken in Deutschland und international gearbeitet. Und das Wichtigste: Wir beide, behaupte ich jetzt einfach mal felsenfest, haben das Herz am rechten Fleck und tragen die ehrliche Motivation in uns, etwas zu verändern und andere damit zu bewegen, auch für sich und ihre Träume loszugehen. Wenn wir ehrlich zu uns sind, wissen wir beide, dass wir mehr können und dass wir da, wo wir sind, nicht völlig erfüllt sind. Wir beide sind empathisch und haben die letzten acht Jahre verdammt viel Fachwissen sammeln können. Wir haben zigtausend Gespräche mit unseren Salongästen geführt, die uns immer wieder berichtet haben, was sie bräuchten, was sie vermissen, womit sie nicht klarkommen oder was sie sich eigentlich wünschen würden. Alles intensive, anstrengende Einzelgespräche, die noch viel mehr Aufmerksamkeit verdient hätten.

Noch nie saß ein Mensch vor mir mit so spannenden inspirierenden Gedanken. Gleichzeitig spürte ich Monas Wertschätzung mir gegenüber. Ich sollte der Grund für all das gewesen sein? Ich soll die Person gewesen sein, die sie ermutigt hat, so groß zu träumen? Dabei war ich doch nur so, wie ich wirklich war, ohne mich zu verstellen, ohne ihr imponieren zu wollen, ohne etwas sein zu müssen. Fühlt sich toll an, einfach zu sein und dafür gefeiert zu werden. Und mit seinem Sein sogar einen anderen Menschen zu unterstützen. Das war ein krasses, neues Gefühl für mich und durchströmte meinen ganzen Körper. Als würde sich meine Seele mit mir freuen.

Ich hielt also fest, dass ich spürte, dass ich grundsätzlich das Zeug dazu hatte, Großes zu leisten. Ich war mehr als bereit dazu. Ich hielt fest, dass ich mein Handwerk beherrschte und es liebte, mir allerdings das Drumherum nichts gab. Jetzt, nachdem ich wusste, was ich will, und mir wieder bewusst war, was ich liebe und am besten kann, war es an der Zeit, mir den richtigen Input dazu zu holen, damit es nicht nur ein Traum blieb. Ich habe bei Google ernsthaft eingegeben: Was braucht es, um erfolgreich und glücklich zu sein?

„Hast du?", kicherte ich.

Hab ich, grinste Mona selbstbewusst.

„Und was kam raus?"

Natürlich nicht nur ein Wort. Aber während des Durchforstens kreuzte immer wieder das Wort „Persönlichkeitsentwicklung" meinen Weg. Ein Wort, das im Netz ganz schön weite Kreise zieht und oft auch zerpflückt wird. Da hieß es immer wieder, man müsse bei sich selbst beginnen, um glücklich zu sein. Und die meisten, die das tun, die nach der eigenen Freiheit streben, die sich Veränderung wünschen und die das verdammte Feuer in sich spüren, etwas bewegen zu wollen – sind Unternehmerin oder Unternehmer geworden. Pack es selbst an, anstatt dich über etwas aufzuregen, heißt es da. Ändere etwas oder hör' auf zu meckern. Heißt für mich: Mona, pack deine eigene Haarwelt an, statt dich über eine vermeintlich oberflächliche Beautywelt aufzuregen. Dann mach es besser, wenn du etwas so schmerzlich vermisst! Ein Unternehmer beschrieb folgendes: Dein Unternehmen ist 80% deiner Persönlichkeit. Na, dann wusste ich ja, was zu tun war. Ich musste mich zuallererst um mein Mindset, um meine Einstellung, um meine Person kümmern.

Mona warf mich um. Wie zur Hölle war dieser krasse Mix aus Friseurin und Unternehmergeist entstanden? Entweder, sie verkaufte sich mir gegenüber verdammt gut, oder es fühlte sich einfach so gut an, weil mir all das ebenfalls aus der Seele sprach. Ich ließ ihre One-Woman-Show mit staunender Stille weiterlaufen, weil mich bisher nichts in meinem Leben so gepackt hatte wie diese ihre Worte.

Ich habe in dieser neuen Nerd-Phase hier so viele Bücher[3] gelesen wie in meinem gesamten Leben zuvor nicht. Ehrlich gesagt hatte ich es zuvor gehasst zu lesen. Jetzt habe ich die erfolgreichsten Menschen der Welt studiert, Julia. Ich kam von einer Empfehlung zur nächsten. Endlich machte Input wieder Spaß. Weil ich die Richtung angegeben hatte. Eine Sache möchte ich noch rechtzeitig klarstellen, nicht, dass ich irgendwie geldgeil klinge. Mein Ziel ist es, erfolgreich UND erfüllt zu sein. Oder noch besser: Durch ein erfülltes

---

[3] Eine vollständige Literaturübersicht aus Monas Buchempfehlungen von früher bis heute findest du hier:

Wesen zum Erfolg zu gelangen. Ein Unternehmen soll den Menschen dienen, nicht umgekehrt, las ich in der Biographie von Götz Werner. Er ist der Gründer von dm, weißt du ja. Und wenn das gelingt, sagt er, kommt der Erfolg fast schon von allein, denn Umsatz betrachtet er nicht als Ziel, sondern als Applaus seiner Kunden. Ist dieses Bild nicht wundervoll? Mir half dieser Satz zu verstehen, dass es nicht verwerflich war, auch wirtschaftlichen Erfolg anzustreben, als logische Schlussfolgerung daraus, dass man seine Sache verdammt gut macht und damit dem Wohl anderer dient.

Wohlstand ist dein Geburtsrecht - war eine andere motivierende Message von Bodo Schäfer, ein Unternehmer und Finanz-Coach, den ich unter die Lupe nahm. All diese männliche Energie, diese Sätze voller Selbstbewusstsein taten mir so gut. Typisch Frau, dass wir uns so schnell schämen und hinterfragen, wenn wir uns eingestehen, dass Reichtum etwas Erstrebenswertes ist. Für mich gehörte das auf einmal alles ganz natürlich zusammen und fing an, mir eine Riesenfreude zu bereiten. Ich fand Spaß darin, einen Business Case zu entwickeln, der unsere Expertise gepaart mit unserer Persönlichkeit als Grundlage für unseren Erfolg annimmt.

Mindful MEMO an DICH:

Denke nicht, du musst alles selbst wissen oder auf alles selbst kommen. Stell dein Ego zurück, nutze die wundervolle Vorarbeit anderer Geister und Herzen. Uns ist ganz wichtig, dir nicht zu vermitteln, dass Mona oder ich auf einmal alles wie aus Zauberhand wussten. Oder dass sich alles aus Luft und Liebe ergab. So viele von uns intuitiv ausgewählte Coaches, Autorinnen und Autoren, Mentorinnen und Mentoren haben uns geholfen, durch ihren Input unseren ganz eigenen Weg zu finden. Pick dir aus den unterschiedlichen Theorien und dem wertvollen Wissen anderer das für dich heraus, was für deinen Weg Sinn macht und was sich für dich richtig anfühlt.

Immer wieder war davon die Rede, zuerst den inneren Erfolg aufbauen zu müssen, damit der äußere folgen konnte. Das war die herausforderndste und gleichzeitig auch die großartigste Botschaft von allen! Und ich habe sie ernst genommen. Die Umsetzung war kein Zuckerschlecken, das kann ich dir sagen. Ich habe gefühlt bei null angefangen. Mein komplettes bisheriges Leben stellte ich in Frage und überlegte mir, bei welchen Themen ich den Resetknopf für einen Neuanfang drücken wollte. Ich befasste mich mit positiven Routinen, mit meinen bisherigen Glaubenssätzen, mit alten Denkmustern und meinem Money-Mindset. Ich drang in eine ganz neue Welt von Unternehmertum ein.

Auf einmal traute ich mich an Buchtitel wie:
Der Weg zum erfolgreichen Unternehmer
Denke nach und werde reich
Gesetze für Gewinner
How to win friends and how to influence people
Der Weg zur finanziellen Freiheit

Alles schwer männlich geprägt, trotzdem völlig neuer Stuff, den ich liebte! Ich notierte mir von Ted Talks, das ist eine Innovations-Konferenz, zu der man im Web unzählige Vorträge von inspirierenden Menschen findet, dass das WER, mit dem man die Dinge umsetzt, viel wichtiger sei als das WAS. Also was man umsetzen wollte. Und dass das WARUM hinter allem für den Anfang viel größer sein musste als das WIE.

Mindful MEMO an DICH:

Und jetzt, lies das bitte nochmal! Mit WEM man ein Projekt, eine Beziehung, ein Unternehmen, ja selbst einen Urlaub unternimmt, ist viel wesentlicher, als die Sache an sich, also als das WAS. Ist das nicht beeindruckend? Eine Idee, ein Fortschritt, ein Erlebnis steht und fällt also immer mit den Menschen, mit denen du sie umsetzt. Irgendwo klar, denkt man sich. Irgendwie aber auch verblüffend, wie oft man erst eine Business-Idee entwickelt und sich dann um die Menschen drum herum bemüht. Deshalb lieben wir es heute, die Menschen in unserem Arbeitsumfeld zu betrachten und anders herum als gewohnt, GEMEINSAM mit den Wesen, die uns umhauen, über neue Träume zu philosophieren.

Es fühlte sich an, als sprach mir all das neu Erlernte aus meiner Seele. Noch besser formuliert, es war mehr ein Gefühl von Erinnern. Als wären es vertraute Aussagen, die ich mir nur wieder ins Gedächtnis rufen musste. Alles wartete längst in Büchern, Podcasts, auf YouTube und irgendwie in mir selbst auf mich, aber erst jetzt konnte all das von mir wirklich gesehen werden.

Diese dünne Wurzel, weißt du noch, von der ich dir erzählt habe, die in mein süßes Loch aus Selbstmitleid und Drama ragte, fing an, mit jedem meiner EIGENEN Gedankengänge stärker zu werden und half mir letztlich auf meinem Weg in meine neue Denkweise. Oder in mein neues Leben, wenn du so willst.

Dann zeigte mir Mona ganz stolz ihre Gedankensammlung auf ihrem Laptop. Überwältigend. Für mich absolut außerhalb unseres gewohnten Horizonts. Gleichzeitig auch überfordernd, da ich vermutete, ICH würde letztlich diejenige sein, die diesen Haufen an Gedanken ordnen würde. In der Mitte ragte fett das Wort LANGHAARMÄDCHEN heraus. Drum herum hatte Mona Sonnenstrahlen gesetzt und weitere Kringel mit Wörtern wie PERSÖNLICHKEITSENTFALTUNG, LOVE BRAND, STYLINGBUS, BENCHMARKS, COMMUNITY, SOCIAL MEDIA, STYLINGWORKSHOPS, GUTER ZWECK und viele mehr angeordnet. Für jeden Kringel hatte sie wiederum eine neue Seite mit weiteren Sonnen-Mindmaps angelegt.

„Du bist ein Genie, Mona."

Weiß nicht. Das denke ich nicht. Aber danke, bisher wurde ich eher als Chaotin angesehen.

Das wurde sie wirklich. Im Salon in München war sie eher als chaotischer Wirbelwind bekannt. Die Farbschalen nicht direkt ausgewaschen, Farbspuren rund um ihren Bedienplatz, die Foliensträhnen nie akkurat gefaltet, die eigenen Haare nie perfekt sondern wild. Ich hatte schon immer eine Kunst darin gesehen. Mona kümmerte sich viel lieber um das Wesentliche. Sie wusch Farbschalen nicht direkt aus, weil sie die Gespräche mit ihren Gästen viel spannender fand. Sie hinterließ aus Versehen Farbspuren, weil es für Mona viel mehr auf die individuelle Kreativität am Kopf ankam als auf die perfekte Sauberkeit am Boden. Sie hatte zerknüllte Foliensträhnen, weil es für sie auf das

Endergebnis ankam, nicht auf den perfekten Look während der Einwirkzeit. Okay okay, manchmal war sie auch einfach eine Chaotin, aber wer sagt denn, dass die Norm zu sein ein erstrebenswertes Ziel war? Ich hatte alles erwartet. Aber nicht, dass Mona bereits so viel Gedankenchaos zumindest herunter getippt hatte. Das half mir enorm, sie noch besser zu verstehen.

„Gefällt mir, dass du nicht nur geträumt, sondern auch schon einmal angefangen hast."

Monas Augen leuchteten, als hätte man ein Kleinkind gelobt.

Danke, du sagst es. Ich wollte eben kein kleiner tagträumender Hippie bleiben und habe angefangen, mir eine Art Eigenstudium aufzubauen. Dachte mir, dass ich dich damit glücklich machen würde.

ENTFALTUNG — EINE VISION ENTSTEHT

Wo mache ich weiter, damit du mir bis zu meiner Vision folgen kannst? Darf ich einfach von einem zum nächsten Thema springen? Awwwww, endlich hört mir die richtige Person zu. Du weißt nicht, was mir das nach drei Monaten einsamen Träumens bedeutet.

„Ja, bitte!"

Julia. Ich habe mir angesehen, was es ausmacht, eine erfolgreiche Unternehmerin zu sein. Wenn ich etwas anpacke, will ich von den Besten lernen, von denen, die schon da sind, wo ich hinwill. Uns werden noch genügend Fehler unterlaufen, die wir selbst machen können. Warum erst zehnmal auf die Fresse fliegen, wenn wir schon jetzt von den Fehlern anderer lernen können? Um ein Unternehmen aufzubauen, wissen wir einfach noch viiiel zu wenig, und deshalb bin ich so was von bereit, mir das einzugestehen, mein Ego zurückzufahren und einfach nur von anderen zu lernen.

Das konnte sie wirklich. Mona hatte für mich eine wundervolle Art und Freude daran, sich in passenden Momenten zu „unterwerfen", wie sie es immer ohne Ego ausdrückte. Alles, was sie nicht wusste, gab sie offen zu und war somit voller Vorfreude und bester Offenheit, um wissbegierig alles aufzusaugen und für ihre eigenen Gedankengänge anzuwenden. Das hatte ich schon vorher immer in Gesprächen zwischen ihr und mir oder auch zwischen Kundinnen und Mona festgestellt. Deshalb fühlte man sich vermutlich auch sofort wohl in ihrer Gegenwart. Sie war immer und ausnahmslos bereit, von ihrem Gegenüber zu lernen, und tief davon überzeugt, dass jede Person, die in ihrer Welt war, eine Sache besser konnte als sie selbst. Und jetzt folgte etwas Entscheidendes:

Thema passives Einkommen: superspannend! Immer wieder kreuzte dieses Wort meine Suche auf der Entwicklung unseres Business Case. Mit passivem Einkommen sind Einnahmen gemeint, für die wir fortlaufend weniger tun müssen. Dem geht meist ein erhöhter Aufwand voraus, aus dem sich das Einkommen dann passiv generiert, ohne dass wir aktiv dafür zu arbeiten brauchen.

„Wie meinst du das? Jetzt komme ich nicht mit."

Viele Menschen bieten etwas an, ihr Talent, ihre Dienstleistung, und bekommen für die geleistete Zeit oder Leistung ein Honorar. Wie wir als freie Friseu-

rinnen oder Stylistinnen. Heißt aber auch: ohne Arbeit kein Einkommen. Wir tauschen unsere Zeit gegen Geld! Passives Einkommen ist ein fortlaufendes Einkommen ohne direkte Gegenleistung, die es auf Dauer ermöglicht, AM Unternehmen zu arbeiten statt selbst und ständig im Einsatz zu sein. Und da möchte ich hin.

„Mona, mein Kopf glüht. Tut mir leid, wenn ich nicht immer alles direkt verstehe. Das höre ich alles zum ersten Mal."

Das macht nichts, so ging es mir auch, deshalb will ich das Ganze ja so dringend mit jemandem wie dir teilen. Ich will, dass du verstehst, welche Puzzleteile ich zusammengesetzt habe, statt nur FÜR mich oder MIT dir auszuführen, was mir vorschwebt. Unser Unternehmen braucht auch deine Persönlichkeit und Meinung dazu, um sich nach unserem Idealbild zu formen. Awww, ist das alles geil und spannend. Ich erkläre es dir weiter. Nimm den Begriff „Passives Einkommen" einfach mal mit.

So angestrengt und gleichzeitig trotzdem losgelöst hatte ich sie noch nie erlebt. Mich überkam ein Gefühl der Überforderung. Das klang alles ganz geil, aber in welchem Leben zur Hölle sollten wir uns jetzt noch zu Unternehmerinnen entwickeln und alles, was wir je gelernt hatten, in einen völlig neuen Kontext packen? Niemand in unseren Familien war unternehmerisch tätig. Wir hatten keinerlei Erfahrung oder gar eine Mentorin oder einen Mentor im engeren Umfeld. Gut, im weitesten Sinne war mein Uropa Nikolaus durch seine Fischerei auf dem Main und mein Opa Julius durch seinen Weinanbau selbstständig, um gerade so über die Runden zu kommen. Doch das, was Mona da vorhatte, benötigte mehr als gute Gene.

Mindful MEMO an DICH:

Als Friseurin hat mich das Stehen vor dieser großen, unbekannten Unternehmerwelt mehr als überfordert. Mona hingegen wurde dadurch inspiriert, Wege zu finden, und entwickelte genau durch diese riesigen Fragezeichen den Gedanken, dass es da einen großen Partner an unserer Seite geben sollte. Einen Partner, der das abdeckt, was wir nicht konnten. Was außerhalb unserer Fähigkeiten lag. Wenn dich etwas überfordert, nimm Hilfe dankend an. Dann ist es Zeit für anderweitige Unterstützung. Bei den eigenen Schwächen nicht wegzusehen, sondern sie von anderen ausgleichen zu lassen, das ist für uns das Kunstwerk, das entsteht, wenn man zugibt, dass man nicht alles selbst können muss.

Julia, was jetzt folgt, könnte unsere Lösung für ein erfolgreiches, unabhängiges Leben sein: Unser größtes Ziel, mit unserem Talent, mit unserer Persönlichkeit, mit unserem Drang nach Selbstbestimmung sollte sein, eigene Haarpflegeprodukte zu entwickeln. Um noch einen obendrauf zu setzen und die Idee konkret auszudrücken: Wir werden eine Haarpflegemarke mit Tiefgang in allen dm Drogeriemärkten haben!

„Oh, okay." Jetzt verstand ich.

Ich habe Hippieshootings am Strand veranstaltet und unzählige, deutsche Backpacker gefragt, wo sie ihre Haarpflege kaufen. Ich habe sie ausgequetscht und so tolle Gespräche geführt. Die häufigste Antwort war „im dm". Ich ziehe mir hier nichts an den Haaren herbei, ich arbeite schon jetzt mit dem Input unserer Zielgruppe. Die, die am Ende den Applaus geben könnten. Das war so eine Inspiration. dm wäre für uns der Partner, der sich um die Herstellung und den Vertrieb kümmern könnte, während wir uns auf die Expertise konzentrieren könnten! Nicht nur wir könnten dm brauchen, auch dm könnte uns gebrauchen! Authentischer geht es doch nicht.

Ich blinzelte etwas verdattert vor mich hin. Auch mich überfiel jetzt immer mehr das Gefühl, was mir Mona selbst vor wenigen Momenten beschrieben hatte. Drehte sie jetzt komplett durch oder könnte das die Chance unseres Lebens werden?

„Luuuulia!" Sie fing an zu kreischen und zu jubeln, hopste, so verrückt es ihr in diesem engen Van nur möglich war, vor Freude hin und her.

Du kommst dann so rein in die dm Filiale und dann stehen da rechts unsere Langhaarmädchen Produkte, verstehst du?!

Ihre Euphorie konnte nicht anders, als auf mich überschwappen. Ich liebte den Gedanken!

„Der Name dazu ist genial. Der Name ist Programm!"

Eigene Haarpflegeprodukte, vollgepackt mit unseren Werten, unserem Verständnis von geiler Qualität zu einem Preis – Achtung – den sich jedes Mädel leisten kann!! Wir wissen doch selbst, dass wir unsere eigenen Shampoos, die wir in sämtlichen Salons um die 19€ - 26€ verkauft haben, uns paradoxerweise mit unserem eigenen Friseurgehalt selbst nicht mal hätten leisten können, hätten wir nicht günstiger einkaufen können. Ist das nicht verrückt?

„Da bin ich völlig bei dir. Klar sind es gute Produkte, aber mit unserem Gehalt war der Kauf von Salon-Produkten selbst mit Ermäßigung immer eine Überwindung."

Für die verschiedenen Kundenbedürfnisse gibt es die unterschiedlichsten Möglichkeiten und alles hat seine Daseinsberechtigung. Das Wichtigste wird sein, dass wir überzeugt sind von dem, was wir tun. Und natürlich wird es Gegenwind geben, aber den gibt es immer, wenn man etwas wagt. Wir wissen nach den unzähligen Salongesprächen, was Mädels wollen. Und wir selbst sind auch zwei Langhaarmädels. Authentischer geht's nicht! Mit unserer jahrelangen Erfahrung aus dem Friseurhandwerk könnten wir es doch ernsthaft möglich machen, top Haarpflegeprodukte für jeden erschwinglich zu machen. Was könnte es für uns Handwerkerinnen Großartigeres geben, als ganz genau das zu entwickeln, was wir für unsere tägliches Arbeiten benötigen?!

„Vorausgesetzt, sie bekommen die Qualität hin, die wir brauchen!"

So ist es. Aber weißt du, was ich mir hier denke? Ich gehe ehrlich gesagt nicht direkt davon aus, dass sie unseren Qualitätsansprüchen gerecht werden können, aber genau das kann unsere Chance sein. Wenn sie schon perfekt wären, bräuchten sie uns nicht. Wir werden keine nächste Haarpflegemarke im dm. Wir werden Langhaarmädchen Haarpflege entwickeln. Mit Mehrwert und bester Qualität, die sich jeder leisten kann!

„Guter Gedanke. Dann müssen wir beim Entwickeln verdammt streng sein."

Absolut! Denn genau damit werden wir den Unterschied machen. Ich weiß, wir haben als Friseurinnen beigebracht bekommen, über Drogerie-Haarpflegeprodukte zu schimpfen. Schlimm eigentlich. Aber wirklich eine Ahnung hatten wir nie, oder? dm wäre nicht so erfolgreich, würden sie nicht so viele Mädels glücklich machen. Mit unseren Benchmarks, unserem Knowhow und deren Umsetzungsexpertise könnte das ein völlig neues Game für alle werden.

„Oh, ich habe so Bock drauf! Und die Produkte selbst entwickeln und dann bei dm vorstellen, würde das keinen Sinn machen?"

Das habe ich mich auch noch einmal gefragt und komplett durch gesponnen. Sorry, aber das wäre völliger Bullshit. Das könnten wir mit all dem Aufwand, dem fehlenden Wissen und dem zu krassen Risiko niemals leisten. Außerdem ist das nicht unser Steckenpferd. Wir müssen uns auf das fokussieren, was wir am besten können, nur dann kann es umwerfend werden.

„Okay cool, das macht völlig Sinn für mich!"

Ach ja, übrigens, der oftmals günstigere Preis im Drogeriemarkt, das habe ich recherchiert, ist natürlich durch die unfassbare Masse möglich. Der krasse Preis im Friseursalon kommt zum Teil daher, dass wesentlich weniger hergestellt und verkauft wird und viel mehr Personen daran verdienen müssen. Emotional kommt noch dazu: dm mag einfach jeder oder zumindest sehr sehr viele Menschen. Sie strahlen irgendwie Verlässlichkeit aus. Aber das Beste kommt erst noch. Du erinnerst dich: Das Wichtigste ist ja, mit WEM man die Dinge umsetzt. Hör dir mal diese Philosophie von dm an. Als wäre sie wie geschaffen für uns, hör zu:

Seit 1992 bringt die Aussage „Hier bin ich Mensch, hier kauf ich ein" die Haltung des Unternehmens zum Ausdruck, das sich in sämtlichen Beziehungen zu Kundinnen, Kunden, Mitarbeiterinnen, Mitarbeitern, Handelspartnerinnen und Handelspartnern bis hin zur Umwelt konsequent dem Gedanken der „Mitmenschlichkeit und Partnerschaftlichkeit" verpflichtet fühlt.

Ist das nicht wundervoll? Wir müssen natürlich noch herausfinden, ob das auch wirklich so ist, aber das bekommen wir dann in persönlichen Gesprächen schon heraus!

„Ist notiert, Mona!! dm als Partner für unsere Vision. Das bekommen wir hin! Ich fühle es komplett!"

Mona liebte mich für diese Worte und meine optimistische Reaktion.

Lulia, ich bin fast schon vor Freude schockiert, dass mich jemand mal so schnell versteht, mir nicht tausend kritische Gegenfragen stellt und einfach mal notiert.

„Gerne! Weiter geht's!"

Okay. Also, wir wissen jetzt so langsam, wo unsere Stärken liegen, aber auch, was unsere Schwächen sind. Wir sind neben all unserer Expertise immer noch zwei lustige Mädels, die keinerlei Erfahrung von Produktentwicklung oder Brand Building mitbringen. Lass uns nie überheblich werden und verstehen, dass es immer andere Menschen braucht, um erfolgreich zu sein. Wir brauchen einen starken Partner, der mit uns umsetzt, was wir fühlen. Wir sind beide, das wissen wir, nicht diejenigen, die sagen können, wie unser perfektes Shampoo genau zusammengesetzt werden müsste. Wir sind aber diejenigen, die durch pures Fühlen sagen können, was genial ist und was nicht.

Mich überkam Gänsehaut. Das fühlte sich für mich so stimmig an. Gefühl war etwas, womit ich zu 100% dienen konnte. Hier gab es keinen Zweifel. Das Gefühl war zu unserer Expertise geworden, das wir unabhängig von Marken, Haarstrukturen und Salons aufgebaut hatten, was uns keiner mehr nehmen konnte. Langsam konnte ich Mona folgen.

Wir sollten uns als Handwerkerinnen auf unser Gefühl konzentrieren können UND auf die Botschaft dahinter! Die Botschaft:

Mona holte Luft.

„Mooooona warte, können wir bitte morgen weitermachen. Ich kann nicht mehr, du kleines Genie. Ich weiß, du hattest dir das letzte halbe Jahr all diese Gedanken Stück für Stück aufgebaut und dich reingefühlt. Aber alles in einer Nacht, das packe ich nicht."

Ahhhh, stimmt okay, ja das macht Sinn, stimmte sie lachend zu. *Wir haben ja noch drei Wochen Zeit.*

Dann renne ich hier morgen Früh nochmal eine Runde um die Wiese und dann machen wir während der Fahrt weiter, ja?!

„Jaaaa!"

Awwww, ich liebe es mit dir! Fühlst du es? Fühlst du es auuuuuch so sehr wie ich?????

Wir schmissen uns weg und warfen uns Schulter an Schulter auf unsere Matratze.

„Jetzt verstehe ich langsam, was diese Sprüche mit dir gemacht haben. Genial!", säuselte ich noch unfassbar müde vor mich hin.

Es war so faszinierend für mich. Was hatte dieses Mädchen getan? Wie hatte Mona die letzten 15 Monate bitte für sich genutzt?! Was war mit ihr passiert? Sie hatte ganz einfach alles, was sie je an Grenzen und „Das macht man aber normalerweise nicht - Gedöns" abgelegt und war ihrer Begeisterung immer weiter gefolgt. Mir war damals noch nicht bewusst, wie lebensnotwendig es für Monas Träume war, dass ich sie mit meinem angeborenen Optimismus unbewusst bei all ihren Gedanken unterstützte. Was nicht hieß, dass ich nicht kritisch war. Der Dieter in mir, so nannten wir die Stimme meines Dads, die in meiner Gedankenwelt immer mitschwang, warf oft kritische Gegenfragen ein, ließ sich am Ende aber immer wieder liebend gerne zum Mitträumen hinreißen. So schafften wir immer mehr den Mix aus träumen und realisieren.

Mindful MEMO an DICH:

Ich stelle mir immer wieder vor, wie wohl mein Leben verlaufen wäre, hätte mich Mona nicht dazu gebracht, auch MEINE geistigen Grenzen zu überwinden. Stell dir vor, Mona würde heute vor dir stehen und dir sagen, du sollst weiter und höher träumen, als du es je gewagt hast. Was siehst du? Was ist deine Lieblingsvision von dir selbst?

Ein echter FREUND ist jemand, der dich liebt, wenn du vergisst, dich selbst zu lieben.

Am nächsten Morgen wachte ich ganz verdattert auf und Mona lag nicht mehr neben mir. Das war doch alles kein Traum gewesen? Ich musste so tief geschlafen haben, dass sich Mona nach draußen stehlen konnte, ohne mich zu wecken. Langsam richtete ich mich auf, zog den alten Vorhang beiseite und wischte den kalten Tau für ein Guckloch von der Scheibe. Die Sonne blinzelte auf BOP und fing an, den Van ganz angenehm zu erwärmen. Da war sie. Wie ein wild gewordenes Reh sah ich Mona in kleinen Jubelsprüngen unzählige Runden um den verschlafenen Campingplatz hüpfen. Als ich sie so beobachtete, durfte ich feststellen, dass ich über dieses verrückte Weib einfach nichts Schlechtes denken konnte. Irgendetwas in mir sagte, dass das zwischen uns besonders war, obwohl wir in vielen Dingen so unterschiedlich waren.

Ich würde dir jetzt gerne erzählen, dass wir uns dann erstmal ein gesundes, reichhaltiges Frühstück mit frischen Früchten zubereitet hatten. Aber das wäre gelogen. Da für uns der Traum über unsere neue Welt oberste Priorität hatte und es noch dazu keinen Kühlschrank im Van gab, vergaßen wir viel zu oft, einzukaufen oder uns in unserem Chaos überhaupt eine ordentliche Tagesroutine aufzubauen. Jeder, der campen geht, weiß, wie schwer es ist, Ordnung auf kleinstem Raum zu halten. Du willst bei zwei kreativen Friseurinnen nicht wissen, wie es aussah, aber kannst es dir sicher ausmalen. Und auch das schweißte uns zusammen. Wir sind beide die Typen, denen es einfach schwer fällt, Ordnung zu halten, wenn es gerade viel Spannenderes im Leben gibt. Uns war wichtiger, uns schnell etwas Bequemes überzuziehen und BOP wieder anzuschmeißen, als täglich aufzuräumen, uns zu stylen oder für das gewisse Look and Feel zu sorgen. Wir liebten das Wesentliche. Kilometer ballern und Deeptalk fortsetzen. Lieber Chaos auf der Rückbank und dafür Klarheit in unserem Leben. „Wie wäre es", schlug ich vor und wusste, ich würde Mona mit meiner Idee glücklich machen, „wenn du heute fährst und ich mal ein paar Brocken von deinen Träumen aufschreibe! Mich macht das sonst kirre, wenn wir nur labern und nichts festhalten."

Geil! Wenn Monas Augen leuchteten, war das nie zu übersehen.

Mona stellte ihr Handy-Navi ein, fuhr los und holte freudestrahlend tief Luft.

Okay! Wo waren wir stehen geblieben?!

„Die Botschaft."

Ich blätterte Monas Notizbuch auf und heizte ihr ein!

„Ready to rumble!!!"

Wie krass wäre es, wenn wir mit dieser Marke unseren eigenen Traum wahr machen und Langhaarmädchen damit nicht nur ein Shampoo bleibt, sondern anregt, über die eigenen Träume nachzudenken?

Mona sprudelte ununterbrochen und ich versuchte, ihre Worte geordnet auf ein Blatt Papier zu bringen. In diesen Van-Momenten war die Aufteilung unserer späteren Rollen im Unternehmen entstanden. Mona erzählte, träumte, überschlug sich in ihrer Gedankenwelt, hob einmal ab wie ein Luftballon, ließ die Luft raus und sich einmal quer durchs Universum und wieder zurück schleudern. Naja, so fühlte es sich zumindest oft für mich an, wenn ich ihr zuhörte. Ich sah ihr nickend dabei zu, versetzte mich hinein und schrieb alle Wortbrocken, die ich hinter ihr herlaufend aufsammeln konnte, hastig mit. Zwischenfragen, das lernte ich bald, stellte ich entweder erst gar nicht oder so knapp wie möglich und bitte mit einem Handzeichen angekündigt! Ab und zu winkte Mona mir wie eine Künstlerin ab. *Pscht, jetzt nicht. Ich meine das nicht böse, ich verliere sonst nur den Faden.* Sie war speziell. Und ich konnte damit umgehen und liebte es.

Der bunte Faden von Monas Gedankenverwebungen war nämlich super ausdehnbar, nicht immer durchsichtig, ganz fein und leicht zu verheddern. Nicht, dass sie jemals nicht weiterwusste, allerdings setzte sie, nachdem man sie durcheinandergebracht hatte, wieder ganz wild an anderen Stellen an und verwebte sich und mich schließlich in Knäuel ohne Anfang und Ende. Wie man sich vorstellen kann, durfte Mona in diesen Kreativflashs nur unkomplizierte Highway Strecken fahren, bei denen wir für die nächsten Stunden wussten, dass es nur geradeaus ging. Sie war der Knaller für mich.

Ich muss kurz ausholen. Was ich also die letzten Monate kennenlernen durfte, ist, dass es da eine Welt geben könnte, in der wir sicher gut wären, zumindest stelle ich mir das an deiner Seite so vor, die wir aber noch nie in Betracht gezogen hatten. Ein eigenes Unternehmen gründen. Wie sollten wir darauf in unserer, Entschuldigung nicht böse gemeint, beschränkten Welt auch kommen? Man traut sich ja nicht einmal, darüber zu träumen, weil man denkt, man hätte keine Ahnung davon. Weil uns Unternehmertum in der Schule nicht einfach mal so zur Wahl gestellt wurde. Nicht einmal beim Girls Day. Über eine Sache würde ich allerdings gerne noch mit dir reden. Fühle mich heute irgendwie bereit dazu.

Auf einmal fühlte sich Monas Energie ganz anders an als zuvor.

Weißt du, wie ich auf all diese Gedanken gekommen bin? Wie ich darauf gekommen bin, dass wir eine eigene Marke, ein eigenes Unternehmen gründen könnten?!

„Das hast du mir doch gestern schon erzählt."

Nicht ganz. Ein paar Details habe ich dir noch verschwiegen. Das klingt jetzt voll Scheiße und das darfst du so nie jemandem sagen, ok?

Was kam jetzt?! Ich nickte stumm.

Ich habe dir ja an Tag eins erzählt, was mich täglich 24 Stunden begleitet. Meine Essstörung, mein Figurproblem, meine Fressflashs, nenn es, wie du willst. Ich verrate dir nun meine heimlichsten Gedanken dazu, weil ich will, dass du von Anfang die Wahrheit über mich kennst.

Diese Frau überraschte mich immer wieder aufs Neue mit ihrer zuckersüßen, ehrlichen Art.

Ich weiß, diese Worte werden dich jetzt sicher schockieren, aber sie müssen raus. Mein größter Traum war es nie, eine eigene Haarpflegemarke zu kreieren. Woher sollte dieser Traum auch einfach auftauchen. Nein, die Idee, eine eigene Marke zu entwickeln, kam einzig und allein von meinem Wunsch, mich irgendwann selbst wieder lieben zu können. Dass ich mir irgendwann einen eigenen Ernährungsberater und Personal Trainer leisten kann, der mir zu meinem Idealgewicht verhilft, der mich unterstützt, das Richtige zu tun, damit diese Sucht an negativen Gedanken über meinen Körper endlich aufhört.

„Mona, du bist so krass. Danke, dass du das alles, auch deine Krankheit, so offen mit mir teilst. Dass du so ehrlich darüber sprechen kannst, hilft mir so sehr, dich zu verstehen. Aber wieso in Gottes Namen sollte das egoistisch oder verwerflich sein? Weil es nicht klingt wie im Märchen? Es ist deine Wahrheit und diese Sorgen hast sicher nicht nur du in dir. Warum sollte darüber nicht gesprochen werden dürfen? Warum klingt das Wort „Egoismus" immer so negativ? Es ist doch wichtig, in erster Linie an sich zu denken. Wie bekommt man sonst raus, was man wirklich will?! Wenn du glücklich bist, kannst du anderen mit einer viel krasseren Fülle begegnen und damit ganz andere Berge versetzen."

Danke, so hat mir das noch keiner gesagt. Aber weißt du, das sitzt bei mir alles viel tiefer, als du denkst. Und irgendwie will ich nicht, dass ich Langhaarmädchen am Ende nur für mich tue. Ich hasse den Gedanken, dass ich ohne meine Essstörung nie auf diesen wundervollen Traum gekommen wäre. Leider ist es so.

„Mona, jetzt verkopfst du dich. Na und? Dann ist es eben so. Wir können in dem Moment dankbar sein, so blöd das klingt, dass du diese Essstörung hast. Vielleicht kann das aber alles auch das Ende deiner Essstörung sein und der Neuanfang von etwas ganz Großem. Ja, du wärst ohne deine Essstörung, ohne deine Verzweiflung vielleicht nicht darauf gekommen. Aber alle Gefühle, deine Vision, die sich daraus entwickelt hat, ist doch echt oder?"

JA, mehr als echt.

„Na also. Das kann unser Geheimnis bleiben oder du bist irgendwann so weit und teilst deine Geschichte. Das sind Geschichten, die das echte Leben schreibt. Dafür solltest du dich nicht schämen müssen."

Hm. Danke.

„Was geht da ab in dir? Wieso denkst du hier so böse über dich? Über keinen anderen Menschen habe ich dich je so reden gehört wie über dich selbst."

Das Bild von dem tiefen Loch war wohl hauptsächlich durch meine abgrundtief hässlichen Gedanken über mich selbst entstanden. So positiv ich auch sein kann. Bei diesem Thema schaue ich mich echt im Spiegel an und hasse manchmal, was ich da sehe. Meine Oberschenkel schauen aus wie eine Tonne. Ich kann kaum kurze Sachen anziehen. Ich weiß, dass ich so viel schöner sein könnte. Ich schaffe es aber einfach nicht.

„Mona! Hör auf damit! Das macht mich wütend. Du siehst doch wundervoll aus."

Zum ersten Mal wurde es hitzig zwischen uns.

Julia, DU kannst das sagen. Du bist zierlich, schlank, goldig und wunderschön obendrein. Also sorry, aber da kannst du einfach nicht mitreden. Und ich muss dir leider auch sagen, dass ich es dir nicht glaube, wenn du mir sagst, dass du mich hübsch findest. Dazu habe ich in meinem Leben zu oft etwas anderes gehört. Du willst nicht wissen, auf welche beschissenen Gedanken mich dieser Hass auf mich selbst schon gebracht hat.

Ich konnte nur vermuten, was Mona damit andeuten wollte. „Ach, du spinnst doch?!"

Mona fuhr schlagartig die nächste Parkbucht raus. Ich hatte richtig Angst um unsere Stimmung. Wo war die ganze tolle Energie hin?

Weißt du was? Ich würde jetzt, glaube ich, gerne für mich sein und eine Runde laufen gehen, meinte Mona kühl, ohne mich anzusehen.

„Ja, mach das bitte!", zischte ich ihr streng entgegen.

Mona packte sich ihre Kopfhörer in die Ohren und rannte los. Was war das denn, bitte? Ich setzte mich auf einen Felsen und blickte grübelnd über die einsame Landschaft. Wie die Landschaft genau aussah, kann ich dir heute nicht mehr sagen. Dafür hatte ich in diesem Moment kein Auge. Es war tatsächlich so. Ich hatte mit meinen 1,62m und ca. 50 kg Körpergewicht noch nie einen Berührungspunkt mit dem Thema Essstörung. Eine Waage kannte ich nicht. Ich aß, wenn ich hungrig war, und zwar was und so viel ich wollte.

Mindful MEMO an DICH:

Falls du dich als Frau jetzt vielleicht gerade unbewusst mit mir verglichen hast, versuche immer mal wieder genau in diesen kleinen Gedanken eine gesunde Veränderung stattfinden zu lassen. Frag dich, warum du dich mit vermeintlichen Schönheitsidealen vergleichst. Finde es heraus und spar dir deine Energie anschließend für Wichtigeres. Ich teile solche Zeilen mit dir, damit du meine Perspektive und meinen Umgang mit Monas Essstörung kennenlernen und nachempfinden kannst, nicht um eine Abwägung deines Egos herauszufordern. Wir müssen lernen, liebevoller mit uns selbst umzugehen. Lass uns andere Menschen und vor allem uns selbst weniger kritisch betrachten. Und lass uns durch diesen Bewusstseinswandel im Kleinen Stück für Stück Schönheit neu definieren.

Es gab bei uns Schindelmanns mittags und abends bestimmte Zeiten, zu denen gegessen wurde, wonach ich meinen inneren Hunger-

Kompass bis heute stellen kann. Süßigkeiten lachten mich selten an. Zwischensnacks interessierten mich nie. Ich liebte gutes Essen. Nicht mehr und nicht weniger. Unvorstellbar deshalb für mich, was Mona hier durchmachte und welch völlig andere Geschichte sie mit sich rumschleppen musste. In allem verstand ich sie blind. Jetzt wollte sie mir ein Problem erklären, das ich zum ersten Mal nicht nachvollziehen konnte. Es war nicht nur so, dass sie verstanden werden wollte. Das Problem selbst, ihr Ego wollte gehört und bemitleidet werden. Und ich war so blöd und zickte sie an, weil ich doch nur das Beste für sie wollte. So würde ich ihr sicherlich nicht helfen, wenn meine Angst um sie in einem Streit endete.

Weißt du, was ich an dir liebe? Mona kam tief schnaufend nach zwanzig Minuten zurück. *Du hast kein Mitleid mit mir. Du hast Mitgefühl, Julia. Ich habe gerade verstanden, dass Mitleid bei mir nur noch mehr Leid verursacht und es stärker werden lässt. Meine Dramaqueen liebt und erwartet mitleidige Blicke und Worte, deshalb hat es ihr gerade gar nicht gepasst, dass du gegen sie geschossen hast, indem du mich von diesen dummen Gedanken einfach nur abhalten wolltest. Tut mir sehr leid. Sorry für die Kack-Stimmung.*

„Ich schieße nur dagegen, weil du es einfach nicht verdient hast, dass du so über dich redest und weil ich das Beste für dich will. Ich lasse nicht zu, dass du dich nur noch mehr im Drama suhlst. Was sollte dir das bringen!?"

Das habe ich jetzt auch verstanden! Heftig. Seit ich 16 Jahre alt bin, bin ich es gewohnt, mit meiner Geschichte Mitleid zu erfahren. Spannend, wie du auf meine Bullshit-Gedanken reagierst. Ich bezweifle nicht, dass andere mit ihrem Mitleid nicht auch das Beste für mich wollen, allerdings fühlt sich deine Empathie irgendwie anders an. Dein Beschützerinstinkt bedeutet zwar erstmal Schmerz für mein Ego, weil mein Ego Drama liebt, aber ist in Wirklichkeit wohl das Beste, was du mir ,antun' kannst. Ich kann dir auch ganz ehrlich und reflektiert sagen, dass ich einfach neidisch auf dich bin. Oder zumindest meine innere Dramaqueen. Deine Figur, deine Leichtigkeit. DU verkörperst für mich das, was ich mit Langhaarmädchen gerne erreichen würde. Du lebst viel mehr das, was ich gerne hätte. Mir graut es jetzt schon davor, mir Shootings neben dir auszumalen. Gleichzeitig merke ich, dass das nur ein Teil in mir ist, den ich immer besser zuordnen kann.

„Und mir fällt es bei dir irgendwie nicht schwer, diese Dramaqueen von deinem wahren Ich zu unterscheiden. Dann bist du eben neidisch auf was auch immer. Ich lieb dich deshalb nicht weniger. Ich spüre ganz genau, wann da welcher Teil von dir mit mir spricht. Und eines Tages wirst du deine Selbstliebe zurückgewinnen. Ich weiß, dass es da irgendwann einen Mann in deinem Leben geben wird, der dich so oder noch heftiger sieht wie ich dich. Vertrau mir einfach, dass deine Schönheit keine Lüge ist. Außerdem verkörperst *du Blödl* im Thema Selbstbewusstsein nach Außen die Leichtigkeit, die *ich* gerne hätte."

Ja?!

„Jaa! Weißt du, Mona, mir geht es auf eine andere Art und Weise nicht anders als dir. In deinen Augen bin ich perfekt. Ja okay, vielleicht hatte ich nie wirklich Probleme mit meiner Figur. Dafür sehe ich in mir immer wieder das verschüchterte Mädchen, das es nie schaffen wird, so offen und authentisch zu sein wie du. Das es nie schaffen wird, mit anderen so easy ins Gespräch zu kommen. Mich plagen auf eine andere Art und Weise Selbstzweifel, weil ich nur darauf warte, bis ich wieder hochrot vor jemandem anlaufe. Ich habe es gehasst, Vorträge vor meiner Klasse zu halten. Ein größeres Stresslevel hätte man mir nicht antun können. Meine Empathie anderen gegenüber kann eine Stärke sein. Gleichzeitig macht es mich verrückt, mich ständig zu fragen, was andere bloß über mich denken könnten. So, wie deine Vision für mich klingt, könnten mich Vorträge und Kameras und Bühnen erwarten, auf die ein Teil in mir absolut keinen Bock hat. Deine Vision klingt nach einer Marke, die ein starkes Langhaarmädchen braucht. Bin ich das? Ich weiß es nicht, Mona! Ich will mich eher verstecken und die Welt aus dem Hintergrund aus bewegen. Aber weißt du was! Das, was du da vorhast, ermutigt mich zum ersten Mal, über meinen Schatten zu springen. Neben dir lösen sich meine Selbstzweifel nicht auf, aber sie werden irgendwie kleiner. Sie werden nichtig. In unserem Rausch an Träumen vergesse ich sie sogar für einen Moment und kann mir auf einmal vorstellen, was alles in mir steckt, wenn ich sie eines Tages überwinden würde. Es braucht nur einen Blick in den Außenspiegel und ich denke sofort wieder über meine sensible Haut nach, die mich so verunsichert. Ohne Make-up traue ich mich normalerweise kaum aus dem Haus. Immer habe ich gefühlt Rötungen im Gesicht oder leide unter spannenden Gesichtspartien, die mir das Gefühl geben, in natura nicht schön genug zu sein. Mit dir hier in Australien denke ich zum ersten Mal immer weniger darüber nach."

Das ist doch verrückt, wie jeder seine Zweifel hat.

„Weißt du, was mir gerade bewusst wird? Darf ich ehrlich und direkt zu uns sein?"

Ja, bitte.

„Seit Jahren vergeuden wir beide Energie an eine unlösbare Aufgabe. Wir beide jagen, wenn wir ehrlich sind, der vermeintlich perfekten Schönheit und dem grenzenlosen Selbstbewusstsein hinterher. Versteh mich nicht falsch. Ich will damit nicht sagen, dass du deinen Traumkörper nicht erreichen wirst. Ich denke mir nur, dass danach das nächste und dann wieder das nächste Thema kommen wird, das wir an uns perfektionieren wollen. Du sagst es selbst. Du für dich verbindest schlanke Menschen mit innerem Glück. Aber diese Rückschlüsse sind völliger Bullshit, sorry! Nimm mich als Beispiel. Für dich bin ich perfekt, weil ich schlank bin. Deiner Theorie nach dürfte ich also überhaupt keine Probleme haben und müsste 24/7 glücklich sein! Aber Mona, auch ich suche mir meine Probleme. Und zwar täglich. Krieg bitte den Gedanken aus deinem Kopf, dass alles leicht ist, nur weil man sein Idealgewicht hat. Das ist eine Illusion. Und das weißt du! Dann kommen die nächsten Herausforderungen und die nächsten Gedanken, die uns davon abhalten wollen, die Dinge durchzuziehen und glücklich zu sein. Wie viele Gedanken, wie viel Zeit und Energie müssen wir für diesen oberflächlichen Schwachsinn bisher verbrannt haben?! Übrigens: Immer, wenn du von Langhaarmädchen schwärmst, wirkt das für mich, als würdest du all deine Probleme für einen Moment lang vergessen. Das tut so gut und zieht mich so mit. Als könnten wir mit all der freigesetzten Energie das tun, was wir ohne Selbstzweifel eigentlich gerne machen würden."

Mona nickte nachdenklich und sah mich mit leuchtenden Augen an.

Ich glaub, du bist der beste Coach für mich.

„Jetzt erzählst du mir, du tust die Dinge für deine „fehlende Schönheit". Siehst du nicht, was längst passiert ist? Deine Selbstzweifel waren für den Anfang deine Inspiration, aber dein Mut, dich immer wieder in eine Langhaarmädchen-Welt zu träumen, hat das Verlangen nach Schönheit längst übertrumpft. Dein Herz schlägt für dieses Projekt heftiger, als dein Verstand jemals laut sein könnte. Sonst wäre ich jetzt nicht hier bei dir und würde so fühlen, was du sagst."

Wow, da hast du völlig Recht! Der Drang nach äußerem Perfektionismus sollte uns nie die Energie für unsere Träume kosten, das ist es nicht wert. Lass uns die Freude an schönen Haaren einfach mit Mut verknüpfen und die erste Haarpflege mit Tiefgang werden.

„Vielleicht ist es gar nicht das Ziel, stark zu sein, indem wir anstreben, keine Zweifel mehr zu haben. Was wäre, wenn wir die Dinge nicht FÜR unsere „fehlende Schönheit" tun, sondern TROTZ unserer eigenen Unvollkommenheit, unserer eigenen Makel. Vielleicht ist das ja die Aufgabe unseres Lebens! Unser Mut sollte über dem Gedanken der Schönheit stehen. Vermutlich können wir genau dann unsere wahre Schönheit leben! Wenn wir anerkennen, dass wir alle unvollkommen und vollkommen zur selben Zeit sind."

Verdammt, bist du gut! Du hast ja sooo Recht! Dir fehlt vielleicht dein Selbstbewusstsein nach außen, obwohl du innen so klar bist. Das tut so gut, Julia. Bei mir ist es genau andersrum. Ich kann nach außen selbstbewusst sein, obwohl innen alles bröckelt.

„Wie Arsch auf Eimer.", kicherte ich. „Wir tun uns gegenseitig so gut. Und genau das, was jetzt gerade passiert, sollten wir weitergeben. Das ist doch magisch. Ich will damit auch nicht sagen, dass wir uns nicht schön fühlen dürfen oder sollen. Das Thema Schönheit sollte uns nur nicht aufhalten, sondern uns dabei unterstützen, unseren Träumen zu folgen. Schönheit sollte uns wieder Spaß machen. Schönheit sollte unsere Weiblichkeit umrahmen, statt uns lahm zu legen."

Lass uns unser Faible für Haare und das Losgehen für unsere Träume in unsere Marke miteinfließen lassen. Eine Marke, die verkörpern soll, dass unser Wert nicht von einer schönen Frisur abhängt. Eine Marke, die - angefangen bei uns und vielen weiteren Langhaarmädchen - erkennen lässt, dass wir längst wertvoll sind. Dass aber dennoch der Wunsch legitim ist, schöne Haare zu tragen und etwas für sich zu tun.

„Sieh uns an. Mit zerzaustem Dutt, ungeschminkt und schwitzend sitzen wir hier mitten im Nirgendwo. Also ich fühle mich schon jetzt wertvoll neben dir."

Mona strahlte über alle Backen.

Ich mich auch neben dir und diesen wertvollen Gesprächen.

„Wenn wir den Wert in uns erkennen, dann können wir das auch vor anderen ausstrahlen. Und genau, weil wir die 100%ige Selbstliebe nicht perfekt vorleben können, ist das doch der authentischste Grund, andere zu motivieren. Du solltest deine Geschichte erzählen, anstatt sie zu verheimlichen, Mona. Damit wir anderen zeigen, dass es nicht erst Perfektion benötigt, um seinen Herzensweg zu gehen. Dass Vollkommenheit und Unvollkommenheit immer beide in uns wohnen. Negative Gedanken über unser Selbst bringen uns doch kein Stückchen weiter?!"

Du meine Güte, ja! Kennst du die Rede von diesem indischen Mönch mit vier Millionen Abonnenten auf YouTube? Wenn wir im Leben vor Problemen stehen, müssen wir uns nur diese eine Frage stellen, heißt es da. Nämlich:

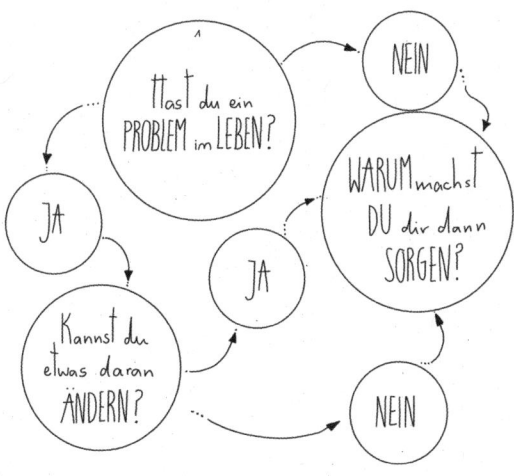

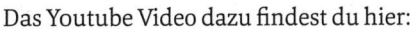

Das Youtube Video dazu findest du hier:

„Genial! Das ist es, was ich in Kurzfassung sagen möchte."

Wenn es nur so einfach wäre, all das umzusetzen.

„Wir müssen das nicht von heute auf morgen. Ich glaube nur, dass wir uns einen neuen Weg einzuschlagen manchmal viel komplizierter vorstellen, als es ist. Noch dazu sind wir zu zweit. Dann verpassen wir uns eben gegenseitig imaginäre Schellen, wenn das Drama Lama Auslauf braucht. Lass uns die Dinge trotzdem schon einmal anpacken. Gründen und Persönlichkeitsentwicklung können ja parallel passieren. Wir werden mit Langhaarmädchen mitwachsen und uns gemeinsam mit unserer Marke entwickeln, davon bin ich überzeugt. Ich habe Bock, meine Sorgen pausieren zu lassen, und in der stärksten Vorstellung von mir selbst Langhaarmädchen mit dir auszuarbeiten. Und Mona, du wirst deine Angst, nicht gut genug zu sein, beiseitelegen und mit dem Bild von deiner schönsten Version unsere Vision von Langhaarmädchen spinnen. Vielleicht verschwinden unsere Probleme damit nicht, aber sie halten uns ab heute nicht mehr auf, das zu tun, was wir lieben!"

Danke, ihr Probleme. Ab heute sollten wir euch positiv ausgedrückt „Herausforderungen" nennen, weil ihr uns unterstützt, nie still zu stehen und auf genau solche tollen Gedanken zu kommen. Lass uns einfach mutig sein und nicht wegen, sondern trotz unserer Selbstzweifel da raus gehen und Langhaarmädchen gründen!! Für uns und für ganz viele andere Langhaarmädchen da draußen.

„MONA, wir können mit dieser Einstellung unsere Gedankenwelt verändern und damit die ganze Welt." Ich stand auf und grölte voller Befreiung „Weeeeeelthairschaaaaft" in die Ferne. Mona stieg laut lachend, jaulend mit ein. *Weeeeeelthaaaaiiiirschaaaaft Wuhuuuuuuu!*

„Okay, wenn das jetzt jemand im falschen Kontext hört, sind wir am Arsch, aber Hauptsache wir zwei wissen, was damit gemeint ist!"

Schwups, war die Energie wieder da. Wir strahlten.

Mindful MEMO an DICH:

Welche Menschen holen dich aus dem Drama raus? Welche Menschen verstärken deine Drama-Situationen vielleicht sogar unbewusst? Es liegt sehr oft in deiner Macht, zu entscheiden, mit welchen Menschen und damit Energien du dich umgeben möchtest und wohin dich deine Reise führen soll.

Das ist eine wundervolle Intention für uns selbst! Und Julia, in der gesamten Salonzeit habe ich dich nie so erlebt wie jetzt. Als wäre Australien ein richtiger Befreiungsschlag für dich. Vielleicht ist es auch die Langhaarmädchen-Welt, die genau jetzt beginnt und schon jetzt ihre Wunder für uns bereithält. Ich will mehr von dieser Lulia sehen. Lass uns mit Langhaarmädchen unsere eigene Welt kreieren, in der wir so sein können, wie wir wirklich sind. Und lass uns heute damit beginnen!

„Na, da haben wir doch unsere Botschaft, Mona!", kicherte ich.

Jaaaaaa! Es ist herrlich mit dir.

„Mit dir auch. Romantik-Ende. Jetzt aber los, wir haben noch einige Kilometer zu ballern."

Gänsehaut - MOMENT

Es fühlte sich so an, als hätten wir, ohne es in dem Moment zu wissen, den nächsten Meilenstein unserer Freundschaft und damit unserer Träume erreicht. Wir redeten noch tagelang über Monas Gedankenkarussell, was ihre Essstörung betraf. Ein Teil in ihr hatte die Theorie hinter all dem Schlamassel längst begriffen. Was sie mit all dem Runterschlingen von Essen nämlich wirklich bezwecken wollte, war, die volle Dröhnung Glück in sich zu fühlen. Es war Monas Versuch, der Angst vor einem möglicherweise aufkommenden Gefühl der Leere zu entkommen. Sie erzählte mir, sie hätte früher ungern Zeit mit sich selbst verbracht und diese selten wirklich genießen können. Durch das ständige Unterwegssein und immer In-Action-Bleiben wollte sie die für sie so schrecklichen Momente der Leere umgehen. Monas Mangel an Sicherheit und an Liebe für sich selbst ließ ihren Verstand denken, Essen sei die Lösung. Nur, dass nach dem unkontrollierten Vollstopfen von vermeintlicher Liebe die erneute pure Angst bei ihr einsetzte. Ein Kreislauf, der über die Jahre nur schwer für sie zu durchbrechen war. Monas Bus-Momente hatten von ihr abverlangt, ganz neu auf sich selbst zu hören. Die innere Stimme wahrzunehmen, die da noch ganz andere Wege für sie bereit hielt. Ich konnte Mona nach all den Gesprächen nun richtig fühlen. Nichts wollte ich in diesen innigen Momenten mehr, als für Monas Gesundheit zu sorgen und ihr zeigen, dass Glück etwas anderes ist. Was genau, würde sich später noch auf unserer Langhaarmädchen-Reise zeigen.

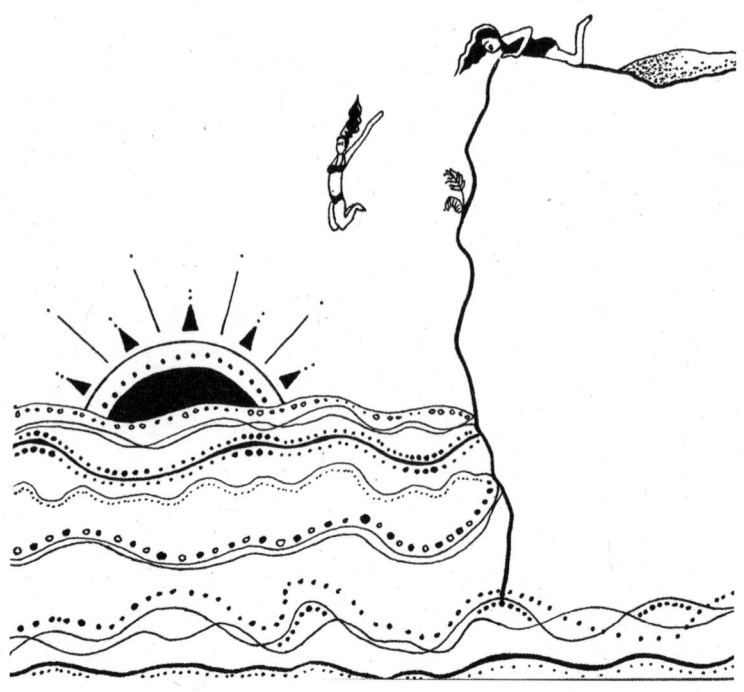

„Es gehört oft mehr Mut dazu, seine MEINUNG zu ändern, als ihr TREU zu bleiben."

CHRISTIAN FRIEDRICH HEBBEL

ENTPUPPUNG –
MEINE REISE VOM SCHÜCHTERNEN JULCHEN ZUM BOSS

Wir brausten unendlich viele Meilen immer gen Süden und wir liebten es, permanent voranzukommen und doch so viel Zeit für uns zu haben, um sich über Gott und die Welt auszutauschen und uns selbst zu reflektieren. Unsere Handys waren wieder einmal aus, das Radio kaputt und die Fenster sperrangelweit offen. Eine uralte Karte half uns mehr oder weniger, die richtige Richtung einzuhalten.

Die heiße Luft strömte durch unsere zerzausten Haare und wir vermissten - ABSOLUT NICHTS.

„Mona? Das, was du vorhin gesagt hast, hat es voll auf den Punkt gebracht, auch wenn es irgendwie auch etwas geschmerzt hat."

Oh?! Was denn?

„Du meintest, dass du mich noch nie so erlebt hast. Dass du mehr von dieser Lulia willst. Weißt du, ich will das auch. Befreiungsschlag trifft es wohl ziemlich gut. Ich hatte das auch nicht erwartet, aber neben dir und hier merke ich erst, wie viel Ballast ich wohl die ganze Zeit in mir angestaut haben musste. Irgendwie auch komisch, dass ich diese Lulia längst in mir hatte, aber nicht mal du diesen Teil von mir in München kennenlernen konntest."

Ich schau dich an und denke mir nur: Mädchen, du hast keinerlei Grund, schüchtern oder unsicher zu sein? Für mich bist du perfekt! Talentiert, clever, lustig, hübsch. Ich glaube, du weißt gar nicht, wie hübsch du für mich bist.

Ich lächelte nur verschämt und auch ein bisschen stolz.

Klingt so, als wäre bei dir auch nicht immer alles rund gelaufen? Ist doch verrückt, wie man das immer über andere denkt. Hättest du Lust, dir mal deine bisherige Reise von der Seele zu quasseln? Ich würde gerade nichts lieber tun, als dir stundenlang zuzuhören und aufzuschnappen, was wir auch aus deinen Struggles und Learnings in unsere Langhaarmädchen-Welt mitnehmen und anders machen könnten!

Das gegenseitige Zuhören und Freiraumschaffen, um unsere Vergangenheit zu durchleuchten, tat uns beiden so gut.

„Okay, dann mach dich auf ein paar skurrile Geschichten gefasst. Wo fange ich an ...

Nach meinem Fachabitur in Gestaltung 2008 wollte ich, wie du weißt, ursprünglich Maskenbild studieren. Weil Bewerberinnen und Bewerber mit Friseurausbildung bessere Chancen auf einen Studienplatz hatten, entschied ich mich kurzerhand für eine Friseurausbildung in einem Billig-Salon in Würzburg. Ich weiß, das klingt irgendwie krass, aber dort wurde mir ganz unkompliziert eine verkürzte Lehre von gut zwei Jahren angeboten und ich dachte nur: Hauptsache Erfahrungen sammeln, Abschluss abholen und ganz schnell weiterziehen. Nie im Leben hätte ich mir, ganz anders als du, zu diesem Zeitpunkt ein Leben als Friseurin vorstellen können. Motiviert durch meine Mum, die schon immer meine Kreativität gefördert hatte, wagte ich also den gefühlten Rückschritt von der Fachoberschulreife zur Friseurlehre. So Banane, wie man manchmal denkt. Dann passierte das Unvorhersehbare. Ich entwickelte überraschenderweise so viel Begeisterung für Haare, dass ich am Ende meiner Ausbildung den besten Abschluss der Stadt machte und somit zur ersten Kammersiegerin in Unterfranken ausgezeichnet wurde."

Das ist so krass, Julia.

„Am meisten überraschte mich die Tatsache, dass ich nicht einmal von dieser Auszeichnung wusste, ich mich also nicht wegen eines Titels angestrengt hatte, sondern einfach nicht anders konnte, als mein Bestes abzuliefern."

Das zeigt mal wieder, wie ehrgeizig du bist.

„Ich muss nicht erwähnen, dass Billig-Friseure nicht den besten Ruf haben. Eine Zeit lang hatte ich mich geärgert, dass ich mich dort hab ausbilden lassen, bis mir im Gespräch mit anderen Azubis klar wurde, dass mir als praktisch veranlagtes Wesen nichts Besseres hätte passieren können, um in möglichst kurzer Zeit so viel kaltes Wasser wie möglich zu schlucken und so viel wie noch nie in meinem Leben zu lernen. Manche durften bis zu ihrem dritten Lehrjahr keine Kundinnen und Kunden bedienen. Ich musste direkt ran. Ich hasste es, wie ich mit zitternden Händen so oft unprofessionell vor meiner Kundschaft stand, ohne zu wissen, was ich da genau tat, weil wir meiner Meinung nach viel zu früh auf Haare losgelassen wurden. Genau diese Wut ließ mich alle Tipps aufsaugen, die ich von meinen Kolleginnen nur kriegen konnte. Mir begegneten hier so tolle Engel, die eigentlich nicht zur Aufgabe hatten, mich auszubilden, die mir aber gerne ein Stück ihres Fachwissens abgaben. Jeder wuselte dort vor sich hin und kochte sein eigenes Süppchen. Ich taute langsam auf und fühlte mich wohl. In meiner Freizeit übte ich im Keller meiner Eltern unentwegt an Familie und Freundinnen und brachte mir somit den Großteil über learning by doing einfach selbst bei. Früh zwang mich die fehlende Technik, viel aus meinem Gefühl heraus zu lösen. Du wirst es nicht glauben, Mona, aber sogar die Handwerkskammer konnte nicht fassen, dass gerade das beste Prüfungszeugnis aus einem Billig-Salon heraus absolviert wurde. Ist das nicht verrückt? Sie riefen mich kurz vor der Ehrung an und sagten mir durch die Blume, dass ihnen die Auszeichnung fast etwas schwer fiel, weil sie MICH und nicht die schlechte Ausbildung des Salons würdigen wollten. Sie wussten ja ganz genau, dass viel aus meinem eigenen Talent heraus passiert sein musste, und hatten sich deshalb dazu entschieden, mir den Sieg gebührend einzugestehen. Laut eines Bekannten zierte ich mit meiner Auszeichnung angeblich noch Jahre später deren Salonwand. Nach meinem Kammersieg wechselte ich vom günstigsten Salon der Stadt zum Weltmeister im Landkreis. Auf einmal sah ich mein großes Ziel, als Maskenbildnerin zu arbeiten, nur noch sehr verschwommen. Ich hatte gelesen, dass man für eine erfolgreiche Karriere in diesem Bereich am besten in eine große Stadt ziehen und bereit sein müsse, an Wochenenden und zu den unchristlichsten Zeiten zu arbeiten. Auch als Mutter irgendwann sicher nicht der einfachste Weg."

Du warst ehrgeizig, aber nicht so, dass du alles, was dir wichtig war, dafür aufgeben wolltest.

„So war es. Ich nahm meine Auszeichnung wie einen Wegweiser wahr und war auf einmal offen, meinen geplanten Weg komplett zu hinterfragen und lieber dem zu folgen, worin ich gut war. Ich ging also meiner neu entfachten Leidenschaft als Friseurin nach und wurde durch diesen erfolgreichen Familienbetrieb zu den besten Trainern in ganz Deutschland geschickt. Es folgten unzählige Wettkämpfe, viele Pokale und Medaillen. Es war eine unfassbar anstrengende und lehrreiche Zeit, in der ich dann noch zur ersten Landessiegerin in Bayern und schließlich auch zur ersten Bundessiegerin gekürt wurde. Ich trug nun den Titel „Deutschlands beste Jungfriseurin 2010" und erhielt weitere Urkunden und Pokale."

Du zählst das einfach so auf. Das ist so unfassbar, Julia. Und ich sag dir, deine Mühe wird nicht umsonst gewesen sein.

„Was ich am meisten durch die Wettkampfzeit lernen durfte, waren Schnelligkeit, Präzision, und vor allem Beharrlichkeit und Disziplin. Nach den ersten Adrenalinkicks und der Wertschätzung konnte ich der Wettbewerbsszene allerdings nicht mehr lange etwas abgewinnen. Dazu kam, dass ich bei meinem damaligen Betrieb die für mich nach außen erfolgreichste und nach innen bedrückendste Zeit meines Lebens erfahren durfte."

Das klingt grotesk. Als müsste Wachstum immer etwas mit Schmerz zu tun haben.

„Ja echt, so kam es mir vor. Das Training wurde manchmal bis in die Nacht auf die Spitze getrieben. Typisch fränkisch:

„Net gschimpft is globt gnuch."

Wertschätzung musste jeder für sich selbst mitbringen. Mit kaum einem Ergebnis konnte man andere zufriedenstellen. Das Tempo war nie schnell genug. Das Üben nie ausreichend. Der Haussegen im Team hing schief. Lauter unausgesprochene Elefanten standen im Raum herum. Des Öfteren fuhr ich heulend nachhause, weil mich die schlechte Energie, die Strenge und die nicht vorhandene Wertschätzung an diesem Ort zermürbte. Ich fühlte mich immer mehr wie ein Pflänzchen, das trotz seiner äußerlichen Erfolge innerlich langsam einging. Den Erfolg, der dieser Salon widerspruchslos zu verzeichnen hatte, war generationsübergreifend durch harte Arbeit und Disziplin erkämpft worden. Was schon immer so war und zu besten Leistungen geführt hatte, sollte auch das Team zu spüren bekommen. Bis heute weiß ich nicht, wie ich es dort als harmoniebedürftiger Mensch überhaupt 1,5 Jahre ausgehalten hatte. Heute denke ich glücklicherweise, dass mich diese harte Schule für alles, was noch kommen sollte, gut vorbereitet hat. Sie hatte mich wieder ein Stück mehr abgehärtet, herausgefordert und aufs Leben vorbereitet, damit ich zu der Person werden konnte, die ich heute bin. Diese Salonzeit war ungemein prägend für mich und ich erkannte: Als Chefin würde ich eines Tages dadurch einfach einiges anders machen."

Wow, ja, das machen wir!

„Die ist doch eh nur hier, damit wir sie durch ihren Meister begleiten. Und dann haut sie ab", hörte ich eines Tages jemanden aus dem Team über mich reden, als ich gerade unbemerkt die Spiegel putzte. Dieser Satz motivierte mich erst recht, meinen Meister in Vollzeit und ohne Betrieb im Background anzugehen und war für mich wie das Tüpfelchen auf dem i, um zu kündigen. Umso überraschender war es für mich, als mein Chef feuchte Augen bekam, als ich kündigte, und mich in meinem Empfehlungsschreiben als „beflügelnd" beschrieb. Er hatte das alles sicher nicht so wahrgenommen, wie ich es durchlebte. Vermutlich wollten sie mit ihrer Salon-Philosophie einfach nur das Beste aus uns herausholen. Ich habe dann irgendwann mal gelesen: „Behandle andere nicht, wie du behandelt werden willst, sondern so, wie sie selbst behandelt werden wollen." Das sagt für mich alles aus. Nur weil mir Dinge guttun, müssen sie sich nicht automatisch auch für andere gut anfühlen. Ich möchte so behandelt werden, dass ich nie wieder aus Druck heraus wachsen muss. Wenn ich die richtigen Herausforderungen für mich finde, wie bei meiner Abschlussprüfung, liefere ich selbstständig ab."

Das ist spannend und mega gut zu wissen. Ich dagegen brauche den Druck häufiger mal. Mein Go hast du jedenfalls, um mir jederzeit Ansagen zu machen und mich anzutreiben. Ich bin dir da eher dankbar.

„Das übernehme ich gerne." Ich grinste Mona verschmitzt an. „Ich weiß ja jetzt, wie es geht. Mich hat diese Phase auf jeden Fall lange belastet, auch wenn es nach außen nicht tragisch klingen mag. Gleichzeitig habe ich gelernt, meine Wut und Enttäuschung nicht länger mit mir herumzutragen, weil mir das letztlich nur schaden würde."

Jaaa, das ist ein so wichtiger Punkt. Viel zu lange will unser Verstand gefühlt mit dem Groll auf jemanden für Genugtuung sorgen und daran festhalten. Dabei ist das so ein Quatsch. Wir sollten alles loslassen, was uns nicht glücklich macht.

„Vielleicht sollten wir auch Therapeutinnen werden und unsere Sprüche auf Postkarten verewigen."

Wir kicherten und feierten unsere Lebensweisheiten, die wir gemeinsam entwickelten.

„2012 habe ich dann meinen Meister mit der Auszeichnung zum „Meisterpreis der bayerischen Staatsregierung" absolviert. Ich hatte für die praktische Prüfung meiner besten Freundin ein Kleid und meinem besten Kumpel Teile seines Anzugs aus Kunsthaar designt. So etwas gab es anscheinend noch nie, sie liebten es und ich liebte es, über das Projekt hinauszudenken und eine ganze Showeinlage drum herum zu inszenieren. Eines Tages würde ich so gerne mal etwas für Lady Gaga entwerfen", schmunzelte ich.

Wow, das traue ich dir zu.

„Achtung, lustig. Ministerpräsident Horst Seehofer hatte mir 2012 auf einer Ehrung die Hand geschüttelt und mit dem Satz „Bei Ihnen sieht man direkt an der Frisur, dass Sie Friseurin sind" eine nett gemeinte Schelle verpasst."

Hat er nicht?! Auuutsch.

Wir schmissen uns weg. Genauso wollten wir als Friseurinnen nicht aussehen.

„Das Lustige war, Seehofer hatte zum damaligen Zeitpunkt und meiner „peppigen" Kurzhaarfrisur absolut Recht. Vielleicht stehe ich deshalb heute auf natürliche, lange, unauffällige Haare."

Na dann! Gut gemacht, Herr Seehofer!

„Immer, wenn ich in meinem Leben kurze Haare trug, waren es Phasen, in denen mich meine Chefs dazu aufgefordert hatten, im Rampenlicht etwas „Hippes" zu tragen. Ich würde nicht sagen, dass ich gezwungen wurde, allerdings wollte ich gefallen und fühlte mich selbst dabei nie wohl. Als Friseurin sollte man einen flotten Kurzhaarschnitt tragen, hatte sogar mal eine Berufschullehrerin zu uns gesagt."

Unfassbar.

„In dieser sehr prägenden Zeit füllte ich meinen Koffer mit der Erkenntnis, dass ich mich mit meinem Talent, das ich scheinbar besaß, nur noch in die richtige Umgebung bringen musste. Von einer Kollegin hörte ich damals den Satz: *Hätte ich keinen Freund gehabt, wäre ich auch gerne mal in eine andere Stadt gezogen.* Das wollte ich später einmal nicht über mich sagen. Ich wollte Menschen an meiner Seite, die mich unterstützten, meinen Herzensweg zu gehen, und mich nicht davon abhielten, weil ich mich emotional unbewusst abhängig machte."

Mona nickte zustimmend.

„Ich absolvierte noch mein Visagisten-Diplom und war durch den inneren Antrieb, das Richtige für mich zu finden, trotz langjähriger Beziehung ganz mutig nach München gezogen. Bevor ich dir im dritten Salon begegnen durfte, hatte das Leben wohl den Plan, mir noch zwei weitere Lektionen in zwei weiteren Salons mit an die Hand zu geben. Mona, innerhalb von 5 Monaten habe ich in München in drei Salons mein Glück gesucht. Diese Sprunghaftigkeit klang erstmal gar nicht nach mir. Ein Kumpel mahnte mich: Julia, das macht sich im Lebenslauf nicht gut, wenn du so weitermachst. Mir war es egal. Ich konnte nicht anders. Ich wollte Wachstum und mich dafür nicht verbiegen müssen. Im ersten Salon, in dem ich in München arbeitete, sollte ich eine dazugehörige Friseur-Akademie mit aufziehen. Ganzkörper-Fotos sollte ich meiner Bewerbung beilegen und bei Workshops nie Schuhe mit einem Absatz unter 12 cm tragen."

Wow! Und willkommen in München!

„Heute kann ich darüber lachen. Die verrückten und irgendwie fast schon einschüchternden, volltätowierten Jungs, bei denen ich gelandet war, waren auf ihre Art erfolgreich. Ein anderer, ungesunder Lebensstil stand hier an der Tagesordnung. Super spannend, wo mich meine Reise nach dem richtigen Salon überall hingeführt hatte. Eine wohlhabende, prominente Fernsehfamilie wurde Geschichten zufolge wegen Unstimmigkeiten aus dem Salon geworfen. FC Bayern Spieler gaben sich hier die Klinke in die Hand. Was war ich Landpomeranze aufgeregt, als bei einem schicken Abendessen mit meinen Chefs Bastian Schweinsteiger an unseren Tisch kam und uns die Hand schüttelte. Man kannte sich. Zwei Wochen durfte ich mit dem jungen Akademieleiter dann eine wundervolle Zeit in Kroatien verbringen. Er arbeitete dort nebenbei als DJ und ich stylte täglich die Tänzerinnen der Show. Das hieß für uns: spät aufstehen, Sonne und Meer tanken, Tänzerinnen stylen. Mit einem Speedboot auf eine nahegelegene Partyinsel brettern. Abfeiern. Abpudern. Weiterfeiern. Repeat. Eine geile Zeit, die schnell hätte gefährlich werden können. Doch nicht für mich. Drogen interessierten mich nie. Ich hatte keine Lust, mir die Sinne zu vernebeln. Ich wollte diese Zeit lieber mit allen Sinnen wahrnehmen. Was mich an den Jungs nachhaltig beeindruckte, waren weder die fetten Autos noch die Maßlosigkeit, nicht die Kontakte oder Möglichkeiten. Es war die Art, wie selbstbewusst sie sich und ihrer Welt treu blieben. Sie überzeugten sicher nicht immer mit den besten Haarschnitten. Sie glänzten durch ihre stadtbekannten Persönlichkeiten und ihr beneidenswertes Selbstbewusstsein. Immer hatten sie ein paar flotte Sprüche auf den Lippen, eine ordentliche Portion Humor und ihre ganz eigene Leichtigkeit. Sie hatten sich ihre Freiheit geschaffen, das zu tun, wonach ihnen war, und vor allem zu sein, wer sie sein wollten. Sie waren wie eine Marke, die eine ganz besondere Attitude ausstrahlte und damit eine ganz eigene Zielgruppe anzog."

Wie spannend. Männer kriegen ihr Selbstbewusstsein oft, zumindest nach außen, besser in den Griff.

„Ich schloss sie sehr in mein Herz, auch wenn ich das wohl in dieser Zeit, in der ich doch noch sehr schüchtern war, sicher nicht zeigen konnte. Irgendwie erinnerten sie mich wohl auch an meine Lieblingsrapper, Sido und Konsorten. Ich liebe Deutsch-Rap, der vor Selbstbewusstsein nur so strotzt. Ich fühle das ultimative Selbstwertgefühl in jeder Zeile und habe Gänsehaut am ganzen Körper, wenn diese Jungs und Mädels in ihren Songtexten aussprechen, was für sie Sache ist."

Ich spielte Mona meinen langjährigen Motivationstrack „Beweg dein Arsch" von Sido und Kitty Kat vor und rappte dazu mit voller Inbrunst und Gänsehaut.

Ach, dadurch hast du also deine heimlichen Eier aufgebaut.

„Haha. Die sieht nur nicht jeder, aber sie sind daaaa." Wir lachten Tränen. „Meine Liebe zur inneren Coolness entstand aber hauptsächlich in meiner Heimat. Aufgrund meines tollen großen Bruders wuchs ich größtenteils unter Jungs auf, was meine Männerfreundschaften bis heute prägt. Ich liebe Jungs einfach. Auch wenn ich das heute natürlich reflektierter sehe, aber der Humor unter der Gürtellinie wappnet für jeden dummen Spruch im Leben. Dieser Beschützerinstinkt, der mich unter meinen Jungs immer sicher fühlen ließ. Unbezahlbar. Das direkte Aussprechen statt Lästern, wenn sich übereinander geärgert wurde. Eine Wohltat. Das offensichtliche Verletzen, wenn ein Pickel im Gesicht glühte und man einfach lernen musste, sich selbst nicht so wichtig zu nehmen. Herrlich. Dass ich in meiner Jugend gedankenlosen Sprüchen über mein Äußeres ausgesetzt war, verschaffte mir auch eine gewisse Leichtigkeit. Ich lernte, dass weder ich noch die anderen perfekt waren. Alle waren mal dran. Und vor allem lernte ich, dass am Ende Freundschaft über allem stand. Es war einfach unkompliziert. Das war unter Jungs Gesetz. Diese gewisse Coolness, die das ein oder andere gefährliche Abenteuer mit sich brachte, statt sich zu viele Gedanken zu machen. Der Zusammenhalt, der durch all die gemeinsamen Jahre entstand, ohne die Verbundenheit aussprechen zu müssen. Immer mehr fand ich in meinem männlich geprägten Rudel natürlich auch meine heimlichen Verehrer und die Wertschätzung mir gegenüber, die mir gut tat. Ich verdanke ihnen, dass ich mich heute als Frau durchzusetzen weiß und niemals daran zweifle, dass Frauen nicht mindestens genauso stark sein können wie Männer."

Das müsstest du deinen Heimatfreunden eines Tages mal sagen.

„Ach, dieses Lob brauchen die nicht mal. Man kennt und liebt sich eben." Ich grinste beseelt, während meine Gedanken meiner wunderschönen Jugend hinterherhingen.

„Zurück zu meinen ersten Chefs in München. *Verlass das sinkende Schiff, solange es noch geht,* wurde mir dann überraschenderweise von einer Bekannten dieser selbstbewussten Jungs geraten. Neben dem großzügigen Leben, das sie lebten, hatten sie anscheinend vergessen, bodenständig auf ihre Finanzen zu achten, um langfristig Vermögen aufzubauen. Ich wurde in Dinge eingeweiht, die ich gar nicht wissen wollte."

Als würde der Kampf um die äußere Präsenz die Bodenständigkeit vergessen lassen.

„Nach drei Monaten musste ich trotz der beeindruckenden Learnings feststellen, dass ich hier nicht hingehörte. Erst jetzt, während ich dir davon erzähle, fällt mir auf, dass auch diese harten Kerle glasige Augen hatten, als ich verkündete, dass ich weiterziehen musste. Sie baten mich, wenigstens für ihren Salon zu bleiben. Keine Chance. Wenn ich mich entschieden hatte, hatte ich mich entschieden. Ganz oder gar nicht. Eine Scheibe Coolness und Selbstbewusstsein nehme ich aus dieser Zeit auf alle Fälle mit. Danach folgte die für mich kürzeste und prägendste Salon-Geschichte ever. Möchtest du wissen, wie ich von Julia zu Lena wurde?"

Wie bitte? Erzähl!

„Lena, für mich nimmst du teilweise schon autistische Züge an", wurde mir im nächsten Salon von meinem Trainer entgegengeschleudert. ICH war damit gemeint, Mona. Im zweiten Salon in München musste ich als Trainee tatsächlich an der Türschwelle meinen Namen abgeben, weil es schon eine Julia gab, und es an der Rezeption bei mehr als 15 Angestellten sonst - laut Chefs zumindest - zu Verwechslungen kommen könnte. Wie crazy ist das bitte, oder?!"

What??

„Jap. Das Krasseste, was ich je erlebt hatte. Jeder Zweite hatte hier einen anderen Namen. Als würde dir deine Identität genommen und ein zweite Friseur-Persönlichkeit auferlegt werden. Mona, ich musste sogar meinen Anrufbeantworter mit „Lena" neu besprechen, weil ich bei jedem Wetter in ganz München Modelle für Haarschnitte ansprechen musste. Nicht irgendwelche. Nach einem strengen Plan mussten wir für jede Technik mindestens drei passende Modelle finden. Am besten jung, hübsch mit starkem Haar und ohne Anspruch auf Mitspracherecht. Freunde schrieben mir entsetzt, wieso ich mich auf meinem Anrufbeantworter auf einmal mit Lena meldete, obwohl sie doch ganz klar meine Stimme erkannten. Ich versuchte mir einzureden, dass es doch nur ein Name sei. Aber von einem auf den nächsten Moment und nur in den Räumlichkeiten des Salons auf einen anderen Namen zu reagieren, war für mich bedrückend surreal."

Wow, das glaube ich dir. Julia, das klingt echt heftig!

„Es fühlte sich so unehrlich an. So entgegen meinen Werten. Ich vergesse bis heute die Kälte der starken Klimaanlage nicht, die sich für mich wie ein Teppich an menschlicher Kälte auch auf die arbeitenden Persönlichkeiten im Salon ausbreitete."

Oh ha, da schüttelt es mich.

„Ich wurde als autistisch bezeichnet, Mona. Kein Wunder. Dieser Ort toppte nochmal alles. In keinem Salon konnte ich bisher so wenig ich selbst sein wie in diesem. Der Umgangston war rau. Wir als Trainees wurden kaum beachtet. Es hätten nur noch Schläuche gefehlt, an die man uns über Nacht anschließen konnte, damit wir gerade so überlebten und zu Friseursoldaten herangezüchtet werden konnten."

Jetzt übertreib nicht.

„Ganz fürchterlich, wenn man sich als Mittel zum Zweck betrachtet fühlt und einem diese Philosophie als zwingend nötig kommuniziert wird, um diszipliniert die Meisterschaft der Haarschneidekunst zu erlangen. Mag ja sein, dass es Persönlichkeiten gibt, die es lieben oder es brauchen, mit Strenge das Beste aus sich rauszuholen. Für mich war es der schlimmste Weg. Und du kennst mich langsam. Ich bin nicht wehleidig oder aufgebelustig. Ich wurde immer ruhiger, um nicht das Falsche zu sagen. Ich versuchte, immer weniger zu fühlen, um besser zu funktionieren. Ich wurde immer vorsichtiger, um möglichst wenige Fehler zu machen. Ich wurde immer reduzierter, um nicht aufzufallen. Ich wollte nur noch da durch, um im Lebenslauf diesen erfolgreichen Salon nennen zu können. Es war nichts mehr übrig geblieben von meiner Begeisterung, meiner Leichtigkeit und meiner Liebe zu Haaren. Wie weggekehrt und im Mülleimer entsorgt."

Julia, da bekomme ich Gänsehaut. Das werden wir sowas von anders machen.

Mein Herz pochte. „Mona, echt, das wäre mein größter Traum. Ich möchte so vieles anders machen! So vieles zurückgeben! Und vor allem möchte ich zeigen, dass es andere Wege gibt, ein Unternehmen zu führen! Denn seinen Namen abzugeben und wie eine Marionette funktionieren zu müssen, das war ein Alptraum für mich. Aus Angst, meine Nachbarn könnten was von meinen Weinkrämpfen mitbekommen, verkroch ich mich in mein Badezimmer, kauerte auf dem Toilettendeckel und heulte mir mehrere Stunden an diesem Tag die Seele aus dem Leib. Momente, die man nie vergisst. Momente, die einen fürs Leben prägen. Meine Mama verriet mir nach dieser Phase, dass sie sich große Sorgen gemacht hatte, ich würde in Depressionen verfallen."

Oh wow, dieser Salon war das pure Gift für deine Entfaltung. Für deine Seele. Einfach schlecht für dich. Gut, dass das auch deinem Umfeld aufgefallen ist.

„Ja, Mona, aber viel zu lange dachte ich, es lag an mir! War ich falsch? War ich zu schwach? War der Beruf der Friseurin doch nichts für mich?

Natürlich zweifelt man dann erst einmal schön an sich selbst. Es kostete mich mit dem Umzug nach München so viel Mut, raus aus meiner Komfortzone zu treten, und dann dieses Schlamassel."

Mindful MEMO an DICH:

Kennst du diese Momente, in denen du nicht mehr weißt, ob du selbst oder die anderen spinnen? Wo sich alles irgendwie falsch anfühlt, ohne es genau benennen zu können? Ich habe mich lange gefragt, wo ich die Grenze ziehen soll zwischen: seine Komfortzone verlassen und Neues wagen oder doch so schnell es geht die Flucht ergreifen, um sich selbst treu zu bleiben. Meine Antwort lautet, sich nach seinem eigenen, individuellen inneren Kompass auszurichten. Manchmal schlägt dieser sofort an. Ein andermal muss ich mir sehr viel Zeit für meine innere Ausrichtung lassen. Wenn ich dann lange genug in einer Lebenssituation verharre, schaltet sich bei mir oft der Verstand unbemerkt aus und meine innere Stimme ein. Dann brauch ich gar nicht mehr lange nachzudenken, weil sich mein Gefühl eindeutig für eine bestimmte Richtung entscheidet. Lerne, deinem Gefühl zu vertrauen.

„Ziemlich bald hatte ich dann glücklicherweise einen krassen Augenöffner-Moment. Vielleicht nahm ich diesen auch nur wahr, weil ich sowas von bereit war, Zeichen für meine weiteren Entscheidungen zu empfangen. Eines Tages meinte ein Modell zu mir: *Sie passen hier mit Ihrer Herzlichkeit irgendwie gar nicht rein.* Ich liebte die Aussage dieser fremden Dame, die mir bestätigte, dass nicht ICH mich anpassen musste, nicht ICH hier die Verrückte war, sondern eher schleunigst die Umgebung wechseln durfte."

Krass, was solche ausgesprochenen Sätze von anderen manchmal bewirken können, oder? Was für ein toller Mensch mit dem Herz auf der Zunge.

„Ja, das war dann auch tatsächlich die Stelle, an der ich meine Trainee-Zeit abbrach. Die schon etwas ältere Chefin des Salons, die einen strengen Bob mit A-Linie und Graduation trug und mich an die streng blickende Vogue Chefredakteurin erinnerte, rief mich an meinem letzten Tag noch in ihr Büro: Wissen Sie, ich glaube, es liegt nicht daran, dass es hier zu streng zugeht. Es liegt daran, dass manche zu schwach für diesen Job hier sind. Kannst du dir das vorstellen?"

Julia, echt jetzt, lass dir nicht einreden, dass du aus Schwäche aufgegeben hast. Es gehört oft mehr Mut dazu, seine Meinung zu ändern, als ihr treu zu bleiben!

„Das kann man mit etwas Abstand immer leichter sagen. In diesem Moment füllte sich in mir einfach mein Ballon aus Wut und Verzweiflung und drohte, in mir zu zerplatzen."

Mindful MEMO an DICH:

Ich denke, genau solche Momente, die mich triggerten, füllten gleichzeitig mein Fass an Mut und Motivation, das ich für den Schritt in die Selbstständigkeit gebraucht hatte. Diese Wut, dass ich sehr wohl durchhalten konnte und stark genug war, ließ mich umso mehr die Augen nach dem Richtigen offen halten und letztlich Mona finden. Welche Menschen oder Situationen ärgern dich vielleicht immer wieder? Sie könnten dir etwas sagen wollen ...

„Zu meiner Beruhigung verließen zu diesem Zeitpunkt mit mir noch zwei andere tolle Mädels diesen Salon. Ich möchte diesen Arbeitsplatz, diese Erfahrung nicht verfluchen. Er war einfach wieder einmal für MICH nicht das Richtige und so hieß es, beharrlich bleiben und weitersuchen. Bei all meinen bisherigen Erfolgen wusste ich immer ganz genau, dass ich so viel mehr blühen konnte, wenn ich mich endlich in einem Salon wohlfühlen würde. Ich musste mir selbst treu bleiben, wenn ich meiner Entfaltung eine Chance geben wollte. Mona, ich bin einfach eine sehr große Verfechterin von dem Gedanken, dass alles so kommt, wie es soll und deshalb kann ich heute nur dankbar dafür sein, diese schmerzlichen Erfahrungen gemacht zu haben. Gleichzeitig will ich auch festhalten, wie eindeutig Schmerz mir immer wieder den Weg gezeigt hat und mir half, Entscheidungen zu treffen. Hätte ich in den verschiedensten Salons nur Liebe und Anerkennung erfahren, wäre ich sicher nie weitergezogen und hätte nicht diesen wundervollen Drang nach der eigenen Entfaltung aufgebaut. Womöglich hätte ich dich nie kennen gelernt. Womöglich würden wir beide nicht so zusammenpassen und auf unterschiedliche Art und Weise Bock auf das eigene Ding verspüren. Alle Chefs hatten mich gefühlt auf dieselbe Art und Weise verloren. Sie haben danach gehandelt, was für sie und ihr Unternehmen das Beste war. Das ist irgendwo verständlich. Vielleicht können wir das irgendwann aber auch mal anders machen. Es muss doch möglich sein, mit einer Vision zu führen, mit Freude für Wachstum zu sorgen und trotzdem wirtschaftlich erfolgreich zu sein. So, dass man als Mitarbeiterin oder Mitarbeiter nicht nur dem Unternehmen folgt, sondern mit seiner Persönlichkeit und eigener Selbstverantwortung das Unternehmen mitgestaltet und gemeinsam den Weg formt. Mir hätte das so viel Wertschätzung und beste Motivation geschenkt. Dann ist man doch gerne auch bereit, mehr zu leisten, wenn die eigenen Bedürfnisse beachtet werden."

Mona konnte ähnlich viele Lieder darüber singen. Wir nahmen uns seit diesem Tag schwer vor, auch bei der Unternehmensführung auf unser Herz zu hören, und die Menschlichkeit nie außer acht zu lassen.

„Insgesamt war ich in meinen zehn Jahren als Friseurin in sechs Salons mit den unterschiedlichsten Philosophien und Visionen gelandet. Manche hatten gar keine Vision. Andere verfolgten ihre Vision so stark, dass sie dabei die Herzlichkeit für ihr Team vergaßen. Wieder andere hatten unbewusst eine Vision, aber mehr von sich selbst als für ihr Unternehmen. Die Schule des Lebens war bereits jetzt so vielseitig und spannend, was man mitten im Geschehen natürlich nie so klar wahrnehmen konnte. Manchmal braucht es einen Schritt zurück, um Dinge wieder klar sehen zu können. Auch sind schmerzhafte Erfahrungen natürlich nie direkt als Wegweiser erkennbar. Oft entpuppen sich Sackgassen erst lange Zeit später als helfende Umleitungen oder können manchmal ein ganzes Leben lang nicht enttarnt werden."

Da stimme ich dir so zu. Diese Erfahrung hab ich auch gemacht.

Mona und mir half das viele Reflektieren, all die Punkte im Rückblick zu verbinden und immer mehr Vertrauen in das Leben aufzubauen. Für uns stand fest, dass wir ohne all diese Geschichten nie an den Punkt gekommen wären, endlich unsere eigene zu schreiben.

Du kannst dir nicht vorstellen, wie oft wir uns in den drei Wochen noch verfahren haben. Obwohl vielleicht doch. Es fühlte sich an, als würden die Spiegelneuronen ihre Spiele mit uns treiben und uns immer mehr zu einem Wesen verschmelzen lassen. Klingt gruselig, schweißte uns aber auch immer mehr zusammen. Spiegelneuronen sind Nervenzellen, die durch die Gegenwart unseres Gegenübers in uns selbst aktiviert werden und spiegelbildlich die Gefühle und Körperzustände des anderen in uns wachrufen können. Mit der Zeit fanden wir heraus, wann wir damit aufhören mussten, uns über Gott und die Welt auszutauschen, wenn wir das Ziel nicht verfehlen wollten. Wir wussten, wann der andere Hunger hatte, wann es Zeit war, zu schweigen, wann jeder seine Ruhe für sich brauchte und wann der richtige Moment gekommen war, gemeinsam zu träumen.

Aber weißt du, sagte Mona nach dem zehnten Mal verfahren, *metaphorisch gesehen, werden wir uns auch auf dem Weg zum Unternehmertum sicher öfters mal verfahren. Die Frage ist nur, wie wir damit umgehen, wie wir beide uns dabei behandeln und welche gemeinsamen Lösungen wir finden werden.*

Ich liebte ihre Einstellung.

„Jaaaa, genau! Der gesamte Roadtrip wird am Ende unser Leben widerspiegeln. Mal verfährt man sich. Mal lernt man Menschen kennen, die fürs Leben bleiben oder uns nur kurz begleiten. Es wird Ups and Downs geben, Pannen und Highlights. Und das Geilste: Der Roadtrip wird auch uns beide nochmal tief miteinander verbinden. All diese Erfahrungen - niemand wird uns das je wieder nehmen können. Und unsere Geschichten bleiben alle unter uns ... außer, wir schreiben darüber irgendwann mal ein Buch ...", zwinkerte ich Mona scherzhaft zu.

Mindful MEMO *an* DICH:

Wann hast du dich das letzte Mal im Leben verfahren? Mit wem verfährst du dich vielleicht sogar gerne mal? Und wer bringt dich wieder auf Spur? Lass es deine Beste/n wissen! Am besten jetzt gleich! ♥

„Vertrauen
ist „ die stillste Form von
MUT. "

IRMGARD ERATH

WERTSCHÄTZUNG — MISSION BEACH

Eines Abends führte uns BOP zu einer der prägendsten Geschichten, die wir in Australien erleben durften. So oft waren unsere Handys und damit unsere Navis aus, weil wir einfach keine Möglichkeiten fanden oder finden wollten, sie zu laden. Die meiste Zeit vertrauten wir auf Straßenschilder, eine alte Landkarte und besonders auf unser inneres Navi, auf unser Gefühl. So landeten wir eines heißen Abends, vorbei an einem kleinen Dörfchen, an einem einsamen, verwunschenen Strand mit dem passenden Namen „Mission Beach." Der Ort hatte uns wie magisch angezogen. Wir parkten BOP mit Blickrichtung türkisfarbenem Meer unter einer Laube aus hohen, schattenspendenden Palmen. Sattgrüne Pflanzenranken umsäumten Baumstämme und den Weg zum Strand wie ein weicher Teppich, der das Paradies ankündigte. Direkt neben unserem Parkplatz ragte ein kleines, buntes „Environmental Centre" aus den Palmenblättern hervor. Alles wirkte sehr ursprünglich und wir genossen hier eine wundervolle, ganz ruhige Nacht. Am nächsten Morgen schlichen wir um das Häuschen, denn wir mussten dringend nach einer Toilette Ausschau halten und wollten endlich mal wieder unsere Handys aufladen. Alles wirkte geschlossen und als wir uns schon wieder abwenden wollten, öffnete uns ein älterer, kahlköpfiger, schmächtiger Herr breit grinsend die Türe. Er strahlte eine merkwürdig vertraute Aura aus und bat uns freudestrahlend zu sich herein. Er zeigte uns die Toilette und lud uns danach auf einen Kaffee ein. Ganz stolz führte er uns durch sein kleines Museum, das Besucherinnen und Besucher über Mission Beach und die Region informierte und Aufklärungsarbeit über die Umweltentwicklung leistete. Er wusste unfassbar viel und bald merkten wir, er arbeitete nicht nur hier, er lebte auch hier. Aus irgendeinem Grund bot er uns an, gemeinsam mit ihm einen privaten Tagestrip durch den angrenzenden Regenwald zu unternehmen. Er könnte uns als Guide viele wertvolle Tiere, Früchte und Pflanzen des Regenwaldes näherbringen. Wir sagten spontan und freudestrahlend zu. Was für ein Glück, dachten wir. Wenige Augenblicke später, als wir gerade dabei waren, uns für die Wanderung fertig zu machen, überkam es uns noch einmal. Er wird doch keine anderen Absichten haben? Zwei Mädels vertrauen einem fremden Kerl blind und folgen ihm in die Tiefen des Regenwaldes? Das könnte ziemlich schief gehen. Seine Ausstrahlung erzählte uns etwas anderes. Also vertrauten wir ihm. Glücklicherweise folgten wir unserer Intuition. An diesem Tag hatten wir den besten Guide unseres Lebens für eine atemberaubende Tour durch das Paradies. Sein Name war Nick. Er hatte unfassbar viele Geschichten zu erzählen und kam aus dem Schwärmen über sein Zuhause und die vielseitige Natur mit ihren unzähligen Wundern gar nicht mehr heraus. Er zeigte uns seltene Pflanzenarten, brachte uns bei, wie man Kokosnüsse gekonnt köpfte und Mangos in Australien aß. Nachdenklich erzählte er uns von seiner geschiedenen Frau und seiner Familie, die er nur noch selten sah.

Ohne ihn hätten wir keinen Schritt in diesen Urwald gesetzt. Klar, wir hatten enormen Respekt vor Schlangen, Spinnen und all den Geschichten, die man sich in Australien unter Backpackern erzählte. Nicht mit Nick. Zu Nick hatten wir vollstes Vertrauen. Er war wie ein Teil des Regenwaldes und es schien, als würde er alles daran so sehr lieben, dass ihm nie etwas passierte. Jeden Morgen, so erzählte er uns, schwimme er seine Bahnen im Meer und sei dankbar für sein einsames, aber wundervolles Leben hier. Nick war so ganz anders als wir, aber genauso passioniert auf seinem ureigenen Weg, der ihn glücklich machte. *Grateful I live in a place with space, nature and fresh air - all in all life is good.* Seine unendliche Wertschätzung für das bloße Leben auf seinem kleinen Fleckchen Erde, das faszinierte uns.

Nicht nur Nick bereicherte uns mit seinem Wesen, auch wir schienen ihm etwas zu geben, was ihm guttat. Vielleicht war es nur die Tatsache, dass er seine Euphorie endlich mal wieder teilen konnte, weil wir ihm staunend wie kleine Mädchen auf Schritt und Tritt folgten. Vielleicht war es auch einfach unsere Gesellschaft oder die Wertschätzung, die wir für seine Person aufbrachten. Für uns war Nick die Dankbarkeit in Person und genau das ließ uns wieder einmal bewusst werden, dass es immer etwas gibt, wofür wir aus tiefstem Herzen dankbar sein können. Auch ohne große Träume, Ziele und Visionen.

Wofür bist du genau JETZT dankbar? Tu dir selbst den Gefallen und zähle ganz kurz drei Dinge auf. Wirkt bei echtem Reinfühlen Wunder für dein Befinden!

Nach unserer Tour lud uns Nick noch zu sich nachhause ein. Wir setzten uns zu ihm in sein altes Auto, drehten im Radio lässigen Hip-Hop auf und ließen das Leben passieren. Wie würde dieser Naturbursche wohl leben? Bei ihm angekommen sahen wir das wohl speziellste Zuhause, das wir je betreten durften. Es war total er. Aus Holz hatte er sich ein großes Haus gebaut, das mitten im Urwald stand. Es war unfassbar unaufgeräumt. Ganz viele Kunstwerke lagen auf dem Boden und im ganzen Haus verteilt. Gitarren schmückten seine Wände. In der Küche stapelte sich das Geschirr. Ok, es war offiziell, den Haushalt hatte er nicht im Griff, aber dafür sein Leben, wie es uns schien. Und dann, wir konnten es kaum fassen: Sein Wohnzimmer im ersten Stock hatte keine Wände. Die Terrasse ragte direkt in den Regenwald hinein. Er servierte uns die frisch gepflückten Mangos und Bananen unserer Wanderung und wir durften unsere Schalen direkt hinter uns über die Brüstung in den Urwald schleudern. Als ich die Toilette betrat, stand ich in einem Freisitz mit Blick ins Grüne und konnte die Schönheit nicht fassen. Es gab keine Zimmerdecke und ein alter Autoseitenspiegel diente als Badspiegel. Es war wortwörtlich ein ganz besonderes Örtchen. Auf eine Art und Weise verband uns wohl das Chaos mit dem Fokus auf die wesentlichen Dinge des Lebens. Für uns war Nick ganz einfach ein Lebenskünstler. Der Künstler SEINES Lebens.

Später erzählte er uns, dass sich eines Abends eine riesige Python durch sein Wohnzimmer schlängelte, um es auf der anderen Seite wieder zu verlassen. Währenddessen ruhte Nick gechillt auf seinem Schaukelstuhl. Er schien keine Angst zu haben. Denn er lebte eher MIT statt in der Natur, wobei wir in seinen Erzählungen den Respekt vor der Natur deutlich spüren konnten. Ein ganzer Ort gehüllt in Authentizität und ganz viel Charakter. Nick sollte an diesem Nachmittag der Erste sein, dem wir unser Langhaarmädchen-Vorhaben erzählen wollten. Irgendetwas hatte er in uns ausgelöst, was uns nach wenigen Stunden veranlasste, ihm direkt unser Herz auszuschütten. Da standen wir also auf seiner Terrasse und pitchten aus tiefster Inbrunst und Euphorie in mittelmäßigem Englisch unsere Vision von Langhaarmädchen. Paradoxerweise einem kahlköpfigen Typen, der sichtlich keinerlei Ahnung von Lovebrand Building hatte, dafür aber genug Liebe in sich trug, um uns zu verstehen.

Nick konnte nicht anders, als mit seinen leuchtenden Augen unseren Traum zu feiern. Er liebte die Vision. *Girls, I can see it in your eyes, you gonna make it – for sure. Trust in life.* Also gaben wir für uns ein Versprechen ab. Wir würden Langhaarmädchen umsetzen!

Heute ist uns bewusst, dass es nicht die Worte selbst, ja nicht einmal die Vision von Langhaarmädchen war, die Nick überzeugte. Es war die schier unendliche Energie und die ansteckende Überzeugung, die wir selbst ausstrahlten, die unserem Gegenüber jede Hoffnung und jedes Zutrauen schenkte, an uns zu glauben. Wir schenkten Vertrauen und erhielten Vertrauen zurück. Dieser Terrassen-Pitch war ein sehr motivierender und stärkender Moment für uns. Und klar, etwas anderes als Beifall und Jubel wollten wir in diesem Moment auch gar nicht hören. Denn genau in dieser Anfangsphase war es so wichtig, erst einmal bedingungslosen Zuspruch zu erfahren. Wir waren beflügelt. Es fühlte sich an, als könnte sich Nick zwar nicht direkt mit unserem Business Case, dafür aber mit unserer Energie verbinden. Nick war für uns auf seine Art erfolgreich und so genossen wir seinen puren Glauben an uns und packten ein großes Stück Zuversicht von ihm ein. Am Ende hätten wir aus dem Haus gehen und mitnehmen können, dass es unaufgeräumt war. Viel mehr Lust hatten wir allerdings, das zu sehen, was er uns als seine Variante von Glück vorlebte, indem er schlicht und ergreifend sich selbst treu blieb. Um diesen magischen Tag abzurunden, verabredeten wir uns abends noch zum Abschied am Strand. Er überraschte uns mit einem Lagerfeuer, einer Flasche Wein und zwei Gitarren. Nick war Vollblutmusiker. Er komponierte eigene Songs, die er uns in dieser Nacht vorspielte, während wir ihn wild jauchzend und mit unseren Klatschkünsten begleiteten. Ich klimperte ab und an die paar Akkorde mit, die ich mir einmal selbst beigebracht hatte, und wir machten uns einen sehr lustigen, unvergesslichen Abend. Das knisternde, wärmende Feuer zu unseren Füßen, der klare Himmel über uns und das angenehm brausende Meer im Rücken. Mit ein paar Gläschen Wein intus strahlten wir mit der untergehenden Abendsonne um die Wette und konnten das Glück, das das Leben in diesen Tagen für uns bereithielt, kaum fassen.

Es war, als hätten wir erst in diesem Moment begriffen, dass die Welt nicht einfach für uns da war, um darauf für eine Weile zu leben. Dieses Leben entstand erst durch unsere Wahrnehmung und unsere Entscheidungen, die wir selbst trafen. Wären wir nicht so offen für die Begegnung mit Nick gewesen, hätten wir diesen Tag nie so erlebt. Seit diesem Tag erinnern wir uns immer wieder gerne daran, open minded durchs Leben zu gehen, um die Chancen des Lebens wirklich wahrzunehmen. Bis heute halten wir Kontakt zu Nick. Eine ganz besondere Begegnung, die uns gezeigt hat, was passieren kann, wenn man seiner Intuition folgt. Von da an sollte kein Strand der Welt mehr für uns nötig sein, um die Schönheit des Lebens zu sehen.

Mut
ist die **BEREITSCHAFT**,
sich auch mal
zu blamieren.

ZUTRAUEN — VERKAUFEN WILL ERLAUBT SEIN

Es war ein herrlicher Tag und wir unternahmen einen atemberaubenden Ausflug zum Great Barrier Reef. Gemeinsam mit einer Reisegruppe fuhren wir auf einem großen Katamaran auf den weiten Ozean hinaus. Mona und ich, wir lieben es ja beide so sehr, auf dem Wasser zu sein. Zunehmend stellten wir fest, dass wir uns inmitten des Ozeans genauso wie abends beim Sternekucken zwar klitzeklein vorkamen, dass uns das allerdings nicht davon abhielt, uns gleichzeitig bedeutend zu fühlen. Wir liebten diese stärkende Wirkung der Natur. Ja, wir alle sind vielleicht nur ein Sandkorn in der Geschichte, aber uns ließ das Gefühl nicht los, dass unser Dasein von Bedeutung war und unsere merkwürdige Harmonie zwischen uns mehr bewirken würde, als wir uns jemals erträumen konnten. Es war ein unbeschreibliches Gefühl von Verantwortung, die wir annehmen wollten.

Vielleicht erzählte mir Mona deshalb an diesem Tag von ihrer bitteren Erfahrung als Verkäuferin in einer Reiseagentur bei Cairns.

Julia, Erfolg hat drei Buchstaben. TUN!

Mona blickte mir dabei tief in die Augen.

Ich wäre verrückt geworden, hätte ich nur geträumt, gelesen und studiert. Irgendwann drehst du durch, wenn du nur über deine Träume sinnierst. Ich musste es mal wieder fühlen, ich musste meine gefühlten geistigen Fortschritte nun endlich erleben und umsetzen. In so vielen Büchern stand, ich müsste verkaufen lernen, wenn ich andere von mir und meiner Idee überzeugen möchte. Also tat ich das. Ich lernte.

„Also, mir schnürt es bei dem Wort verkaufen irgendwie immer den Hals zu. Ich will ja nicht, dass du dich mir verkaufst. Verkaufen klingt immer so, als müsste ich jemanden davon überzeugen, etwas zu kaufen, was er eigentlich gar nicht haben möchte."

Ich weiß völlig, was du meinst, und weil es mir genauso ging, las ich eines Tages das Buch von Dale Carney mit dem Titel „How to win Friends and influence People". Das hat mich eines Besseren belehrt. Carney beschreibt unter anderem die Kunst, über neue Wege an neue Ziele zu gelangen, Streit zu vermeiden und mit viel mehr Freude und Leichtigkeit die Dinge zu erreichen, die man sich wünscht. Auch wenn wir es nicht wahrhaben wollen, verkaufen wir uns doch den ganzen Tag. Selbst deinen Freund hast du irgendwann einmal von dir überzeugt und dich quasi gut verkauft. Sich zu verkaufen muss nicht bedeuten, sich zu verstellen. Das beste Verkaufen liegt darin, überzeugt von sich selbst besonders empathisch auf die Bedürfnisse seines Gegenübers einzugehen. Wenn du selbst ein geiles Produkt bist oder eben ein tolles Produkt hast, von dem du zu 110% überzeugt bist, dann ist nichts verwerflich daran, mit Euphorie für deine Sache zu stehen und dich gut zu präsentieren! Das alles hat ganz viel mit unserem eigenen Selbstwertgefühl zu tun, habe ich gelesen. Was ist es denn, was uns daran ganz schnell triggert? In Wirklichkeit haben wir Angst davor, dass unser Gegenüber schlecht über uns redet, wenn wir uns zu werblich zeigen. Deshalb wollen wir niemandem auf die Füße treten, wollen nicht aufdringlich wirken, wollen andere nicht von etwas überzeugen, was sie vorher vielleicht gar nicht vermisst haben. Das ist nett, aber Entschuldigung, auch dumm. Wenn du mehr vom Leben erwartest, dann steh zu dir und deinem Produkt, anders kannst du keine gute Unternehmerin sein. Es wird in diesen Büchern eher von unterlassener Hilfeleistung gesprochen. Wenn nicht DU für dein Produkt brennst, wer sonst? „Zu verkaufen" bedeutet nichts anderes, als dir selbst bewusst zu werden, wie viel du wert bist und damit in eine geile Energie, in die eigene Ausstrahlung zu kommen, dass du selbst liebst, was du anbietest. Es braucht nun mal glühende Leidenschaft, um den Funken zu übertragen.

„Da hast du auch wieder Recht. Wie mir das Herz aufgeht, wenn du immer so euphorisch bist."

Jap. Und genau das ist es. Ich liebe es, auszuflippen, weil ich liebe, wovon ich da rede und du liebst es, Funken abzubekommen. Ich habe in diesen Büchern erfahren, dass ich mit meiner überdrehten Art beim Verkaufen genau so sein darf, wie ich bin. Ich darf endlich laut sein. Ich darf euphorisch sein. Ich darf mir den Stock aus dem Arsch ziehen und wenn ich es fühle, verdammt noch mal in die Welt hinausschreien.

„Okay okay. Jetzt bin ich bei dir. Schon wieder gut verkauft." Ich lächelte.

Macht es nicht auch Spaß, mit Karacho anderen Menschen völlig neue Horizonte zu eröffnen, ihnen neue Gefühle zu transportieren, sie zu knacken und von etwas zu überzeugen, von dem sie nicht einmal wussten, dass es ihnen gut tun wird?!

„Da könntest du Recht haben. Ich merke wohl, dass dieses Thema einfach außerhalb meiner Komfortzone liegt und mein scheues Reh in mir es deshalb lieber hätte, dass es sich von alleine verkauft. Ich will einfach niemandem auf den Schlips treten und Abstand von toxischem Marketing nehmen."

Gute Selbstreflexion.

„Aber jetzt muss ich auch mal festhalten, dass ich in den verschiedensten Salons immer ziemlich gut verkauft habe. Einfach nur, weil ich empathisch und überzeugt von meinen Lieblingsprodukten super gerne beraten und aus ehrlichem Herzen davon schwärmen konnte."

Na, siehst du. DAS ist verkaufen. Der Funke ist übergesprungen.

„So oft muss ich nur an einen meiner ehemaligen Chefs denken, der wohl eines Tages unter Hitzewallungen festgestellt haben muss, dass mehr Produkte in seinem Salon verkauft werden müssen. Wir mussten also alle einzeln in sein Zigarettenkabuff eintreten und unseren auswendig gelernten Text aufsagen. Dabei war es Ziel, jeder Kundin und jedem Kunden die drei neuesten Weihnachtsprodukte vor die Nase zu stellen. Ich weiß bis heute, wie wütend mich dieses erzwungene Verkaufen gemacht hat. Ich will das verdammt noch mal auf meine Art und Weise machen."

Und das werden wir, da bin ich völlig bei dir! SO verkauft man absolut nicht. Und da liegt der Unterschied. Am Ende zählt immer deine persönliche Überzeugung und deine ganz eigene Art.

„Da fällt mir noch eine lustige No-Go-Geschichte ein. Nämlich als mir eine fremde Frau, deren Wohnung wir übernehmen wollten, bei der Besichtigung Nahrungsergänzungsmittel in Form von Süßigkeiten anbot. Ich winkte ab und sagte, nein danke, ich steh nicht so auf Gummibärchen. Schwups, steckte sie mir ernsthaft eines in meinen Mund. *Die sind aber seeehr lecker, probier mal.* In diesem Moment war ich so perplex und konnte mich danach nur noch über diese Geschichte schlapp lachen. Positiv ausgedrückt bin ich der Dame, die wohl keine Grenzen kennt, sehr dankbar. Denn ich weiß jetzt, wie ich es nicht machen will. Ich habe sowieso oft das Gefühl, über solche Situationen besser nicht zu jammern, weil sie mir ja helfen, mich selbst zu finden. Ich spüre in diesen Momenten, wo mich mein Weg auf keinen Fall hinführen soll.

Danke, so nicht, denke ich mir dann immer und packe die Story in meine „Nein Danke Momentensammlung". Und weiter geht's."

Oh ja, lass uns das beibehalten. Irgendwie alles als Geschenk zu betrachten. Okay. Sind wir ready für das Wort „verkaufen"?

„Yesssss."

Ich zog mir ein Hörbuch zum Thema „Verkaufen" rein und befolgte einfach nur Schritt für Schritt die Anleitung. Dann stellte ich mich ernsthaft unüberlegt bei einer Reiseagentur in Cairns vor und konnte direkt dort wenige Tage später beginnen.

„Du hast mir vor wenigen Wochen die Liste als Beweis geschickt, Mona. Du warst ernsthaft die beste Verkäuferin von über 300 Angestellten im ganzen Land?"

*Das war ich. Mona grinste vor Stolz. Und weißt du, wie ich das angestellt habe? Ich konnte nur deshalb so gut verkaufen, weil mich das Angebot so begeistert hat und ich gleichzeitig meine Dienstleistungen als Langhaarmädchen kostenlos mit einfließen lassen konnte. An mehreren Abenden lud ich ganze Cliquen deutscher Backpackerinnen ein, veranstaltete im Büro Styling-Workshops und erzählte von den Reiseangeboten. Julia, ich hatte so wundervolle Gespräche und konnte unfassbar viele Erkenntnisse für Langhaarmädchen sammeln. Es fühlte sich nicht nach verkaufen, sondern eher wie ein Abend unter Freund*innen an. Ich saß dabei immer gerne barfuß auf dem Boden, breitete meine Landkarten aus und hatte einfach so viel Freude daran, Menschen mit meinen Angeboten glücklich zu machen. Dadurch wurde ich tatsächlich zu einer der besten Verkäuferinnen aller Filialen.*

„Mona, du bist so mutig. Das hätte ich mich nicht getraut. Von der Friseurin zur Reisekauffrau."

Es war die beste Schule, um anderen und vor allem mir selbst zu beweisen, dass ich bereit war. Aber pass auf, so märchenhaft, wie ich anfangs gedacht hatte, war der Job gar nicht. Jetzt kommt's richtig dick. Eines Tages rief mich eine Backpackerin an und teilte mir mit, dass die angebotenen Reisen pure Ausbeute waren und absolut nicht das inkludierten, was ich verkauft hatte. Das Beschissenste daran war ihre Aussage, dass ich sie menschlich schwer enttäuscht hätte und sie dies nie von mir erwartet hätte. Julia, mir blieb die Spucke weg und sie legte so schnell auf, dass ich mich nicht einmal rechtferti-

gen oder entschuldigen konnte. *Wow, war das ein verletzender Moment. Ich war so dumm und hatte den Fehler gemacht, der Reiseagentur blind zu vertrauen. Bis heute schäme ich mich zutiefst, auch wenn ich es damals nicht besser wissen konnte. Eine Ausrede soll das nicht sein. Trotzdem konnte ich den Schwindel nicht auf mir sitzen lassen. Weißt du, was ich gemacht habe? Ich habe natürlich sofort gekündigt und all diese Reisenden einzeln angerufen. Ich hatte mich entschuldigt und aufgeklärt, dass ich es nicht besser wusste. Die Reaktionen und Wahrnehmungen waren völlig unterschiedlich. Was da manche über mich gedacht haben mussten?! Peinlich. Eine sehr schmerzhafte Erfahrung, das kannst du dir vorstellen. Aber hey, der Fehler hat mich geprägt und ich werde nie wieder etwas verkaufen, was ich nicht kenne, nicht selbst probiert habe oder nicht zu 100 Prozent fühlen kann.*

„Oh wow, ich fühle so mit dir. Du wurdest betrogen und damit selbst zur Betrügerin."

Ja, ich hätte mich einfach besser informieren müssen. Das werde ich so schnell nicht vergessen. Gleichzeitig ist mir jetzt bewusst, dass es eine klassische Täter-Opfer-Umkehr war. Ich fühlte mich schuldig, war aber eigentlich selbst das Opfer. Denn es liegt ja nicht in der Verantwortung eines Mitarbeiters, sich darauf einzustellen, ausgenutzt und Teil solcher Machenschaften zu werden. Ja, so ist das mit dem Leben. Manchmal bekommst du eine Backpfeife. Dann heißt es reflektieren, daraus lernen und es beim nächsten Mal besser machen.

Wir saßen noch eine Weile nebeneinander und blickten auf den Ozean.

Mindful MEMO an DICH:

Mona und ich sagen uns heute immer, wir bereuen nichts. Wir möchten Dinge, für die wir die Verantwortung tragen, einfach nicht ungeschehen machen, weil das impliziert, dass wir auf schmerzliche Erfahrungen lieber verzichten würden, die so oft die besten Lehrer sind. Gibt es etwas, das du bereust? Vielleicht findest du einen Weg, auch unschöne Erfahrungen oder verpasste Momente liebevoller zu betrachten und wenigstens für einen Moment das Gute darin zu sehen?! Und wenn schon nicht das Gute, dann vielleicht eine wertvolle Erkenntnis? Welche könnte das sein?

„Was du denkst, BIST DU.
Was du bist, STRAHLST DU AUS.
Was du ausstrahlst, ZIEHST DU AN."

BUDDHA

ANZIEHUNG — SEI DAS, WAS DU VERMISST

An diesem Tag ging Mona mit einer Gruppe tauchen und ich wegen einer verjährten Trommelfellverletzung schnorcheln. Wir lernten, dass das Great Barrier Reef als Ökosystem über 2.300 Kilometer umfasste und tausende Riffe und hunderte Inseln beheimatete, die aus über 600 verschiedenen Stein- und Weichkorallen bestanden. Die Crew forderte uns auf, ganz behutsam mit der Natur umzugehen und uns als Gäste des Ozeans respektvoll zu benehmen. Ganz vorsichtig schnorchelten wir mit weit aufgerissenen Augen. Ein atemberaubendes Erlebnis, das wieder so erdete und uns ganz weit weg vom Verkaufen, der täglichen Hitze und den stundenlangen Unterhaltungen brachte und uns beiden unfassbar guttat. Das glasklare Wasser war so angenehm auf der aufgeheizten Haut und in einer Traube von Reisenden fühlte ich mich in den Tiefen des Meeres wohl wie lange nicht. Ich schnorchelte durch die schönste Unterwasserwelt, die ich jemals erleben durfte und erkannte unzählige Arten von farbenprächtigen Fischen, die ich vorher nur aus dem Film „Findet Nemo" kannte. Panische Angst hatte ich vor dem Gedanken, einem Hai zu begegnen. Egal, ob es ein pflanzenfressender Riffhai war oder ein Julia witternder Fleischfresser. Ich wollte das Wasser nur ungern mit ihm teilen. An diesem Tag sah ich ihn tatsächlich. Meinen ersten Riffhai. Ich hatte mir unsere Begegnung so gruselig vorgestellt und nun schwamm er seelenruhig an mir vorbei und löste keine Sekunde Panik in mir aus. Es war einfach nur faszinierend. Auf der Rückfahrt zog der Himmel zu und es tröpfelte leicht.

Weiß du, was mir aufgefallen ist? Du beschwerst dich nie über das Wetter. Das ist irgendwie schön.

Ach, was Mona alles auffiel! Ich zuckte mit den Schultern.

„Wäre auch frech in diesem Paradies." Beseelt von unseren atemberaubenden Unterwassererfahrungen grinsten wir uns zufrieden an und zischten ein paar Bier.

Weißt du, wofür ich dich dringend bräuchte, Lulia? Ich hatte doch vor Monaten eine „Haircut for Donation"-Aktion gestartet, um für geflüchtete Menschen in München zu sammeln. Es war so cool. Überall, wo ich mit BOP unterwegs war, bot ich Haarschnitte für den guten Zweck an. Voller Taten-

drang hing ich sogar emotionale Texte in allen Hostels auf, um über die so-
genannte Flüchtlingskrise aufzuklären. Ich wollte endlich die Mischung zwi-
schen einem oberflächlichen Haarschnitt und dem deep shit schaffen. Die
Mädels spendeten, was sie konnten, und ich empfand neben den tiefgründigen
Gesprächen endlich wieder Freude an meinem Handwerk. Diese Leichtigkeit
würde ich gerne mit nach Deutschland nehmen und mit unserer Marke eines
Tages umsetzen. Dann mit einem viel größeren Bus, damit man ein richtiges
Get-together hat und Mädels mit schnellem, unkompliziertem Styling, tiefen
Gesprächen und mit einem Lächeln im Gesicht verwöhnen kann. Bei uns wird
dann gedrückt, geduzt, und niemals gesiezt. Bei uns kann barfuß gelaufen
werden und alles soll sich mehr wie ein Wohnzimmer als ein steriler Friseur-
salon anfühlen.

„Das machen wir, Mona!! Dann will ich aber auch einen LKW-Führerschein machen, um uns selbst zu kutschieren."

Siehst du, da bist jetzt du wieder mutiger. Würdest du das echt machen?
Dann traue ich mich das vielleicht auch?!

„Na klar! Wenn wir mit unserem eigenen Unternehmen Herrin
über unser Leben sein möchten, dann will ich doch auch selbst am
Steuer sitzen!"

Ahhh, das ist ein wundervolles Bild, das machen wir! Ja, pass auf, ich Nu-
del habe es jetzt voll schleifen lassen mit dem Haircut for Donation! Es sollte
eigentlich eine Challenge mit 77 Tagen werden, die ich groß und breit auf
Facebook angekündigt habe. Jeden Tag ein Haarschnitt, so war der Plan.

„Na, es geht doch um den guten Zweck und nicht um das perfekte
Umsetzen! Dann lass uns das gleich fortsetzen und wenn wir zurück
sind, spenden wir das Ganze! Better done than perfect!"

Ohhh, danke!!

Wir gesellten uns auf der Rückfahrt des Katamarans noch zu ein paar
anderen Reisenden und schnitten noch am selben Abend am Strand ein
paar Jungs die Haare für den guten Zweck. Jeder durfte so viel spenden,
wie ihm der Haarschnitt wert war. Papa Rudi rundete in der Heimat
noch auf und überwies die 400 Dollar an die Flüchtlingshilfe. Wenn
du als Friseurin selbst nicht viel in der Tasche hast, sind 400 Dollar
eine stolze Summe. Es war ein wundervolles Gefühl, als Dienstleisterin

immer die Möglichkeit zu haben, Gutes mit seinem Handwerk tun zu können. Wir haben uns trotz Geldmangels in die Stimmung gebracht, zu geben, was uns automatisch in Fülle versetzt hat. Diese Energie kann einen echt beflügeln.

Gib, wenn du denkst, du hättest nichts zu geben.
Schenke Liebe, wenn du sie selbst so sehr vermisst.
Sei das, was du dir selbst in deinem Leben wünschst.
Genieße den Wandel, den du selbst in der Hand hast.

Mindful MEMO an DICH:

Vielleicht setzt du deine Projekte anfangs noch mit dem heimlichen oder nicht ganz so heimlichen Ziel um, etwas vom Karma zurück zu bekommen. Selbst das ist ok. So lief das anfangs bei uns auch ab, wenn wir doch mal ehrlich sind. Irgendwann etabliert sich allerdings der Drang, ganz selbstlos anderen einfach gut zu tun und schwups, ist man wieder etwas glücklicher.

Auf unserer weiteren Reise, immer mit dem unbewussten Ziel, mehr zu uns zu finden, als Ziele auf der Landkarte zu erreichen, kamen wir vorbei an Monas Lieblingshippiestrand von Byron Bay, wo wir über einen wunderschönen Lighthousewalk mit unzähligen Treppen den östlichsten Punkt Australiens erreichten.

Darf ich vorrennen?, fragte mich Mona in solchen Momenten ganz oft.

Sie durfte. Wie ein treuer Golden Retriever kam sie mir dann immer vor, der mich kurz fragend anschaute, mein Go einholte und losbrauste, um ganz in seinem Tempo und mit voller Energie einfach Spaß zu haben. Wie als würde Mona über ein Ventil all ihre Wirbelwind-Gedanken kurz einmal ablassen und einfach nur sein wollen.

Es fühlte sich mit Blick auf die Klippen magisch an, sich genau vorstellen zu können, an welchem Zipfel der Welt wir nun angekommen waren. Weiter ging es für uns nach Sydney, wo wir Monas traumhaften Salon überraschten und viele tiefe Drücker kassierten. Sie alle waren ein prägender Teil von Monas Reise geworden. Sie alle hatten Fetzen von Monas Träumen und ihrem Zwiespalt mitbekommen. Keiner hatte in Mona anscheinend das ausgelöst, was ich ihr angeblich schenken konnte. Jeder, den sie vollgesprudelt hatte, hätte rein theoretisch an der Seite dieser wundervollen Visionärin die Chance auf eine Gründung mit ihr gehabt. Spannend, wie alles für mich kommen sollte.

Als nächstes besuchten wir Melbourne, verließen die an diesem Tag regennasse Hauptstadt des Bundesstaates Victoria aber nach nur wenigen Stunden wieder. Grund: Fernweh nach Meerblick. Von dort aus starteten wir den krönenden Abschluss der letzten Tage auf der Great Ocean Road. Ein Highlight für die perfekte Abrundung unseres Roadtrips. Auch wenn wir auf halbem Weg umkehren mussten, weil die Zeit bis zu meinem Abflug knapp wurde, war die schönste Erkenntnis auf den letzten atemberaubenden Meilen, dass wir gar nicht noch länger hierbleiben wollten. Es war nicht das Fernweh nach Meer. Es war das Fernweh nach MEHR. Wir wollten nicht noch mehr Strände sehen, nicht noch mehr Menschen kennenlernen, nicht noch mehr Abenteuer erleben. Wir fühlten, dass es Zeit war, loszulegen. Wir wollten endlich anfangen, unsere eigene Geschichte zu schreiben, statt den touristischen Fußstapfen weiter zu folgen.

Mindful MEMO an DICH:

Wir akzeptierten, dass der Drang nach MEHR nichts Schlechtes war. Es war für uns kein Schneller, Höher, Weiter. Es war für uns trotz Dankbarkeit eine wundervolle Unzufriedenheit, die wir nun endlich zu verwandeln wussten. Was würdest du gerne verändern? Was macht dich bei aller Wertschätzung für das Leben unzufrieden? Lass es zu und nimm die Zeichen für dich wahr. Manchmal sind es nur Kleinigkeiten, die für eine tiefgreifende Veränderung ausreichen.

Wir waren hungrig danach, unseren Traum einer eigenen Haarpflegemarke in die Tat umzusetzen und verzichteten nach diesem Trip, der uns so aufgetankt hatte, liebend gerne auf die weitere paradiesische Umgebung. Es war Zeit, das innere, eigene Paradies aufzubauen. Monas ursprünglicher Plan war es, noch weiter nach Bali zu reisen, doch dieser Gedanke hatte sich auf einmal verflüchtigt.

Ich komm mit dir nach Hause, Lulia! Lass uns Langhaarmädchen echt gründen! Mona entschied sich einfach um, sie folgte ihrem inneren Navi, das als nächsten Reisepunkt Nachhause anzeigte. Als Mona mich zurück zum Flughafen Sydney fuhr, krönten wir unseren Roadtrip noch mit einer letzten typischen Langhaarmädchen-Aktion, mit der wir ein paar Einheimischen den Atem raubten. Wild gestikulierend fuhr ein Wagen auf gleicher Höhe auf und schrie uns etwas aus voller Inbrunst über den Highway entgegen.

Your Jack is broken oder war es YOUR BACK IS O P E N!

Der Fahrer deutete hastig nach hinten. Wir brauchten einen Moment, um zu verstehen, was er uns damit sagen wollte! Dann schmissen wir unseren Blick schlagartig nach hinten auf unseren Kofferraum! *Du meine Güte!* Wir waren losgefahren und hatten ernsthaft vergessen, unseren Kofferraum zu schließen. Nach mehreren unbemerkten Meilen hatte sich wohl BOPs Küchenzeile gelöst und war auf einer Seite langsam nach draußen geschwenkt. Freischwebend hing sie nun aus unserem Schlafzimmer hinaus und wippte im Takt des Asphalts. Wir verloren etwas Müsli und zogen eine Spur von Zerealien und Unverständnis hinter uns her. Wir fuhren mit einem letzten Mal Herzrasen direkt rechts ran, verstauten die Küche und schlossen den Kofferraum und damit auch unser letztes Australienkapitel.

Glücklicherweise war nichts weiter passiert. Bis auf den lustigen Anblick unseres offenen Vans, der mit unserer „Outdoor Küche" für Aufsehen sorgte. Wir verabschiedeten uns am Flughafen mit Lachflash-Tränen, die über unsere Wangen kullerten, und wir wussten: Egal was kommt, es konnte nur gut werden mit uns beiden! *Wunder passieren, weil wir an Wunder glauben!*

Mona verließ wenige Tage nach mir Australien und wir beide kehrten bisher nicht wieder zurück.

MUT bedeutet nicht,
keine ANGST zu haben.

Es bedeutet den Sprung
ins Abenteuer trotzdem
zu wagen!

VORSTELLUNGSKRAFT – DIE MAGIE DES VISUALISIERENS

Heute verstehen wir ansatzweise, was in Australien Einzigartiges passiert war. Wir erreichten ein noch nie da gewesenes Maß an Magie, das uns bis heute immer wieder selbst inspiriert. Ein paar Jahre nach unserem Roadtrip lernten wir, dass es immer der STIFTENDE Gedanke ist. Der, der aus tiefstem Herzen kommt. Der, der die Dinge ins Rollen bringt. Jetzt wird es kurz deep.

Wir können etwas so sehr wollen wie nichts anderes. Wenn wir es aus den falschen, ungesunden Gründen heraus anstreben, funktioniert es nicht. Es ist, als würden unsere Träume ein Go von unserer Seele oder der zukünftigen, glücklichsten Version von uns selbst brauchen, um sich zu erfüllen. Bei unserem Blick in die gemeinsame Langhaarmädchen-Zukunft verstanden wir den heftigen Unterschied, den die eigene Haltung dabei ausmachte. Stilles Beten und heimliches Bitten würde eine unterwürfige, negative Haltung suggerieren, die Mangel auslöst. Wenn du aber schätzt, was schon da ist, und alles, was du hast, um dich herum wahrnimmst, dann setzt das viel mehr Energie frei, als wenn du sehnsüchtig auf etwas wartest. Es ist nicht diese Hokuspokus-Erwartung, dass auf einmal wie aus Zauberhand alles klappt und dir der Erfolg mühelos zufliegt. Es ist mentales Vergegenwärtigen. Es ist die Haltung zum Leben, die in diesen feinen Stimmungen den Unterschied macht und die es uns ermöglicht, völlig neue Blickwinkel und Lösungen zu erkennen, um dorthin zu gelangen.

Wir haben diese intensive Zeit in Australien *unbewusst* genutzt, um unseren neu gewonnenen Traum ultimativ bunt und detailliert auszumalen. Wie mit bunten Permanentmarkern statt Bleistiften hatte es sich angefühlt. Es waren diese wertvollen, emotionalen, wochenlangen Gespräche, die himmlische Ruhe von äußeren Einflüssen, die Gefühle und Bilder, die wir nicht durch uns halbierten, sondern durch uns beide vervielfältigten. Unsere gemeinsame Zeit ermöglichte es Mona, all ihren angestauten Schmerz durch ihre Mangelphase hindurch mitzunehmen und in eine Euphorie zu verwandeln, die unbesiegbar war. Vielleicht lag genau darin der Zauber, dass all unsere Gespräche, Pläne und Vorstellungen ohne das Wissen vom perfekten Visualisieren sondern aus purer Begeisterung und Freundschaft heraus entstanden waren.

BOP war für uns zu einem Raum geworden, in dem wir unsere Träume einfach zulassen konnten. Wir manifestierten unser Ziel, irgendwann einmal im dm zu stehen und konnten uns gar nicht mehr vorstellen, dass das nicht funktionieren könnte. Unser größter Gegner, den wir endlich wahrnahmen, war unser eigener Verstand, den wir besiegt und in Form unseres Egos in Australien zurückgelassen hatten. Wir ließen uns von negativen Gedanken und Ängsten nicht mehr den Wind aus den Segeln nehmen und genossen unser neu gewonnenes Schutzschild.

Wir setzten uns unverschämt hohe Ziele, übertrieben maßlos mit unseren Gehaltsvorstellungen und sahen immer mehr eine Zukunftsversion von uns selbst, die glücklicher, erfüllter und erfolgreicher nicht sein konnte. Wir entwarfen Visionboards und Langhaarmädchen-Avatare und stellten uns vor, in welchem dm Regalplatz wir bald zu finden sein würden.

Das Wichtigste: Von unseren Träumen erzählten wir kaum jemandem. Wir wollten in unserer Energie bleiben und uns von niemandem aufoder abhalten lassen. Denn die Grenzen und Messlatten von anderen sollten deren bleiben. Träume zu visualisieren bedeutete für uns, dass wir uns exakt dessen bewusst wurden, was wir wollen, und diese Träume mit höchstem Einsatz verfolgten. Das Leben liebt es, wenn wir wissen, was wir wollen. Ganz einfach. Dadurch weitete sich unser Horizont und alle Sinnesorgane standen auf Bereitschaft für unseren Traum. Öffnete sich eine Türe in diese Richtung, gingen wir durch. Ergab sich eine Chance, unserem Traum näher zu kommen, nahmen wir sie wahr. Gleichzeitig hieß das für uns, sich GEGEN viele andere Türen und andere Chancen zu entscheiden.

Wenn du dein Ziel kennst, weißt du viel eher, welche Türe dich dorthin bringt. Durch sie hindurchzugehen, kann viel Mut erfordern. Aber du wirst feststellen, der Weg lohnt sich. Welche Tür darf sich für dich als nächstes öffnen?

Und wenn es nicht klappt, könnt ihr ja wieder als Friseurinnen arbeiten.
Diesen Satz hörten wir ständig. Von unserem Schisser-Verstand, aber auch von unseren Eltern. Klar, sie mussten sich für ihre Mädchen natürlich einen beruhigenden Plan B überlegen, falls all die Flausen in unseren Köpfen nicht funktionieren würden. Ich bin überzeugt davon, sie glaubten an uns, aber eine Alternative musste trotzdem her. Mehr für sie als für uns. Wir antworteten dann mit einem besänftigenden Ja, genau! Aber wir wussten ganz genau, dass wir nie wieder als angestellte Friseurinnen zu unseren Anfängen zurückkehren wollten. Es schnürte uns allein schon beim Vorbeilaufen an einem Friseursalon die Kehle zu. Nein, wir konnten es zu diesem Zeitpunkt einfach nicht mehr fühlen. Wir waren weit gekommen. Wir waren gewachsen. Und vor allem: Wir waren einfach nicht mehr dieselben wie vor zwei Jahren.
Ach, diese Macht, diese Energie, wenn alles in einem bebt und allein die Vorstellung der ausgemalten Zukunft glücklich macht. Diese Zeit erinnerte uns stark daran, wie wir als Kinder waren, hemmungslos und naiv. So haben wir damals geredet, gespielt und geträumt. Wir wollten zulassen, dass es wieder bunt und wild wurde, statt erwachsen und kontrolliert. Kontrolle und Sicherheit gab es eh nie wirklich. Das war ein Konstrukt unseres Verstandes, der uns im Zaum halten wollte. Die Vorstellung, dass es die richtigen Menschen längst da draußen gab, die uns zuhörten und unsere Vision fühlen konnten, hob unsere Energie nochmal ungemein an. Es war kein Suchen. Es war ein Finden. Ein so machtvolles Instrument! Und man kann diese Denkweise immer anwenden. Bei der Ausschau nach unseren Mitarbeitern, bei Freunden oder sogar Lebenspartnern. Sich gegenseitig in diese Energie zu bringen, war für Mona und mich fast schon ein Spiel. Wir genossen es.

Es war wie ein Traum, mitanzusehen, was einfach auf uns zukam, oder was einfach schon da war.

Lulia, Pro 7 kommt uns bald besuchen, und das ist dann der Anfang von allem!

„Sie haben zugesagt??"

Was? Ach so nein, NOCH nicht.

Bei Mona musste man immer wieder nachfragen, ob die Dinge bereits eingetroffen waren, oder ob sie visionär sprach. Sie formulierte ihre Sätze immer so, als sei alles schon fix. Das kann natürlich anstrengend werden. Gleichzeitig nahm sie es ernst mit der Devise, dass immer schon alles in deinem Leben ist. Ihre Sprechweise suggerierte, dass längst alles da war und genau so eintreten würde.

„Und was, wenn all das wirklich nur ein Hirngespinst ist? Eine schöne Vision, die sich niemals realisieren wird? Ein Traum, der immer nur geträumt werden wird?" Ja, auf unseren hinterfragenden Verstand war immer wieder Verlass. Aber das änderte nichts an unseren Vorstellungen. Es ging nicht darum, auf einmal spirituell zu leben. Es ging darum, unsere Vision in die Welt zu bringen, und da war eine moderne, spirituelle aber auch unternehmerische Art, Dinge zu denken, einfach hilfreich. Und diese große Wahrheit, die wir plötzlich in uns spürten, war wie in weiser Vorahnung auf die kommenden, turbulenten Jahre eine Kraft, die uns jeden Tag für unsere Vision losgehen ließ.

Mindful MEMO an DICH:

Wie du merkst, war es nicht so, dass unsere Ängste auf einmal komplett verflogen wären. Allein allerdings, unsere Ängste wahrzunehmen und unserem Verstand auf die Schliche zu kommen, dass er es wohl als seine Aufgabe verstand, uns immer und überall und vor allem und jedem zu warnen, ließ uns daran arbeiten, abzuwägen, welche Schisser-Gedanken wirklich notwendig waren und welche uns einfach von unserem gesetzten Ziel abhalten wollten. Welche unnötigen Ängste hast du? Welche Zweifel wiederholt dein Verstand immer wieder für dich? Vielleicht kannst du sie dir notieren und in starken Momenten darüber nachdenken, ob du sie vielleicht reduzieren kannst, wenn sie dir nicht wirklich dienlich sind. Alleine das Erfassen deiner unnötigen Sorgen wird dich ein Stück bewusster und leichter machen!

Die Bestätigung, dass diese Einstellung zumindest für uns funktionierte, sollte uns schon sehr bald erreichen. Verrückt war, dass ich mich durch unsere Langhaarmädchen-Welt selbst noch einmal inspirieren konnte, auch meine privaten Ziele ganz neu und kräftiger auszumalen. Meinen privaten Traum, irgendwann einmal mit meiner eigenen kleinen Familie für eine Zeit lang im Süden zu leben, visualisierte ich von nun an mit Bildern, Farben, Musik und ganz vielen Gefühlen. Ich erstellte mir eine eigene „Finca Playlist" und tanzte damit jahrelang durch meine Wohnung, was mich immer schlagartig in meine warme Zukunft beamte. Immer wenn ich mich kalt abduschte, stellte ich mir unter tiefen Atemzügen vor, dass ich mich eines Tages unter dem gleichen kalten Wasser in meiner Outdoor Gartendusche mit Blick auf das Meer befand. In meinem Schlafzimmer sprang mich zum Einschlafen und Aufwachen täglich mein buntes Visionboard aus zusammen geschnipselten Bildern an. In der gesamten Wohnung verteilte ich wohltuende Affirmationen, die mein Unterbewusstsein mit Beschreibungen meines zukünftigen Ichs fütterten. Was genau aus meinem privaten Traum geworden ist, verrate ich dir auf den letzten Seiten des Buches.

„UND PLÖTZLICH WEIßT DU:

Es ist Zeit,

etwas Neues zu beginnen

und dem

ZAUBER des ANFANGS

zu vertrauen."

MEISTER ECKHART

NEUANFANG — ZURÜCK IN DER ZUKUNFT

Am 29. Januar 2016 gründeten wir dann voller Tatendrang und mit Unterstützung von Papa Rudi die Langhaarmädchen GbR (Gesellschaft bürgerlichen Rechts) in Monas Heimat Nersingen bei Neu-Ulm. Mona war nach ihrer Australien-Rückkehr wieder brav zu Mama und Papa zurückgezogen, um bodenständig und sparsam, wie die Schwaben eben sind, wieder ganz bei Null anzufangen. Wieder einmal war es der Rückhalt und die Unterstützung aus den eigenen Reihen, mit denen wir unsere Schwächen und unsere fehlenden Erfahrungen ausgleichen konnten.

So beriet uns Monas Onkel als ehemaliger Bankdirektor in der Entscheidung zu unserer Unternehmensform. Monas Cousine, die als Steuerberaterin überwiegend große Gesellschaften mit über einer Million Euro Jahresumsatz betreute, kümmerte sich nun um unsere niedliche GbR mit aktuell keinerlei Einkünften. Wir wussten ja, wo wir eines Tages hinwollten. Monas Schwägerin übernahm in Unterstützung für Papa Rudi schon bald die für uns staubtrockene Buchhaltung. Sie alle retteten uns den Hintern in Bereichen, die uns wertvolle Energie raubten, weil sie uns einfach nicht leicht fielen. In diesem Moment wussten wir noch nicht, welch enorm wichtigen Rollen zeitweise auch Monas Bruder Fabian und meine jüngere Schwester Lisa später noch in unserem Unternehmen einnehmen würden. Die eigene Familie mit an Bord zu haben, gab uns durch das blinde Vertrauen, die größte emotionale und verlässlichste Rückendeckung, die wir uns nur vorstellen konnten.

Als wir mit Monas und meinen Eltern eines Abends gemeinsam am Tisch saßen, fiel die Entscheidung, dass wir eine finanzielle Starthilfe bekommen würden. Unsere Papas unterstützten uns beide mit insgesamt 12.000 Euro. „Zwei Jahre bekommt ihr Zeit. Dann wollen wir aber auch was sehen, Ladies!" zwinkerte uns Papa Dieter motivierend zu. „Und wenn es dann klappt", fügte Monas Papa Rudi hinzu, „dann lasse ich mir ein Zöpfchen im Nacken wachsen!"

Wir prusteten alle los. „HAND DRAUF!!"

Ein unfassbares Privileg, denn dadurch konnten wir uns voll und ganz auf den Aufbau von Langhaarmädchen konzentrieren. Der Fokus auf nur eine weitere Sache nebenbei hätte uns kreativen Chaoten das Genick gebrochen. Unsere Reise war im kalten Deutschland längst nicht zu Ende. Fast wöchentlich besuchten wir uns, da wir die zwei Stunden Distanz zwischen Würzburg und Neu-Ulm gerne in Kauf nahmen, um diese neugewonnene Energie vor Ort zu spüren und um an unserer Vision zu feilen. Was in Australien so klar schien, wurde auf einmal zur größten Herausforderung, weil wir in der Praxis nicht wussten, wo wir anfangen sollten. Monatelang diskutierten und formten wir Langhaarmädchen weiter. Unzählige Stunden besprachen wir hunderte mögliche Wege, die wir gehen könnten. Mona kombinierte unfassbar schnell neue Wege, verwarf sie allerdings gerne auch genauso schnell wieder. Sie las weiterhin unzählige Bücher, die sie oft in der Nacht aufstehen und wilde Gedanken auf Notizzettel schmieren ließen. Ich dagegen war damit beschäftigt, Monas Buchempfehlungen zu studieren. Um die Tiefe so wie Mona in Büchern zu spüren, brauchte ich manchmal wesentlich länger. Alles, was ich aufsaugte und neu begriff, rief ich Mona wieder ins Gedächtnis. Immer mit der Erkenntnis, dass sich jeder ganz unterschiedliche Botschaften mitnahm und wir uns in stundenlangem Austausch gegenseitig inspirierten.

Uns wurde immer bewusster, dass durch all die Persönlichkeitsentwicklung und durch dieses Mindset, das dadurch entstand, uns keiner besser verstehen konnte als wir uns selbst. Was sich zwar gut anfühlte, ließ sich beim Abendbrot mit Monas Eltern oft noch schwer in Worte fassen. So oft rauchte uns nach stundenlangen Gesprächen der Kopf. Das war für mich immer so, als würde von innen langsam heiße Lava von den Augen bis in die Stirn steigen. Ein Druckgefühl, das ich bisher nicht kannte. Ich würde sagen, wir reizten unser Vermögen zu träumen unendlich aus, ohne direkt Erfolge zu verbuchen. Es war ultra anstrengend. Oft war es deprimierend, Ideen nach wochenlanger Euphorie wieder zu verwerfen.

Sollten wir mit Stylingpartys starten oder doch mit einem E-Book? Sollten Dirndl unser Langhaarmädchen-Look werden oder doch eher Maxikleider? Sollten wir an Hair- and Make-up-Schulen vorsprechen, um ein Stylistennetzwerk aufzubauen, oder war es wichtiger, auf You-

Tube präsent zu sein? Sollten wir direkt einen Bus kaufen oder war die Investition für den Anfang unnötig? Was wollten wir berichten können, wenn wir eines Tages vor dm standen? Was wollten wir anders machen? Was konnten wir in Deutschland wirklich umsetzen?

So oft waren wir einfach LOST. Irgendetwas fühlte sich noch nicht ganz rund an.

Wir schossen Step-by-Step-Fotos für ein E-Book und verwarfen es wieder. Wir drehten Vorstellungsvideos für Make-up-Schulen, die auf unserem Laptop verstaubten, da wir keine Aufträge zur Vermittlung hatten. Wir fuhren bis nach Holland, um uns VW-Busse für einen Umbau anzusehen, um mit der Erkenntnis zurückzukehren, dass 40.000 Euro Investition für einen Bus am Anfang einfach nicht drin waren. Wir drehten Frisuren-Videos, ohne dass wir andere Haarpflegeprodukte zu sehr in den Fokus rücken wollten. Wir versuchten, gleichzeitig unsere Website und sämtliche Social-Media-Kanäle aufzubauen, ohne dass wir zuvor je etwas in die Richtung gelernt hatten. Wir wollten so viel und erreichten gefühlt so wenig.

Der größte Fehltritt gelang uns in der Phase, als wir, heiß auf Erfolg, auf einmal eine App zur Vermittlung von Stylistinnen und Stylisten entwickeln wollten. Auch wenn wir das Wort „Fehler" aus unserem Wortschatz in der Zwischenzeit verbannt haben und selbst in der Sackgasse das Wachstum sehen, müssen wir zugeben, dass wir hier fast vom Weg abgekommen wären. Mona hatte durch Zufall einen jungen, reichen App-Entwickler aus England kennengelernt, der fest an die Idee der Stylistinnen-Vermittlung glaubte und mit uns für zwei Drittel der Anteile eine Firma gründen wollte. Wir verstanden uns wundervoll mit ihm und er zeigte uns eine völlig neue Welt der Möglichkeiten. Der Gedanke war nicht blöd.

Um uns einen Namen in der Szene zu machen und die Marktlücke zwischen Friseurin bzw. Friseur und High-Fashion-Branche zu schließen, wollten wir eine Plattform schaffen, auf der man sich als Stylistin und Stylist anbieten und als Kundin und Kunde entsprechend nach Lust und Laune wählen konnte. Für jede gelungene Vermittlung sollten wir eine Provision erhalten. Die App nannte sich „Mostylist", also mobile Stylistinnen und Stylisten. Wir waren bereits bis zu einer Testversion auf unserem Handy vorangeschritten. Wir verschickten Videobotschaften und Einladungen in eine eigene Mostylist-Gruppe und in sämtliche Stylisten-Communitys auf Facebook und hatten mehrere hundert Visagist*innen, Friseur*innen und Stylist*innen heiß gemacht.

Wir wurden von unserem App-Entwickler, der wie wir Mitte zwanzig war, zum gemeinsamen Arbeiten für ein paar Tage nach London eingeladen, wo wir unter anderem in Spiderman Overalls den bekannten Notting Hill Karneval feierten, das Nachtleben genossen und zum krönenden Abschluss das „König der Löwen"-Musical von den besten „Upper Circle"-Plätzen des Theaters erlebten.

Es war eine geile Zeit. Bis wir nach mehreren Monaten harter Arbeit auf den noch härteren Boden der Tatsachen fielen. Zu sehr hatten wir die vielen Einladungen, die vielen Türen des Lebens, die sich plötzlich für uns geöffnet hatten, als Wegweiser interpretiert. Und wir nahmen sie alle dankend an. Das endlose Vertrauen ließ uns nicht mehr stillstehen und einfach alles als Zeichen wahrnehmen. Bis in kürzester Zeit die To-Dos und Probleme ins Unendliche wuchsen, unser App-Entwickler nicht der Fels in der Brandung war, wie wir es uns erhofft hatten, und wir - mit der Situation maßlos überfordert - schließlich das Handtuch warfen. Es war nichts, wo wir uns hätten nur weiter anstrengen müssen, um es zu einem Erfolg zu bringen. Alles an dieser Idee war schlicht und ergreifend nicht unser Steckenpferd. Und eigentlich auch nicht unsere Vision.

Mona stellte irgendwann ernüchtert fest, dass diese App und alles drumherum so vollkommen weg von unserem ursprünglichen Plan führte und nicht zu dem beitrug, was wir uns eigentlich in den Kopf gesetzt hatten. Zu sehr ließen wir uns hier vom vermeintlichen, schnellen Erfolg in die falsche Richtung leiten. Wir wollten zu viel und hatten den Fokus total aus den Augen verloren. Wir hingen dem Gedanken nach, der uns Menschen fatalerweise gerne überkommt: Oft beenden wir Projekte oder auch Beziehungen nur deshalb nicht, weil wir denken, jetzt doch schon sooo viel Zeit und Energie hineingesteckt zu haben. Und man könne jetzt doch nicht alles hinschmeißen. Jetzt, wo wir schon sooo weit gekommen sind. Nonsens. Wir fühlten es einfach nicht mehr, mussten schnellstmöglich wieder zur Besinnung kommen und die Sackgasse verlassen, um wieder auf unserem authentischen Langhaarmädchen-Pfad zu landen.

Wir hatten uns verrannt, ohne es zu merken. Wir hatten uns verzettelt, obwohl wir dachten, wir hätten einen Plan. Wir hatten uns ausprobiert, ohne ein langfristiges Ziel zu verfolgen. Was erst alles so klar schien, wurde zu einem Riesen-Kauderwelsch, was wir nicht einmal mehr vor Freunden oder der Familie in Worte fassen konnten.

„Was genau habt ihr vor?"

Wir konnten uns diese Frage an manchen Tagen selbst nicht mehr beantworten. Wir wollten keine Fragen gestellt bekommen. Wir wollten keine Meinungen einholen. Wir wollten für uns sein.

Immer wieder, wenn wir dachten, wir hätten den Zauber des positiven Mindsets verstanden, passierten wieder Dinge, die wir nicht verstehen konnten. Als würde sich das Universum ständig ändern und mit ihm seine möglichen Wege. Immer wieder gab uns das Leben ganz deutlich zu verstehen, dass es nicht darum ging, eine einfache Zauberformel zu finden, die man auf das Leben anwenden konnte. Es ging darum, uns durch genau diese Hindernisse zu dem zu entwickeln, was wir sein konnten. Was wir sein wollten.

Irgendetwas gab uns nämlich immer wieder das Gefühl, dass wir genau da durch mussten, auch wenn nur wir beide dieses Vertrauen spürten. Zu absolut keinem Zeitpunkt hatten Mona oder ich heimliche Zweifel daran, dass es am Ende funktionieren würde. Das war das wundervoll tragende Gefühl, mit dem wir uns immer wieder aufrappelten und das Feuer am Glühen hielten. Es war unsere Aufgabe, Beharrlichkeit zu beweisen. Es war die Vision, deren Weg dorthin zwar noch fraglich war, die uns allerdings Tag für Tag motivierte. Mona verlor nach dieser App-Geschichte nie wieder die Tiefe unseres ursprünglichen Vorhabens außer Acht. Alles musste Sinn ergeben, wertvoll für uns und andere sein, und wahrhaftig aus uns entspringen. Aus Mini-Puzzleteilen entwickelte sich langsam ein Trampelpfad, der exakt so in keinem Buch zu finden war. Immer wieder mussten wir - manchmal schmerzlich, manchmal mit Freude - feststellen, dass nur wir beide, Mona und ich, den richtigen Weg kennen konnten.

Ein alter, wunderbarer Freund von Mona, Luis Huber, führte Münchens bestes Make-up-Studio in der Nähe der Maximilianstraße. Die beiden hatten über Jahre immer wieder unschlagbar zusammengearbeitet. Er als einer der besten Make-up-Profis, den wir kannten, Mona als Hairstylistin. Luis war menschlich der beste Lehrer, den Mona jemals erlebt hatte. Die wertschätzende, liebevolle Kommunikation mit Kundinnen und Kunden hatte sie bei ihm perfektioniert. So viel Vertrauen und Zuspruch hatte er Mona immer wieder verliehen. Als Liebe in Person vermittelte er uns immer wieder Aufträge und Bräute, die unseren Allerwertesten über Wasser hielten.

„Genießzers au das!", schwäbelte uns Papa Rudi eines Abends beim Abendbrot mit Familie Mayr strahlend entgegen. „I weiß, ihr seid no lang nedda da, wos ihr euch mit eurer Vision seht, aber vergesszerst nicht auch den Weg zu gnieß. Ist doch alles subba spannend oder nedda da?"

Er hatte so Recht. Der Weg ist das Ziel. Das hatten wir doch schon sooo oft gelesen. Aber immer wieder durften wir uns an die Wahrheit darin erinnern. Papa Rudi weiß womöglich bis heute nicht, wie sehr ich den Genuss der wertvollen Unvollkommenheit seither liebe. Unser Verstand war automatisch auf Erfolgskurs eingestellt. Das kann Motivation bedeuten und Disziplin hervorrufen, das kann aber auch Scheuklappen aufsetzen, die man selbst nicht wahrnimmt und die viele kleine Momente auf dem Weg zum großen Ziel wertloser erscheinen lassen.

ERST WENN wir unser Ziel erreicht haben,
DANN haben wir es geschafft.
ERST WENN wir uns beweisen und wirtschaftlichen
Erfolg verzeichnen, DANN können wir es Erfolg nennen.
ERST WENN wir erfolgreich und glücklich sind,
DANN leben wir unseren Traum.

Unser Verstand rannte und rannte wie ein Krieger auf dem Schlachtfeld umher. Befehl Langhaarmädchen ausführen! Das durfte es nicht sein. So wollten wir nicht sein. Bis eines Tages eine Frau in unser Leben und mitten in unser Chaos kam, die uns mit all ihrem Wissen und ihrer Weisheit bis heute prägt: Laura Malina Seiler.
Nein, ich erzähle dir jetzt nicht, dass uns Laura, Lifecoach für spirituelle und persönliche Weiterentwicklung, von heute auf morgen Klarheit

in allem schenken konnte. Was diese Frau zuallererst mit uns gemacht hat, war, uns mit ihrer besonderen Art, Business zu machen und gleichzeitig Liebe im ganzen Land zu verteilen, mächtig zu triggern. Mona hatte Laura von einer Freundin empfohlen bekommen mit den Worten:

„Mona, du gehst immer so verbissen an alle deine Ziele ran. Egal, ob Business oder das Abnehmen. Deine männliche Energie steht durch all die Erfolgsbücher ganz schön im Vordergrund. Hör dir mal Laura an, sie wird euch guttun."

Ich erinnere mich sehr gut an den Moment auf meiner Couch, als ich Lauras Podcast Mitte 2016 zum ersten Mal anhörte. Die Stimme war mir zu zart. Die Botschaften zu liebevoll. Ach, und eigentlich brauchte ich sowas doch auch gar nicht. Man muss ja nicht unnötig tief in sich hineinhören, wenn alles gut scheint. Dachte ich damals jedenfalls. Mona ging es nicht anders. Viele zurecht gelegten Dinge wurden auf einmal durch Lauras Input neu infrage gestellt.

Aber es half nichts. Wir drehten uns im Kreis und spürten, dass wir für einen neuen Weg auch eine neue Offenheit an den Tag legen durften. Wir wollten so gern vorankommen und machten, zugegebenermaßen mit einiger Überwindung, damals die Rise Up & Shine University[4], „ein 10-wöchiger Coaching-Onlinekurs, der bereits über 48.000 Menschen geholfen hat, durch persönliche Weiterentwicklung ein Leben in Kraft und Fülle zu erschaffen." Es war ja nicht so, dass wir viel zu tun hatten. Wir hatten uns eben beschäftigt gehalten. Doch jetzt war es endlich an der Zeit, überlegt die richtigen Dinge zu tun und ein starkes Fundament für Langhaarmädchen aufzubauen. Täglich zogen wir uns parallel zum Haushalt immer mehr Podcasts von Laura rein und begaben uns immer tiefer in unsere eigene, innere Welt. Wir etablierten Routinen wie das Schreiben eines Erfolgsjournals, in das wir jeden Morgen fünf Dinge notierten, für die wir dankbar waren und fünf Erfolge am Abend festhielten, die wir uns so wieder ins Bewusstsein holten. Wir führten ein Reflektionsbuch, worin wir nach einem Stylingjob unsere Verbesserungsideen festhielten. Wir befassten uns, jeder für sich,

[4] https://lauraseiler.com/rusu-2023-warteliste

mit unseren privaten Wünschen und setzten uns private und gemeinsame geschäftliche Ziele. Das Beeindruckende für uns war, dass Laura immer betonte, dass sie keine Antworten für uns hatte, sondern wir die Antworten durch ihren Input selbst finden durften. Hilfe zur Selbsthilfe. Kein Guru, der uns sagt, wie es richtig geht, sondern ein Coach, der uns in dem, was wir in Australien spürten, nur noch bestärkte.

Mindful MEMO an DICH:

Du grübelst immer wieder über eine Frage nach und weißt nicht recht weiter? Hier zwei praktische Tipps für dich, die uns oft sehr geholfen haben:

Mona schrieb sich eine Zeitlang Fragen, bei denen sie nicht weiterkam, vor dem Zu-Bett-Gehen auf einen großen Zettel und wachte ganz oft mit Antworten oder Ideen dazu auf. Ich hingegen kann dir empfehlen, deine Frage aufzuschreiben und darunter einfach leere Spiegelstriche zu platzieren. Lass den Zettel etwas rumliegen. Dein Gehirn sucht dann automatisch nach Antworten und wird oftmals noch einmal anders angekurbelt.

Laura war für uns eine Coachin, die zum ersten Mal über Unternehmertum, Finanzen und Visionen sprach, ohne die Worte Liebe und Energie dabei unter den Tisch fallen zu lassen. Genau diesen Mix brauchten wir jetzt. Denn auf einmal wurde uns immer mehr klar, was hier schiefgelaufen war. Wir hatten vor lauter Bürokratie, Business Case und Money Mindset die *Liebe* vergessen. Geprägt von all den Unternehmerbüchern und der männlichen Energie, die wir so bewundert hatten, hatten wir es verpasst, einfach unserem Gefühl zu trauen. Und wir hatten unsere Weiblichkeit übergangen. Wir wussten die ganze Zeit schon, dass es nicht nur Fleiß, Geld und Intellekt sein konnten, um erfolgreich zu sein. All die Weiblichkeit, die Empathie, die Weltveränderungseuphorie durfte wieder in uns aufleben.

Bereits nach wenigen Monaten spürten wir Veränderung. Laura sprach aus, was in uns passiert war. Und wir wollten unsere eigene

Authentizität einfach wieder leben. Es war eine so schöne Bestätigung, dass auch andere, starke Frauen dieses Vertrauen und diesen neuen Weg, Business mit ganz viel Menschlichkeit zu machen, verkörperten. Diese Erkenntnisse behielten wir aber erst einmal für uns. Wir wussten genau, dass wir mit moderner Spiritualität in unserem Umfeld nicht immer auf Gegenliebe stoßen würden. Und ganz ehrlich, uns musste nicht jeder verstehen. Unsere Klarheit kehrte Stück für Stück zurück. Es war verrückt. Immer wieder stellten wir fest, dass es nicht nur darum ging, die Vision von Langhaarmädchen zu formen, sondern dass wir wieder bei uns anfangen mussten, um voranzukommen. Inspiriert durch Laura und all ihren emotionalen Input, den wir auf einmal in unser Leben ließen, wuchs unsere Vision erst zu dem, was sie heute ist. Auf einmal standen da ganz andere Bücher und Themen mit viel mehr Weiblichkeit bei uns auf der Tagesordnung:

„Heirate dich selbst"
„Das Cafe am Rande der Welt"
„Gespräche mit Gott"
„Der Weg zum Glück"
„Das Kind in dir muss Heimat finden"
„Sorge dich nicht, lebe"
„Der Alchimist"
„Jetzt – Die Kraft der Gegenwart"[5]

Gamechanger. Unser Eigenstudium machte wieder Freude und wir legten unsere Verbissenheit ab. In einem persönlichen Coaching hatte uns Laura damals grinsend versucht klarzumachen, wie viel weiter wir schon waren, als wir dachten, und Langhaarmädchen so viel größer werden würde, als wir es uns zu diesem Zeitpunkt vorstellen konnten. Das tat gut. Im gesamten ersten Jahr, als kaum jemand etwas von uns hörte, kam es uns im Nachhinein so vor, als hätten wir nur Anlauf genommen. Wir hatten uns das Privileg geschaffen, uns mit

[5] Eine vollständige Literaturübersicht von unseren liebsten Büchern aus dieser Zeit findest du hier:

Persönlichkeitsentwicklung und uns selbst auseinanderzusetzen und uns ein Mind- und Heartset anzulegen, das uns für die kommenden Jahre den Arsch rettete. Ich lernte, wie ich die Erwartungen an unseren Erfolg nicht einfach Mona übergeben durfte. Ich lernte, mein eigenes Hirn anzuschmeißen und dass ich mit meinen Stärken viel mehr als nur Monas rechte Hand sein konnte, wenn ich endlich erkannte, was Mona längst in mir sah. Immer wieder kamen scheinbar kleine emotionale Herausforderungen in unserem direkten Umfeld auf uns zu, die uns hätten in die Knie zwingen können. Mona verriet mir, was eine Bekannte ihr vorgehalten hatte: „Weißt du, wo du Julia da reinziehst, wenn das alles nicht klappt?"

Ja, klar, jeder hat andere Grenzen. Aber man muss lernen, dass solche Sprüche immer nur die Grenzen der anderen aufzeigen und nicht die eigenen! Und ja, solche Sätze können tatsächlich als liebevoller Ratschlag gemeint sein. Diese Menschen wollten uns beschützen. Wir mussten uns allerdings auch klar darüber werden, dass sie nur IHRE Wahrheit aussprachen. Und das konnten wir nicht auf Anhieb. Monas Vision geriet ins Schwanken. Mona war sichtlich verunsichert und suchte das Gespräch mit mir und berichtete mir jede Silbe davon.

Natürlich gibt es neben all unserem Vertrauen auch immer ein Restrisiko, dass alles schief gehen könnte.

Ich liebte es, dass Mona solche Sätze und Gedanken direkt mit mir teilte, anstatt sie mit sich selbst auszumachen. Sie kannte mich zu gut. Statt sich gut zu verkaufen und mir von diesen Unsicherheiten nichts zu erzählen, teilte sie auch ihre schweren Gedanken mit mir. Mich haute von meiner Überzeugung sowieso so schnell nichts um. Für mich verkaufte sich Mona mit ihrer Ehrlichkeit damit nur noch besser vor mir.

„Mona, für all meine Entscheidungen in meinem Leben übernehme ich meine ganz eigene Verantwortung. Lass dir da von anderen nichts einreden. Ich kann dir versichern, dass ich dir nie etwas vorwerfen würde, falls Langhaarmädchen aus irgendwelchen Gründen auch immer nicht klappen sollte. Da kannst du auf mein Wort zählen. Ich bin dir jetzt schon zutiefst dankbar und sehe die Chance, die DU mir ermöglichst. Stell den Satz mal um und stell dir vor, in welche geilen Sachen du mich da reinziehst, wenn das alles klappt! Ich kann dir auch verraten, was mir meine Ex-Chefin im letzten Salon zum Abschied mitgegeben hat, als ich ihr stolz von meinen Australienplänen erzählt hatte: *„Sind Sie sicher, dass Sie dieses Mädchen nicht auf die falsche Bahn bringt?"*

Ich lachte mich schlapp vor Mona. Nein, ich war nicht sicher, aber wieso zur Hölle sollte ich mir dieses Abenteuer entgehen lassen?! Sehen die Leute denn nicht auch, auf welche unfassbar neue, bunte Bahn mich Mona bringen konnte?! Für mich stand Mona eher als Einhorn neben dieser Bahn und bepfefferte mich mit dickem Glitzer! Ich ließ mir da nichts einreden, und das sollte Mona auch nicht tun. Das war ein Ding zwischen ihr und mir und es war für andere schwer, das nachzuempfinden. Unsere Verbindung wuchs durch jedes Drama von außen nur noch mehr. So oft schon wollten uns die kleinsten Dramen unsere Energie und unsere Aufmerksamkeit stehlen. Sie probierten uns durcheinanderzuwirbeln und wir konnten entscheiden, ob wir uns gehen und uns verunsichern lassen oder ob wir standhaft bleiben würden. Wir lieben es bis heute, dann nicht nur einfach mürrisch dagegen zu halten.

Das Wichtigste ist Offenheit für uns. Jede Betrachtungsweise bringt ihre eigene Wahrheit mit sich. Weil wir uns allerdings viel mit unseren Werten auseinandergesetzt hatten und wir genau wussten, wofür wir losgehen wollten, lernten wir zunehmend, solch kleine Wirbelwinde an uns vorbeiziehen zu lassen und unsere Energie für Wichtigeres einzusetzen.

„Haben die beiden sich zerstritten, weil Julias Auto nicht mehr so oft dasteht?"

Es war köstlich, wie in der Nachbarschaft wild spekuliert wurde.

„Langhaarmädchen überzeugt mich als Markenname ehrlich gesagt nicht so sehr." Und auch Freundinnen wollten mitmischen.

„Also dm sitzt definitiv am längeren Hebel, wenn es blöd für euch läuft."

Ja, wir wurden gemahnt, verbessert und für naiv erklärt. Und jeder in unserem Umfeld bildete sich seine Meinung. Das ist menschlich. Wir durften zwischen konstruktiver Kritik und unnötigem Drama unterscheiden lernen. Damit unser gemeinsamer Weg funktionieren konnte, verstanden wir immer bewusster, dass es das Wichtigste war, gemeinsam in eine Richtung zu laufen und unsere Beziehung, unsere Freundschaft als wichtigste Basis zu begreifen, ohne die alles nichts wäre. Wir erlaubten uns, in der Ruhe die Kraft zu finden, statt unüberlegt rauszurennen und einfach zu tun. Je mehr wir in Einklang mit uns selbst waren, desto mehr flog uns gefühlt zu. Wir lasen unabhängig voneinander so viele Bücher, wie in keiner anderen Zeit. Wir erlaubten uns, uns zurückzuziehen, uns zu reflektieren und uns ganz einfach mit uns selbst zu beschäftigen, was unser aufblühendes Mindset nochmal ganz neu formte.

Mindful MEMO an DICH:

Dein Verstand muss unbedingt wissen, dass es ganz normal ist, Phasen zu haben, in denen wir mal keinen neuen Input gebrauchen können. Stell dir bitte nicht vor, dass Mona und ich immer nur am Tun sind und täglich lesen, Podcasts hören, Langhaarmädchen leben und nebenbei noch eben die Welt retten. Das kann niemand. Jeder von uns muss das richtige Maß an Aktivität zur eigenen Gestaltung seines Tages finden. Dazu gehört, auch mal faul zu sein. Auch mal langsam sein zu dürfen. So, wie es sich für dich eben richtig anfühlt!

Lieber unperfekt starten, als auf PERFEKTION zu warten!

ZIELSTREBIGKEIT — LIEBEVOLLES TÜREN-EINTRETEN

Im Sommer 2016 waren wir dann soweit. Wir wollten endlich in die Umsetzung kommen und unser erster kleiner Langhaarmädchen-Auftritt stand bevor. Traumfänger-Festival München, wir kommen! Während Monas Papa Rudi uns immer bei bürokratischen Dingen wie einer Anmeldung zur ReiseGewerbekarte unterstützte, war meine Mama Ute unser Creative Director für die Liebe zum Detail.

> „Mama, wir brauchen Traumfänger als Deko!"
> „Wie geht das?!"
> „Keine Ahnung, dir fällt bestimmt was Tolles ein."
> „Alles klar, wird gemacht!"

Das waren unsere Familien! Mona und ich haben zufälligerweise beide das Glück, unfassbar liebevolle Familien hinter uns stehen zu haben, die uns und unsere Flausen im Kopf von Beginn an tatkräftig unterstützt haben. Von unseren Vätern tragen wir den smarten Kampfgeist und die starke Überzeugung in uns, etwas bewegen zu können. Von unseren Mamas haben wir die unendliche Liebe, die Offenheit und das Vertrauen in uns selbst mitgegeben bekommen. Uns wurde in die Wiege gelegt, für alles Lösungen zu finden. Auch wenn unsere Eltern immer wieder behaupten, dass ihre Fürsorge doch selbstverständlich sei, wissen wir dieses Glück dankbar anzunehmen. Familieninterner Support ist wirklich unbezahlbar, das können wir heute mehr denn je sagen. Sogar meine Oma, die herzlich wenig mit Lovebrandbuilding anfangen konnte, hatte eigens für uns eine kunterbunte Langhaarmädchen Wildblumenwiese aus Kornblumen, Margareten und Schleierkraut angesät. Jeder half uns auf seine Weise.

fränkisch für DAUMEN

„Ich drück die Damme, dass ihr damit irgendwann wirklich euer Geld verdienen könnt, Julia." In der Küche meiner Oma, in einem Meer herrlich frisch duftender Schnittblumen, bastelten Oma Hildegard, Mama Ute und ich kichernd wie drei junge Blumenmädchen über dreißig voluminöse Blumenkränze, die ich dann in Kühlboxen ganz vorsichtig mit drei Stunden Fahrt zum Festival transportierte. Mona schleppte mit Unterstützung von Mama Erika eine Kasse, Biertischgarnituren, Tischdecken und Bodytattoos an. Monas Bruder samt Freundin unterstützten uns wie selbstverständlich vor Ort im Aufbau. Du meine Güte, war das spannend. Endlich würden wir Feedback von den Mädels bekommen, von unserer Zielgruppe. Ich versichere dir, dieses Festival werden Mona und ich nie vergessen. Wir hatten es uns nicht einfach schöngeredet, es war ein voller Erfolg! Die Mädels standen Schlange für ihre Flechtfrisur samt Blumenschmuck. Sie feierten Langhaarmädchen und uns ging das Herz auf. Zwar blieb unter dem Strich finanziell nicht viel hängen, aber hey, es folgten weitere kleine Events und wir perfektionierten Stück für Stück unser Langhaarmädchen-Marketing im Kleinen. Und vor allem: Wir fühlten uns endlich wohl in dieser Langhaarmädchen-Welt. Wir waren angekommen, und zwar bei uns selbst. Das war der Anfang von allem. Eventmanagement handmade with love. Nur wenige Monate später verstarb meine Oma urplötzlich. Allein für diesen unvergesslichen Moment, der mit diesem Event alle drei Generationen meiner Familie an ihren Küchentisch brachte, lohnte sich Langhaarmädchen schon jetzt. Auch wenn meine Oma nicht mehr miterleben konnte, wie wir mit jeder kleinen Umsetzung unserem großen Traum ein Stückchen näher kamen, hatten wir es kurz vor ihrem Tod noch mit einem Beitrag über uns in die *Bild der Frau* geschafft. Sie war so stolz auf uns, als wir ihr hier im Dirndl und mit ihrem Blumenschmuck auf einer Doppelseite entgegen strahlten. Ein Erfolg, der für sie viel greifbarer war als diese Likes im World Wide Web.

Nächster Meilenstein: Oktoberfest 2016.
Seit dem Oktoberfest verstanden wir, was der Satz Believe and you're halfway there wirklich bedeutete. Unser Traum würde nicht ohne das Anpacken funktionieren, das war uns klar. All das hoch motivierte Anpacken hätte es allerdings ohne den Glauben an das große Ganze nie geben können. Für uns begann also alles mit unseren Träumen. Mona hatte schon in Australien von diesem Moment geschwärmt und uns bis ins kleinste Detail genüsslich alles vorgeträumt.
Wir stellen uns dann mit einem großen Stylingbus in die Nähe der Wiesn, bieten Blumenschmuck und Flechtfrisuren an, machen ganz viele Langhaar-

mädchen glücklich. Pro 7 kommt vorbei und die Langhaarmädchen-Geschichte kann ihren Lauf nehmen.

Ich weiß bis heute nicht, welche Energien Mona in Australien freigesetzt haben musste, denn es traf, mit ein paar Herausforderungen und klitzekleinen Abweichungen, tatsächlich so ein. Über einige „Zufälle" - haha, du weißt schon, es kennt immer jemand jemanden, der jemanden kennt, ... - besorgte ich uns einen elf Meter langen Oldtimer Bus, den wir uns für die Wiesnzeit ausleihen durften. Der Bus gehörte einer wundervollen Familie, die wir direkt in unser Vorhaben einweihten. Sie war so davon begeistert, dass sie von uns keine Miete annehmen wollte und uns in allen Vorbereitungen tatkräftig unterstützte. Unser privates Bankkonto schrieb zu diesem Zeitpunkt weiterhin rote Zahlen und wir waren diesen Engeln so dankbar. Wir hatten nichts. Nur mit Herzlichkeit und Euphorie im Gepäck ging's weiter zum nächsten Highlight. BOP der Zweite hätte für diesen Auftritt nicht besser passen können. Er war uralt, blau weiß lackiert und das Beste: Seine Decke war verglast. An sonnigen Tagen brach eine Lichterflut an Sonnenstrahlen über uns herein. Einfach wunderbar.

Auch Pro 7 kam natürlich nicht einfach so vorbei. Ganz kess und direkt schickten wir der Redaktion eine aufwendige und sooo lustige Videobotschaft, in der wir sie zu uns Langhaarmädchen einluden. Für das Video hatten wir BOP den Zweiten auf eine riesengroße Wiese gestellt, unsere Freundinnen in ein Dirndl gesteckt und auf eine Maß Bier und eine Flecht-Frisur eingeladen. Befreundete Fotografen unterstützten uns mit Kameras und Drohnenflug und hielten das Spektakel fest.

Hier findest du unser unprofessionelles Bewerbungsvideo. 2016 schien es zu überzeugen.

Schon Monate vor dem Start der Münchner Wiesnzeit schrieb ich unzählige Hotels, Restaurants und Stellplätze an, um Stylingbus BOP in

Nähe der Theresienwiese zu platzieren. Keine Chance. Und glaubt mir, wenn ich das sage, dann war es auch so. Überall hagelte es Absagen. Wir waren eben nicht in Australien. Ausnahmezustand Oktoberfest in München. Man interessierte sich für uns Langhaarmädchen einfach nicht. Am Ende war es meine Mutter, die am Tag vor dem Wiesnstart mit der rettenden Idee kam. Wir buchten uns in einen Campingplatz in Riem ein, der zwar weit außerhalb von München lag, allerdings genug Platz, Starkstrom und in Hülle und Fülle internationale Gäste, die extra zum Oktoberfest angereist waren, mit sich brachte. BOP hatten wir mit weiß-blauen Traumfängern, Wimpeln und Trockenblumen dekoriert und gemütlich hergerichtet. Viele Deutsche, Australier*innen und Italiener*innen besuchten uns, was nicht heißt, dass unser Terminkalender proppenvoll war. Trotzdem genossen wir jede Flechtfrisur und zelebrierten das Wahrwerden unseres nächsten Schritts. Dass unser gemütlicher Bus von betrunkenen Spätheimkehrern mit einem Freudenhaus verwechselt wurde, fanden wir eigentlich nur mittellustig und läuteten unseren eh schon viel zu späten, wohlverdienten Feierabend ein. Wir räumten unser Equipment zur Seite, legten unsere Matratze auf den Boden und schliefen - wieder einmal Seite an Seite - ein. Und wir wussten, dass uns dieses Wiesn-Wunder unserem Traum wieder ein Stück näher brachte.

Und klar, rate gern, was dann passiert ist. Tatsächlich meldete sich auch noch Pro 7 an. Du kannst dir vorstellen, was das für uns bedeutet hat. Drei Stunden drehten sie einen Beitrag über uns und unsere Story und wir meisterten unseren ersten Fernsehauftritt. Zwar war mein Dekolleté voll mit roten Flecken vor all der Aufregung, aber hey, Langhaarmädchen schaffte es für ganze sieben Minuten ins Fernsehen! Der Sender berichtete von unserem Roadtrip in Australien, schnitt unsere Video-Aufnahmen aus Australien mit in den Beitrag und sendete das Ganze nur wenige Tage später.

Auch dieses VIDEO findest du HIER ·····➔

Unsere Facebook-Seite explodierte. Wir kamen mit all den Flecht-An-fragen gar nicht mehr hinterher. Es war endlich real geworden. Wir hatten so vielen Mädels ein breites Lächeln ins Gesicht gezaubert und Langhaarmädchen-Vibes versprüht. Völlig unperfekt. Aber wir waren stolz auf uns.

Auf einmal bekamen wir sogar ein Angebot eines Hotels direkt ne-ben der Theresienwiese, das uns in den kleinen Hinterhof einlud, wo wir zwar ohne BOP, aber nun viel näher am Geschehen in einem Vin-tage-Kleintransporter auf vier Quadratmetern bei zapfigen elf Grad Cel-sius Flechtfrisuren anbieten konnten. Monas Eltern brachten uns einen Elektroheizer vorbei und wir ballerten Termine, was das Zeug hielt. Von Monas befreundetem Make-up-Studio wurden wir dann noch als Stylistinnen für sechs wohlhabende Damen aus Chicago gebucht, die uns in ihrer Sektlaune das Trinkgeld des Jahres und unvergessliche Momente verschafften. *Hilarious! We loooove Langhaarmadschen!!* Wir konnten hippie UND glamourös. Es lief. Wir schlossen mit der Wiesn 2016 unseren ersten öffentlichen Erfolg ab und nahmen Fahrt auf. Un-ser neues Mantra war geboren: „Liebevolles Türen-Eintreten!" Wir lieb-ten es, mit der Türe und unseren Ideen ins Haus zu fallen, Verantwor-tung für unser eigenes Leben zu übernehmen und immer wieder selbst die Initiative zu ergreifen. Chancen kommen nicht vorbei. Sie müssen erschaffen werden. Wir hatten alles selbst in der Hand und wollten, dass jetzt auch der Rest der Welt von Langhaarmädchen erfuhr.

Und so nahm der Zauber seinen Lauf. Über diesen Pro 7 Beitrag wurde auch die Deutsche Friseurakademie in Ulm auf uns aufmerksam. Sie wollte uns als Langhaarmädchen-Flechtexpertinnen für ein Flechtse-minar buchen. Wir sagten natürlich voller Stolz zu, bis Mona kurz vor diesem Wochenende, das wir gemeinsam vorbereitet hatten, eine Grip-pe bekam. Eine Situation, die mich sehr viel lehrte. Ich hätte heulen können. Ich wollte absagen. Ohne Mona hatte ich nicht den Mut, vor 15 Friseurinnen zu stehen und eine Schulung abzuhalten. Ich war schwer davon überzeugt, alles abzublasen, und hatte großen Schiss, alleine zu versagen. Es fühlte sich wie eine vom Leben auferlegte Mutprobe an. Da erinnerte ich mich an Laura: *Alles, was du noch nicht gelöst hast, kommt so lange in dein Leben, bis du deine Angst dahinter überwindest und darüber hinauswächst.* Es ging nicht anders. Die Teilnehmerinnen hatten sich bereits eingebucht und die Absage war nicht zu rechtfertigen. Ich musste das Seminar alleine durchziehen. Was war ich wütend auf diese Situation. Auf die Erwartungen der Akademie, auf mich selbst, auf alles. Aber dann: Ich lieferte überraschenderweise ab. Die Mädels liebten mein Seminar. Und ja, letztlich genoss ich das kalte Wasser sogar. Ich schoss so über meine Grenzen hinaus, dass ich danach vor Mut und Stolz platzte. Es war nicht nur das Sprechen vor dieser Klasse. Es war vor allem die Bestätigung, dass ich auch ohne Mona *Langhaarmädchen* verkörpern konnte. Auf einmal spürte ich, dass sich Mona öffentlich nun auch auf mich verlassen konnte und ich mich nicht mehr hinter Mona zu verstecken brauchte. Mona hatte ja nie daran gezweifelt. Die Zweifel kamen einzig und allein von mir. Und so feierten wir hinter den Kulissen unsere Schmetterlingsflügel, die sich durch das TUN langsam aus unserem Kokon pressten.

Was war wieder einmal passiert?

Außerhalb meiner Komfortzone begegnete mir zuerst die Angst. Und ich wusste, wenn ich lernen will, muss ich meine Angst endlich überwinden. Wenn ich mich hinter ihr verstecke, werde ich da bleiben, wo ich war, nämlich in Monas Schatten. Es folgte eine intensive Lernphase und als Krönung die Wachstumsphase, die ein Gefühlsfeuerwerk in mir auslöste. Rückblickend war diese Befreiung wie ein wilder Achterbahnritt. Aber ich kann dir sagen: Nichts fühlt sich so geil an wie das Gefühl, über sich hinauszuwachsen. Das Krasseste daran war: Hätte ich dieses Seminar nicht durchgezogen, wären wir vielleicht nicht in der Kartei der Deutschen Friseurakademie gelandet und hätten später eventuell keinen Anruf von dm Deutschland erhalten, die darüber immer wieder Stylistinnen buchten. Coulda, woulda, shoulda. Anyway. Mich prägte diese Situation so sehr, dass ich mein Leben lang nicht vergessen werde, dass es sich immer auszahlt, über seinen eigenen Schatten zu springen und sich selbst in den Arsch zu treten. Es fühlte sich fast schon so an, als hätte mich das Leben mit einem Wachstumsschub an Selbstbewusstsein dafür belohnt und ordentlich auf meine Schultern geklopft. Denn was dann folgte, war der Deal unseres Lebens.

Ein TAG

oder

TAG Eins.

DU entscheidest.

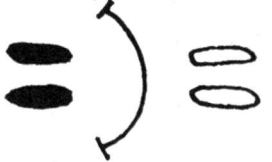

ÜBERZEUGUNGSKRAFT — WIE WIR EINEN KONZERNRIESEN ÜBERZEUGTEN UND DEN DEAL UNSERES LEBENS MACHTEN

Karlsruhe, 30. Januar 2017

Da standen wir nun. Exakt ein Jahr nach unserer Gründung. Unser offizieller Vorstellungstermin beim größten Drogeriekonzern Deutschlands stand an. Ich war aus meinem wunderschönen Weinort Eibelstadt mit dem alten Camper Van meiner Eltern angereist. Mona saß in ihrem noch älteren VW Golf und wartete bereits auf dem Parkplatz auf mich. Wir stiegen aus, grinsten uns unverschämt tief an und drückten uns quiekend. Die Sonne blitzte uns über das hohe, bunte Gebäudedach entgegen. Es war die damals noch alte dm Drogeriemarkt-Zentrale in Karlsruhe, in der wir zwei süßen Friseurmeisterinnen gleich den Termin unseres Lebens haben würden.

Mona holte aus ihrem „Müllauto", wie wir es liebevoll nannten, ganz stolz eine gut zerknitterte Australien-Landkarte in DIN A1 heraus. Mein Perfektionismus war kurzfristig genervt.

Sorry, die hat während der Fahrt ein bisschen gelitten, aber dafür hat meine Mama einen kleinen Spielzeug-Van bemalen lassen, mit abgeranzten Schildkröten drauf, wie BOP in Australien!, strahlte mich Mona mit ihren großen braunen Augen ganz stolz an. Ich konnte dieser Frau einfach nicht böse sein.*

Bei mir kribbelte es brutal im Bauch.

„Wir brauchen heute einen Darm mit Charme, meine Liebe! Lass uns lieber nochmal auf die Toilette gehen!", betonte ich besonders keck und brachte Mona damit noch einmal köstlich zum Lachen, in das ich vor Nervosität prustend mit einstimmte. Wir versuchten, unsere Schmetterlinge im Bauch gegenseitig zu beruhigen, während wir uns breit grinsend, Blickkontakt haltend und nickend zum Eingang begaben. Wenn die wüssten, was sie gleich erwartete. Und wenn wir gewusst hätten, was uns erwarten würde ...

Mit dem Betreten der großen Dreh-Glastüre erschien es uns, als würden wir eine andere Welt betreten. Anders aber irgendwie trotzdem vertraut. Unsere Hibbeligkeit legte sich zum Glück ein wenig, denn wir fühlten unfassbaren Respekt vor dem, was hier unter Gründer Götz Werner geschaffen wurde. Für Mona und mich war dm nicht nur ein beeindruckender Riesenkonzern, es war viel mehr die spürbare Philosophie dahinter, die uns so magisch anzog. Welchen starken Charakter benötigte es bitte, um über Jahrzehnte mit einem sehr guten Ruf eine ganze Vision glaubwürdig und spürbar über 40.000 seiner Mitarbeiterinnen und Mitarbeiter alleine in Deutschland und in jede einzelne Filiale von 13 Ländern zu transportieren. Gänsehaut. Eine Vision, die bei Milliarden von Kundinnen und Kunden spürbar war und tatsächlich auch gelebt wurde.

Eines Tages lernen wir Götz Werner persönlich kennen, flüsterte mir Mona zu.

Am Empfang begrüßte uns eine sehr freundliche Dame und immer wieder schwirrten fleißige, grüßende Bienchen an uns vorbei. Natürlich musste sich jetzt doch noch kurz unser Verstand einschalten und unsicher hinterfragen, ob wir Friseurmeisterinnen mit unserem quirligen Wesen, der Walla-Walla-Mähne und den selbst gebastelten Federohrringen überhaupt hier reinpassten! Gedanken beiseite und weiter ging's.

„Servus! Wir sind die Langhaarmädchen und haben einen Termin bei Nico ... ääähm" - Verdammt. Vor lauter Euphorie nicht mal den Nachnamen parat. Klasse erster Eindruck. Gut, hätte ja sein können, dass das Codewort „Langhaarmädchen" schon ausreichte. Reichte es natürlich nicht. Ich kramte nervös den Nachnamen heraus, dann wurden wir freundlich in den Wartebereich gebeten.

Oh, eine riesige Wand mit sozialen Projekten. Oh, ein Wasserspender und Minzbonbons. Oh, die Toilette ist liebevoll mit dm Produkten ausgestattet. Oh, einfach jeder sagt hier freundlich „Hallo". Die erfrischende Stimmung war für uns an kleinen, aber feinen Dingen spürbar. Uns begeistert sowas ja extrem.

Das Beruhigende damals, aber auch heute noch: Auf Mona war in solchen Situationen immer Verlass. Bei wichtigen Terminen war die Nudel immer lieber zwei Stunden zu früh da und man schien sie in solchen Momenten nie nervös zu kriegen. Es war verblüffend. Mona schaffte es, bei ihrem Gegenüber keine peinlichen Pausen entstehen zu lassen und überspielte, wenn nötig, Planlosigkeit gekonnt mit charmanter Menschlichkeit, die einem das Herz automatisch erwärmte.

„Wie genau machen wir es jetzt?", flüsterte ich ihr noch schnell zu, als ich von der Toilette kam.

Ach, ich fang an und dann kommen wir schon rein.

Unser erstes Meeting, der erste Pitch unseres Lebens. Naja, nicht ganz, wenn wir ehrlich sind. Was wir nämlich bisher der Öffentlichkeit und in diesem Moment auch dm verschwiegen haben: Wenige Wochen zuvor wurden wir zu einem Pitch in ein Café in München eingeladen. Maximilianstraße – you know what I mean?! Die Maximilianstraße ist Münchens teuerstes Pflaster und weltbekannt. Wer sich dort in einem Café treffen möchte, möchte direkt auch exklusive Signale aussenden. Ehrlich gesagt nicht so unsere Welt, aber wir wollten ja offen bleiben. Jedenfalls trafen wir hier zwei schnieke Männer, die im Auftrag einer der erfolgreichsten Unternehmerinnen Deutschlands alles über unsere Idee wissen wollten. Der Kontakt war zuvor ganz zufällig über ein fremdes Mädchen entstanden, das sich auf dem Traumfänger Festival in uns und unser Tun verliebt hatte und uns, wie sich im Anschluss herausstellte, dieses Treffen ermöglichen konnte. Wir liebten dieses verrückte Karma.

Zurück zum Café: Vor den Männern hatte ich mit ganz zittriger Stimme erklärt, was so besonders an uns ist und was unsere Vision war. Ein schrecklicher Moment für mich. Ich hatte mich unwohl gefühlt. Die einschüchternde Aura der beiden Männer überflutete mich mit Unsicherheit. Alle zurecht gelegten Worte kamen plötzlich wie Wortkotze aus mir heraus und hörten sich auf einmal gar nicht mehr so selbstbewusst, authentisch und erfolgversprechend an. Mona rettete mich, hatte allerdings sichtlich auch nicht die volle Ladung Leichtigkeit in ihren Worten, die sie sonst fand. Das Ende vom Lied: Sie wollten uns und unsere Idee. WHAT?

Nach diesem Auftritt? Nach dieser einen, verwirrten Stunde? Ja, sie wollten uns, und wir erfuhren auch direkt, warum und zu welchen Bedingungen. Wild gestikulierend und mit einem breiten Ring am Finger erzählte uns der nette Herr irgendetwas von der Börse und dass sie uns grandios fänden, wir allerdings 51% unserer Firma abgeben müssten.

Wir kamen aus dem Café und dachten: DAS war das Gespräch unseres Lebens. Ein paar Tage später, nachdem sich all die Euphorie etwas gelegt hatte und uns ein paar mehr Menschen erklärt hatten, was 51% in der Geschäftswelt bedeuteten, wurde uns klar: Lief doch nicht so gut. Unser Bauchgefühl kam zunehmen zurück und das Adrenalin hatte sich verflüchtigt. Wir sagten ab. Vom ersten Moment an fühlte sich das alles nicht nach uns an. 51% von einem Unternehmen abzugeben muss vielleicht grundsätzlich nicht schlecht sein. Allerdings war es nicht unser Ziel, einen Investor zu finden, der Herr über unsere Idee wurde, sondern einen Partner, der uns ermöglichte, ein selbstbestimmtes Unternehmen und Langhaarmädchen-Universum aufzubauen.

Mindful MEMO an DICH:

Aus unserer Erfahrung heraus meldet sich unsere innere Stimme so lange wieder und wieder, bis wir die Botschaft hören. Und wenn wir nicht wissen, ob es gerade unser Kopf, unser Herz oder unser Bauch ist, was da zu uns spricht, stellen wir uns diese eine Frage: Was würde ich jetzt eigentlich am liebsten tun, wenn ich keinerlei Ängste hätte? Lerne, deine innere Stimme immer wieder neu wahrzunehmen. Was auch immer du dann daraus machst.

Und so kam's, dass wir an diesem besonderen Tag mit einem ganz anderen Bauchgefühl im erfolgreichsten Drogeriemarkt-Unternehmen Deutschlands saßen und sehnlichst darauf warteten, dass unser möglicher Produktmanager Nico das große Treppenhaus herunterkommen und uns abholen würde. Zwei Minuten nach der verabredeten Zeit wurden wir skeptisch. Hatten wir doch von Bodo Schäfer gelernt, dass nur Enten zu spät kommen und Adler immer pünktlich sind. Bodo Schäfer war zu diesem Zeitpunkt übrigens unser heimlicher Finanzguru und Motivationscoach. Natürlich nicht in echt, nur als Autor. Wir stellten uns immer vor, dass er uns von oben beobachtete, damit wir immer schön jede Herausforderung des Lebens als ein Spiel erkannten und uns nie unter Wert verkauften. Für uns war dies die beste Art und Weise, spielend neu Gelerntes zu verinnerlichen und jeden Anflug von negativen Entwicklungen gekonnt wegzustecken. Gerne stellten wir uns in den nervigsten Situationen die Frage: Was würde Dalai Lama jetzt tun? Wie würde Bodo jetzt reagieren?

Die erfolgreichsten Menschen der Welt bauten sich so ein Umfeld in ihrem Kopf auf, das sie antreibt, über die eigenen Antworten und Reaktionen hinauszuwachsen. Wir liebten es, diese kreativen und sehr hilfreichen Spiele bis auf die Spitze zu treiben. Einmal fanden wir uns deshalb Tränen lachend und kugelnd auf dem Boden eines Kino Foyers wieder, als unser imaginärer Mentor Dalai Lama mit seinen Tüchern behangen in einer Drehtüre hinter uns stecken blieb. Ein Humor, den wohl nur Mona und ich in diesem Moment so unfassbar lustig fanden. „Alle angeschnallt?", fragte ich beim gemeinsamen Autofahren mit Mona, immer auf die leere Hinterbank blickend, als würden Bodo, Dalai, Laura und andere Mentorinnen und Mentoren zusammengequetscht mit uns mitfahren. Das löste in Mona von jetzt auf gleich einen unsagbaren Lachflash aus, der uns beide in einen Fluss an Freudentränen und Luftjapsern mitriss. Diese Leichtigkeit in unserer Freundschaft übertrug sich ganz automatisch auf unsere Geschäftsbeziehung und war für uns so wichtig, um nicht nur verbissen erfolgreich zu sein, sondern um diese Reise aus vollem Herzen zu genießen.

Zurück im Wartebereich kam Nico nun endlich in Hemd und über beide Ohren strahlend das große Treppenhaus herunter. Er war sogar einige Jahre jünger als wir und empfing uns mit offenen Armen. Er war zu dieser Zeit nach Abschluss seines dualen Studiums bei dm neu als Produktmanager der Warenbereiche Haar und Duschbäder der dm-Eigenmarke Balea zuständig.

„Entschuldigung, ihr Langhaarmädels!" Wir fielen ihm um den Hals, als würden wir einen alten Kumpel wiedersehen. Direkt zu Beginn ungewollt überfordern und Liebe versprühen - können wir.

Mindful MEMO an DICH:

Jetzt folgt die Antwort auf die Frage, die uns ausnahmslos am häufigsten gestellt wird: „Wie zur Hölle habt ihr das mit dm geschafft?" Vielleicht kommt dir dabei parallel in den Sinn, welche ganz individuellen, menschlichen Talente dich ausmachen? Das kann alleine schon ein besonderes Maß an Empathie sein, das dich auszeichnet. Vielleicht ist es deine herausragende Willensstärke, deine Klarheit oder deine engelsgleiche Geduld? Denke hier mal weniger in Schulfächern und mehr in Charaktereigenschaften, die andere an dir lieben und mit denen du oft ungeplant überzeugst.

Sechs Wochen zuvor hatten wir uns auf einer Messe, der bekannten GLOW – The Beauty Convention, in Berlin kennengelernt. Mona und ich waren dort neben vier weiteren Mädels als Stylistinnen für die Balea Stylinglounge gebucht. dm hatte uns damals nicht beauftragt, weil wir die Langhaarmädchen waren. Nein, 2017 kannte uns auf gut deutsch noch keine Sau. Dieser Glücksmoment entstand nur durch die besagte Vermittlung der Deutschen Friseurakademie, in der wir durch unser Flechtseminar glücklicherweise vermerkt waren. Als damals der Anruf der Deutschen Friseurakademie kam, dass uns dm buchen würde, sprang unser Herz ins Unendliche. Hatten wir uns doch in Australien notiert, dass wir als größtes Ziel hätten, irgendwann einmal mit dm eigene Produkte zu entwickeln.

Folgende Einstellung von Mona veränderte unser Leben.

Julia, das ist sie. Das ist unsere Chance. Wir können jetzt auf diese Messe gehen und einen geilen Job machen, wie viele andere Stylistinnen mit Sicherheit auch, und wieder nachhause gehen. ODER wir machen einen geilen Job und sprudeln die wichtigen Markenmanager am Stand mit unserem Traum voll. Bei so einer Messe mit dm als Kooperationspartner, müssen ein paar Kaliber mit Entscheidungsmacht vor Ort sein. Was können sie mehr sagen als Nein?!

Genauso machten wir es! Noch bevor um 9:00 Uhr auf der Messe unsere Schicht begann und tausende wild gewordene Teenies die Halle stürmten, schauten wir uns an, wer sich so um den Stand tummelte. Monas Mut war unfassbar für mich. Die Jungs da hinten im Anzug sahen nicht so aus, als wären sie Gäste, die sich über Beautytipps freuen würden. Lass uns die einfach mal ansprechen.

SEEEERVUS, wir sind die Langhaarmädchen und wir arbeiten heute für euren Stand als Stylistinnen.

Mona strahlte euphorisch in fragende Gesichter.

Julia und ich sind Friseurmeisterinnen und wir hätten da so eine fette Idee für eigene Haarpflegeprodukte. Wir sind Handwerkerinnen aus vollster Leidenschaft und könnten mit einem Stylingbus durch das ganze Land touren und Mädels glücklich machen!

Binnen weniger Minuten hatten sich gleich drei dieser schicken, lächelnden Männer um uns geschart.

„Mädels, was ist denn euer USP?", fragte uns der jüngste der Runde herausfordernd. Sie dachten wohl, wir wüssten nicht, was USP - Unique Selling Proposition - bedeutete. Ein Jahr zuvor hätten wir es tatsächlich auch noch nicht gewusst, aber nun waren wir vorbereitet. Vorbereitet in dem Sinne, dass wir nun seit über einem Jahr unsere eigenen Ideen unwiderruflich inhalierten und es jeden Tag nur noch mehr fühlten, sodass es sich für uns wie das Leichteste der Welt anfühlte, über uns und unsere Besonderheiten zu schwärmen. Verkaufen mussten wir uns nicht. Unsere Euphorie übertrug sich von unserem Herz über unsere heiß gelaufenen Bäckchen bis hin zu unserem Gegenüber wie Feenstaub.

„Was uns einzigartig macht? Ganz klar. Unsere Expertise, gepaart mit unserer Persönlichkeit und der Liebe, die wir einsetzen!"

Genau, vollendete Mona meinen Einstieg.

Nehmt doch mal unbekannte Handwerkerinnen für eine Marke. Authentischer und ehrlicher geht's doch gar nicht?! Wir haben zwar bisher noch keine Reichweite, dafür haben wir beide über zehn Jahre Friseurerfahrung und so viele Ideen, Haarpflegeprodukte noch besser zu machen und mit einer ganzen Vision dahinter Mädels und auch dm damit zu bereichern. Und wisst ihr, Jungs, dann stehen wir in einem Jahr selbst hier mit unserem Stylingbus.

Mona verwendete unbewusst mal wieder keine Form der Eventualität, was in diesen Köpfen eine unwiderrufliche Vorstellung platzierte.

„Also Mädels, das wirkt alles noch etwas chaotisch ..."

Frech vervollständigte ich einfach seinen Satz mit „... und das wissen wir auch. Deshalb suchen wir mit unserer Kreativität und unserem

Fachwissen ja auch einen starken, bodenständigen Partner wie euch an unserer Seite, damit wir unsere Stärken zusammenlegen und Einzigartiges erschaffen können."

„Puh Mädels, gute Antwort." Wir grinsten uns alle an. Der Funke war übergesprungen.

Wir legen jetzt gleich hier mit Haarestylen los. Hier sind Magnet-Visitenkarten von uns! Damit wir nicht in irgendwelchen Geldbeuteln verschwinden, sondern ab heute an euren Kühlschränken kleben.

„Kann ich auch eine haben?" Ein sehr gut aussehender, charismatischer Typ kam in die Runde und hatte wohl alles mitbekommen.

„Das ist echt mal eine erfrischende Vorgehensweise. Also wisst ihr was, jetzt überzeugt uns doch erstmal mit eurem Haarstyling und macht unsere Kundinnen glücklich und dann sehen wir weiter."

Implodiert vor Glück, dass das erste Ansprechen, so wie wir es uns in den Kopf gesetzt hatten, funktioniert hatte, gingen wir an die Arbeit. Du meine Güte, waren wir auf Adrenalin. Wir riefen unsere Flechtfrisuren wie im Schlaf ab und machten die Kundinnen im 20-Minuten-Takt glücklich. Unser Verstand versuchte uns in der Zwischenzeit zu verunsichern. Ob sie das ernst meinten oder ob sie uns damit einfach charmant abwimmelten? Egal, jetzt hieß es 110% geben - wie immer! Und wie sie es ernst meinten. Nach einem achtstündigen Flecht-Marathon mit einer nicht endenden Schlange an Mädels, die sich auf ihr Styling freuten, kam der Jüngste wieder auf uns zu: „Adrian und ich haben euch jetzt mal beobachtet. Ihr liefert beim Flechten schon mal ab und bringt die Mädels zum Strahlen. Hättet ihr Lust, uns heute Abend auf die After-Show Party zu begleiten?" Unsere Augen leuchteten. Was für eine Frage. Nach Messeschluss kehrte allmählich Ruhe ein und wir boten den Jungs noch eine entspannende Kopfmassage an, damit sie auch als Kurzhaarbuben in den kurzen Genuss mit uns kommen konnten. Mona wurde mit ruhiger Stimme noch einmal konkret und flüsterte ihnen dabei ins Ohr.

Seit acht Jahren sind wir jetzt Friseurmeisterinnen und wir würden es wirklich sehr schätzen, wenn wir euch bei einem Termin mal von unserer Vision erzählen dürften. Es steckt so viel mehr als tolles Marketing dahinter. Ihr werdet es nicht bereuen.

Heute verraten wir ein Detail, das wir der Öffentlichkeit bisher immer verschwiegen hatten. Wir feierten an diesem Abend gemeinsam bis in die goldenen Morgenstunden hinein und teilten immer wieder Euphorie-Brocken unserer Vision mit unserem möglichen neuen (Tanz-)Partner. Auch beim Feiern konnten wir glücklicherweise mit Klasse überzeugen. Der Vorteil, wenn man seine Jugend unter vielen trinkkräftigen Freund*innen verbracht hatte. Als wir gegen vier Uhr Früh gemeinsam aus dem Club tänzelten, sagte der charismatische Adrian, von dem wir damals noch nicht wussten, dass ER unser Leben verändern würde:

„Also Mädels, ihr bekommt bei uns auf alle Fälle einen Termin in unserer dm Zentrale. Das könnte alles wirklich spannend für uns sein. Mehr sollten wir euch heute aber nicht mehr versprechen."

Wir lachten alle herzhaft und drückten uns zum Abschied.

So sah das erste, wundervolle Kennenlernen einiger Persönlichkeiten aus, die hinter dm und den Marken steckten. Für uns der märchenhafteste Auftakt, den wir uns je hätten vorstellen können. Ein Tanz in die Herzen. Gegenseitig. Wir hatten dieses aufkommende Gefühl so gebraucht. Wie eine Bestätigung, dass es den Erfolgsweg, wie wir ihn gehen wollten, nur in Kombination mit dem gewissen Wohlfühlfaktor geben konnte. Ein Gefühl, das uns half, die Entscheidungen zu treffen, wer menschlich der richtige Partner für uns war, um langfristig glücklich zu sein. Natürlich schweißt es zusammen, wenn man bereits eine Nacht gemeinsam durchgetanzt hatte. Auch kritische, fremde Stimmen ließen uns nicht mehr von unserem Gefühl abbringen.

„Ja, aber lass da mal nicht mehr diese Männer an der Spitze sitzen, dann seid ihr ganz schnell weg vom Fenster, wenn dm mal was nicht passt."

Es war spannend, wie es zur größten Aufgabe wurde, uns selbst zu vertrauen, weil es niemand besser wissen konnte.

Mindful MEMO an DICH:

Hol dir gerne unterschiedliche Meinungen ein und lass dich auch von kritischen Stimmen nicht zurückschrecken. Unterhalte dich über deine Ideen, aber lass am Ende deine Stimme die wichtigste sein.

„Diese Männer" hielten Wort. Vier Wochen später telefonierten wir mit Adrian und Nico, hielten danach immer wieder Kontakt und standen sieben Wochen später nun wahrhaftig hier zum Pitch unseres Lebens. Was sich in der Zwischenzeit Spannendes entwickelt hatte: Wir hatten nun die große Vision einer eigenen Langhaarmädchen-Haarpflegemarke fest im Hinterkopf. Wir hatten durch den ständigen Austausch über Nico allerdings zunehmend die Schwingungen wahrnehmen können, dass wir vielleicht nicht gleich mit der ganz großen Türe ins Haus fallen sollten. Unser Gefühl sagte uns, dass wir diesen beiden Balea-Verantwortlichen unsere Vision häppchenweise servieren sollten. Also schlugen wir erst einmal eine Kooperation zwischen uns Langhaarmädchen und Balea vor. In einem ersten Anlauf ging es darum, erst einmal unseren Fuß in der dm-Türe zu verankern. Wir wollten lernen, die Sprache von dm zu sprechen, wir wollten uns in ihrem Kosmos aufhalten und überlegten, welche Vorteile dm überhaupt von uns hätte. Immer wieder konnten wir nämlich heraushören, dass das, was wir hier mit Langhaarmädchen als eigenständige Marke vorhatten, selbst für einen Giganten wie dm eine sehr große Nummer war. Durch den Autor Dale Carnegie hatten wir gelernt, wie wir Menschen ticken und wie wir mit anderen umgehen sollten, wenn uns wirklich zugehört werden sollte. Immer aus einer ehrlichen Intension heraus, damit wir auch unserem Gegenüber zum größtmöglichen Erfolg verhelfen. Klar war dieser spürbare Erfolg verständlicherweise nicht für jeden gleich so greifbar wie für Mona und mich, aber wir fühlten es: Wir waren auf dem richtigen Weg.

Es ging nun in erster Linie darum, auf DEREN Bedürfnisse einzugehen und nicht nur verbissen daran festzuhalten, was WIR wollten, was UNSERE Vision war. Völlig nachvollziehbar für uns, dass unsere große Vision auch seitens dm viel Vertrauen, Mut und Risikobereitschaft bedeuten würde, was wir liebend gerne geduldig über die Zeit aufbauen und bestärken wollten. Dieses Bewusstsein hielt uns nicht davon ab, gleich die SHOWTIME unseres Lebens abzufackeln. Es half uns eher dabei, das Ergebnis unserer Zusammenarbeit noch offen zu lassen. Wir wollten mit dm GEMEINSAM etwas in die Welt bringen, wozu es den wertvollen Input und die Expertise beider Seiten brauchte.

Neben Nico erwartete uns im Meetingraum auch wieder freudestrahlend Adrian Martin, Bereichsleiter im Produktmanagement. Von diesen beiden Herren hing nun ab, wie es mit unseren Träumen weitergehen würde, zumindest in diesen heiligen Hallen. Denn für uns war dennoch jederzeit eine Sache klar wie Kloßbrühe. Würden sie unseren Wert nicht erkennen, wären sie nicht die Richtigen. Das würde zwar nicht bedeuten, dass unsere Vision nicht stimmig war, aber zumindest müssten wir uns wieder auf die Suche nach dem passenden Umfeld für unsere Idee begeben. Und somit wussten wir: Heute konnten wir nicht verlieren. Jetzt kam es nicht nur darauf an, was die beiden betrachteten, sondern was sie in UNS, in Mona und mir sehen würden.

Ich würde dir gerne erzählen, dass wir in den Meetingraum mit unseren Blümchenkleidern regelrecht hineingetanzt sind. Allerdings gab es Anfang 2017 die Idee der Wiedererkennung durch unsere typischen Langhaarmädchen Maxikleider und farbenfrohen Hingucker noch nicht. Plus: Es war Januar und arschkalt. Wir trugen beide eine schwarze Jeans, die man als Friseurin zur Genüge im Kleiderschrank hatte, ein weißes, frisch gebrandetes Langhaarmädchen Shirt mit unserem Logo und darüber ein lässiges Jeanshemd. Offen natürlich, damit man direkt das Logo auf unserem Shirt sehen konnte. Meine Mama hatte uns, inspiriert durch Australien, eigene Federohrringe gebastelt, die wir voller Stolz wie Reminder trugen, um unsere Hippieseite nicht zu vernachlässigen.

Adrian und Nico begrüßten uns superlieb, servierten uns Kaffee und Wasser und klappten ihre Laptops auf. Was für sie Alltag war, war für uns das erste Mal. Mona breitete die zerknitterte Landkarte in der Mitte des großen, blauen Holztisches aus und setzte den Miniatur-Van darauf. Dann fingen wir an, den Raum mit Traumfängern zu dekorieren. Wir schmunzelten alle. Man konnte in diesen Sekunden erahnen, dass sie nicht ganz sicher waren, ob das, was wir hier auftischten, genial oder völlig neben der Spur war. Egal, jetzt war Showtime. Mona rutschte auf ihrem Stuhl unruhig hin und her.

Wenn ihr mögt, legen wir direkt los. Darf ich dafür aufstehen?

Da war er wieder. Monas heißhungriger Golden Retriever Blick. Ich liebte ihn.

Seit dem Moment auf Nicks Urwaldterrasse hatte sich Mona erlaubt, für den Blick in ihre Seele immer aufzustehen und herumzuspringen, damit ihr Feuerwerk fachgerecht und mit vollster Energie in sämtliche Ecken des Raumes abgefeuert werden konnte. Auch wenn wir uns diesmal nicht im Urwald befanden, wollten wir uns von den Grenzen dieses Meetingraums nicht einengen lassen. dm sollte fühlen, was wir fühlen, und begreifen, wie viel Potenzial in Langhaarmädchen steckte. Wir hatten das erwartungsvolle Strahlen und ein Kopfnicken der Jungs vor uns. Mona fing nicht damit an, aufzulisten, WAS wir erreichen wollten. Sie fing damit an, uns in ihre Gefühlsachterbahn mitzureißen, startete mit unserem tiefsten WARUM und kam dann erst zum vielseitig möglichen WIE.

Ganz nach dem TED Talk von Simon Sinek „Wie große Führungspersönlichkeiten zum Handeln inspirieren" verzauberte Mona mit ihren einzigartigen Gedankenspielen in diesem Moment diese Jungs auf ihren harten Stühlen, die sich in ihren Köpfen auf einmal neben uns in unserem BOP wiederfanden.

Sie berichtete von ihrer schmerzhaften Zeit in Australien, in der sie auf der Suche nach ihrer Leidenschaft nur enttäuscht wurde. Von den vielen Tiefschlägen, die sie erlitten hatte, als sie selbst das Arbeiten im Paradies nicht mehr glücklich machte. Und von ihrer Reise zu sich selbst. Zu einer Mona, der das neue Wissen über Unternehmertum auf einmal völlig neue Horizonte aufzeigte, würde es gelingen, einen standhaften Partner für unsere Ideen zu finden. Da war sie wieder. Monas Löwenausstrahlung, mit der sie den ganzen Raum einheizte. Ich kannte ihre Worte in und auswendig und trotzdem erwischte auch ich mich wieder dabei, wie ich mich in ihrer Energie genüßlich verlor. Und dann war da unsere Freundschaft, wisst ihr. Wir blickten uns freudestrahlend und selbstsicher an. Gegenseitig haben wir uns dazu ermutigt, unsere Vision lebendig zu machen und diesen Traum nun gemeinsam wahr werden zu lassen. Aktuell noch im Kleinen und bald auch mit euch im Großen. Mona sprach auch hier, als wäre eine Zusammenarbeit längst in trockenen Tüchern. Sie schaffte es mit ihrem unbewussten, visionären Sprachstil, das gewisse „Die-spinnt-doch-ein-bisschen-Grinsen" anzuregen und gleichzeitig ganz unbemerkt die Fantasie im Raum zu weiten.

Ganz ehrlich, Jungs? Kurzfristig sehen wir eine Kooperation als Markenbotschafter für Balea. Wir sind eure Expertinnen und arbeiten mit den Produkten von Balea. Als langfristiges Ziel haben wir allerdings ehrlich gesagt die große Vision, eines Tages eigene Langhaarmädchen-Produkte im dm stehen zu haben! Man kommt dann so rein und dann sehe ich sie rechts im Regal schon vor mir! Dass ihr uns hier und heute nichts versprechen könnt, ist mehr als klar. Wir wollen damit auch nur sagen, dass wir gerne groß denken, deshalb 100% geben und uns der richtige, sympathische Partner für unsere großen Träume sehr wichtig ist. Wir kreieren dann irgendwann gemeinsam mit euch die erste nahbare Haarpflegemarke mit Persönlichkeit und Herz! Wir wollen mit unserer Haarpflege UND unserer Vision Mädels direkt ins Herz treffen. Und wenn wir jetzt mal alle Hüllen fallen lassen dürfen: Anfangs hätten wir nichts dagegen gehabt, uns hinter einer Shampooflasche zu verstecken. Wir wollten auch nicht unbedingt als Mona und Julia vor der Kamera stehen, weil auch wir, so wie wir alle, unsere Selbstzweifel haben. Wir spüren allerdings, dass diese Mission so viel größer ist als wir selbst und es genau deshalb uns und unseren Mut jetzt braucht, um Langhaarmädchen x Balea nicht nur schön aussehen und gut duften zu lassen. Wir wünschen uns, dass sich Mädels durch uns Langhaarmädchen mit ganz viel Gefühl, Mut und Vertrauen einschäumen können und inspiriert werden, ihren eigenen Träumen zu folgen! Es braucht mehr als nur gute Rezepturen, es braucht Werte!

Während es Monas Stärke war, mit ihrer außergewöhnlichen energiegeladenen Art ein Feuer der Begeisterung zu entfachen, war es meine Stärke, zu beobachten und mich in mein Gegenüber hineinzuversetzen. Behandle andere nicht, wie du behandelt werden möchtest. Behandle sie so, wie sie behandelt werden möchten, war dabei immer mein Credo. Auch wenn anfangs noch so viele Fragezeichen im Raum standen, fühlte ich, dass Adrian und Nico unsere Magie bis zu einem gewissen Punkt fühlen und unserer Vision folgen konnten. Jetzt mussten allerdings hard facts her, mit denen gearbeitet und kalkuliert werden konnte. Ich war gleichzeitig kreativ genug, um Monas Fantasie komplett zu fühlen, und klar genug, um auf deren Erwartungen eingehen zu können. Also feuerte ich parallel zu Monas Wunderkerzen unsere Werte und Stärken an die Wand und ergänzte Monas Sätze hier und da mit aufklärenden Erläuterungen. Es kam nicht selten vor, dass wir bei der Hälfte eines Satzes vom anderen abgelöst wurden, weil wir merkten, dass das Gehirn des anderen dem Herzen hinterherhinkte. Spielend warfen wir uns immer wieder ohne Absprache und Ego das imaginäre Mikrofon zu, weil wir wussten, dass es ein Gesamtkunstwerk braucht, um zu überzeugen.

Die intrinsische Motivation geht dem Erfolg immer voraus. Begeisterungs-fähigkeit wiegt für uns mehr als jedes Gold. Unsere eigene persönliche Entfal-tung dürfen wir bereits mit Langhaarmädchen leben. Nun ist es an der Zeit, dieselbe Entfaltung bei all den wunderbaren Langhaarmädels da draußen anzuregen. Unsere Vision möchten wir gemeinsam mit euch zur Vollendung bringen!

Unser „kleiner" emotionaler Pitch ging etwa zwei Stunden. Wir stell-ten die bodenständigen Werte beider Firmen gegenüber. Wir zeigten die Stärken und ganz direkt auch die Schwächen unseres Start-ups, aber auch eines großen Konzerns auf, und verdeutlichten mögliche neue Wege der gegenseitigen Befruchtung. Wir analysierten unsere Zielgrup-pen-Überschneidungen. Wir berichteten ganz offen von Rezepturen, Benchmarks und unendlichen Verbesserungsvorschlägen, die wir durch unsere Erfahrungen mit unzähligen begeisterten Kundinnen und Kun-den in die Kooperation mit Balea miteinfließen lassen könnten.

„Wir haben Marketing nie gelernt, wir wollen Langhaarmädchen einfach SEIN, indem wir das tun, was wir lieben. Wir führen unseren Roadtrip fort, machen unseren LKW-Führerschein, bauen einen Sty-lingbus um und touren damit als Langhaarmädchen für Balea durch ganz Deutschland! Wir sehen in Mona und mir unsere eigene Ziel-gruppe und möchten für andere Mädels das sein, was wir uns selbst gewünscht hätten. Eine Kooperation, die von innen und außen stärkt und die echte Absicht mit sich bringt, Frauen auf ihrem persönlichen Weg zu unterstützen."

Mona und ich klatschten uns ein und stießen einen Jubelschrei hervor, als wäre schon alles unter Dach und Fach.

„Was haltet ihr davon? Lasst uns gemeinsam diesen Traum Stück für Stück wahrmachen und eine Geschichte schreiben, die wir uns spä-ter gerne erzählen!"

Die beiden waren sichtlich mitgerissen.

„Erfrischend, Mädels!! Ihr wisst gar nicht, wie viele Pitches wir mit Stock im Po erleben dürfen, weil jeder meint, sich verbiegen zu müssen."

Mona schlitterte Adrian das Buch „Love Brands" über den Tisch.

Schon gelesen?

Die Jungs schüttelten stumm den Kopf.

Mit Büchern wie diesen bin ich im letzten Jahr eingeschlafen und wieder aufgewacht und habe mir immer wieder, auch ganz oft mitten in der Nacht, Notizen gemacht. Unsere Zielgruppe ist die Generation Y, das sind die Millennials. Die Generation der Selbstverwirklicher. Entschuldigung, wenn ich das so hart sage, aber bald wird es nicht mehr ausreichen, einfach nur gute Produkte herzustellen.

Mona holte tief Luft und strahlte über alle Backen.

Unsere Generation will alles FÜHLEN. Wir wollen erleben. Wir wollen, dass das, was wir konsumieren, unsere Lebensqualität steigert. Genau deshalb möchten wir den Produkten - nicht nur für uns, sondern auch für euch, für dm und für unsere Kundinnen - einen Mehrwert geben. Nutzt uns dafür als Markenbotschafterinnen und macht weiter das, was ihr seit über 40 Jahren am besten könnt! Hinter Langhaarmädchen steckt so viel mehr und wenn ihr uns unterstützt, unseren Traum zu leben, entfacht vielleicht eines Tages die Lovebrand Langhaarmädchen ein Lauffeuer an Inspiration, das Träume im ganzen Land befeuern wird.

Die Jungs waren merklich angetan und versuchten, ihre Euphorie immer wieder professionell unter Kontrolle zu halten.

„Wirklich beeindruckend! Wir merken, ihr habt euch unfassbar tief mit der Materie befasst. Wir müssen euch allerdings auch sagen, dass wir heute hier und jetzt keine Entscheidung treffen können, ob und wie wir zusammenkommen könnten. Um ehrlich zu sein, glauben wir persönlich, sonst hätten wir euch heute nicht hierher eingeladen, dass es wirklich spannend für dm sein könnte, und würden eure Ideen gerne mal bei unserer Geschäftsführerin Kerstin Erbe vorstellen. Sie ist auch ein „Langhaarmädchen", wie ihr sagen würdet, und wir sind gespannt, was sie dazu sagt."

Wir waren überglücklich. Der nächste Meilenstein war erreicht. Unsere Brotzeitboxen blieben an diesem Tag in unseren Taschen. Wir wurden zum Mittagessen eingeladen und rundeten unseren erfolgreichen Besuch voller Glücksgefühle mit persönlichen Gesprächen ab. So lange hatten wir überlegt, ob wir zu diesem Termin Monas Papa oder eine Art Manager mitbringen sollten, um ein weiteres strenges Ohr oder eine schlagfertige Person dabei zu haben, um auf gefährliche Fragen oder Aussagen, die vielleicht unsere eigenen Kompetenzen überschritten hätten, gekonnt reagieren zu können. Glücklicherweise hatten wir das nicht getan. Es war so viel intimer, so viel wertvoller in dieser kleinen Runde, die uns ermöglichte, ganz wir selbst zu sein. Noch dazu gab es keine hinterlistigen Fragen, nichts dergleichen, was uns einengte.

Mindful MEMO an DICH:

Kennst du auch Situationen, in denen du denkst, das schaffst du nicht alleine? Denke immer daran, dass selbst, wenn sich jemand an deiner Seite gewählter ausdrückt, die besseren Antworten hat, selbstbewusster reagiert, hübscher, süßer, smarter ist, es letztlich darauf ankommt, was du mit deiner Persönlichkeit und deinen einzigartigen Erfahrungen in deinem Gegenüber bewegst. Keiner handelt, spricht und agiert wie du! Lebe deine Einzigartigkeit!

Genau dieser Move, dass wir ohne Manager, ohne Anwalt, ohne Verstärkung angerückt waren, machte uns glaubwürdig. Heute, sechs Jahre später, wissen wir von Adrian, was es war, womit wir in diesem Meeting überzeugt hatten. So einfach und doch so unfassbar mächtig: Es war unsere - Zitat Adrian - „BEGEISTERUNGSFÄHIGKEIT!" Die Fähigkeit, uns selbst und damit auch andere vom Hocker zu hauen. Es waren keine Zahlen, Daten, Fakten, mit denen wir überzeugen konnten. Denn wenn wir ehrlich sind, waren selbst unsere hard facts immer noch soft. Es war das GEFÜHL, das wir in Nico und Adrian ausgelöst hatten.

Bei der Verabschiedung ließen wir - wirklich ungeplant und ohne Hintergedanken - einen Satz fallen, dessen Wirkung gar nicht bewusst eingesetzt war, unsere dm Jungs aber anscheinend ganz schön zum Nachdenken anregte.

„Was wir euch übrigens nicht vorenthalten wollen ist, dass uns bereits eine mündliche Zusage einer großen, deutschen Unternehmerin vorliegt, was uns und unser Langhaarmädchen-Konzept angeht. Wir können euch aber auch ganz ehrlich sagen, dass ihr mit dm definitiv unsere erste Wahl wärt, sollte das alles klappen."

Die Heimfahrt in die verschiedenen Himmelsrichtungen war wie auf Wolken. Mona und ich telefonierten noch stundenlang und waren so unfassbar stolz auf uns. Selbst, wenn sie uns heute keine Zusage mitgeben konnten und wir keine Ahnung hatten, ob und wie sich alles mit dm entwickeln würde: Wir waren mit diesem Mutausbruch über uns selbst hinausgewachsen. Wir hatten abgeliefert, so wie wir es von uns erhofft hatten. Eine Erfahrung, die uns keiner mehr nehmen konnte. Schon jetzt ein Erfolg, der unser Selbstwertgefühl ganz schön pushte. Ein Wert, der längst in uns war und nur durch unsere Überwindung und unser Gegenüber zum Vorschein kam. Nachdem sich unser Adrenalin verflüchtigt hatte, wurden wir unsagbar müde und begriffen, was uns der Tag an Energie gegeben, aber auch gekostet hatte. Trotzdem fühlte es sich an wie Extremsport, den wir endlich ausleben konnten und der alle Mühe wert war.

Abenteuer
beginnen da,
wo PLÄNE enden!

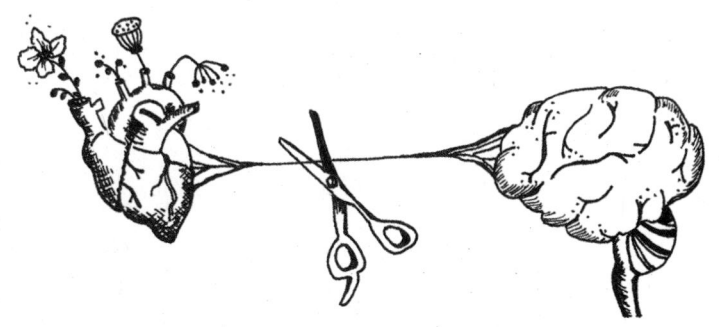

Zwei Wochen später klingelte unser Handy. Konferenzschaltung Nicolas, Mona und ich.

„Mädels, wir finden euch klasse und haben uns etwas für euch und eure Idee überlegt." Du meine Güte, war das spannend. Was nun folgen würde, könnte unser Leben für immer verändern.

„Wir möchten unter der Eigenmarke Balea eine Submarke mit euch rausbringen und euch als Markenbotschafter mit all euren Ideen einsetzen, wie wäre das?"

WIR flippten AUS.

Unfassbar wäre das für uns als Friseurmeisterinnen. Ein unbeschreibliches Gefühl. Ein Gefühl, das wieder einmal etwa drei Tage anhielt und dann von einem Gefühl der bitteren Wahrheit überrollt wurde. Eine Submarke hätte für uns nichts anderes bedeutet, als immer im Schatten von Balea zu stehen und den Stempel und die Werte der Dachmarke zu tragen. Wovon wir selbst noch vor wenigen Wochen überzeugt waren, und was wir eigentlich auch vorgeschlagen hatten, ließ uns jetzt, wo es wahr werden würde, auf einmal zweifeln.

Wir erinnern uns noch an den Tag, an dem wir unsere ehemalige liebe Kollegin und heutige Friseurmeisterin Roby zuhause in München besucht und ihr freudestrahlend von unserem erfolgreichen Gespräch mit dm erzählt hatten. Alle waren damals außer sich vor Freude. Bis auf unsere ehrliche Roby, die uns als einzige, als Expertin, ein Gefühl für das Einordnen unserer Wertigkeit widerspiegeln konnte. „Ganz ehrlich Mädels, wenn sich das für euch richtig anfühlt, dann ergreift diesen Stern und ich freue mich für euch. Aber ich kenne euch und euer Level als Friseurmeisterinnen jetzt schon seit so vielen Jahren. Ich persönlich würde euch nicht bei Balea sehen. Ihr seid so viel mehr!"

Das schmerzte. Aber sie hatte so Recht und bestätigte damit nur noch mehr unsere heimlichen Zweifel. Ganz klar wurden durch diese Entscheidungsfrage wieder einmal Monas und meine gleich tickenden Werte herausgefordert. Für uns gab es aber keine lange Diskussion. Die

Wahrheit lag auf dem Tisch, wir mussten handeln. Niemand konnte uns versprechen, dass der Schachzug einer eigenen Marke aufgehen würde. Klar, Balea war sicher nicht umsonst die erfolgreichste Eigenmarke von dm, aber unsere Idee hatte doch schon jetzt mehr Potenzial, als in eine bestehende Marke integriert zu werden. Ja, es war zwar das Krasseste, was uns jemals angeboten wurde. Allerdings mussten wir uns mit etwas Bedenkzeit auch einstimmig eingestehen, dass wir Blut geleckt hatten und in diesem Moment wohl ziemlich alles geil gefunden hätten, was nur in die Richtung einer Zusammenarbeit geführt hätte. Ja, wir hatten Blut geleckt. Ein ganz fürchterlicher Ausdruck, den wir nun zum ersten Mal in unserem Leben selbst fühlen durften. Besser konnte dieses Gefühl nicht beschrieben werden. Langsam wurde uns bewusst, dass wir uns hier einiges schön geredet hatten und vor unseren Augen zu bröckeln begann. Unser Ego freute sich so krass, endlich gesehen zu werden. Unser Money Mindset wollte endlich seine Bestätigung und mehr verdienen. Unser Kind in uns wollte endlich wieder Sicherheit. Aber war eine Submarke von Balea wirklich das, was WIR wollten? Wurde das Angebot wirklich unserer Expertise und unserem Traum gerecht? Wenn wir ehrlich zu uns selbst waren, auch wenn es verdammt weh tat – NEIN!

Wir hatten vier Wochen Bedenkzeit bis zum nächsten Telefonat. Eine Gefühlsachterbahn vom Allerfeinsten. Uns war ganz klar, dass dies der Deal unseres Lebens sein könnte. Immerhin wollten wir zu dm. Und dm wollte jetzt auch uns! Wir hatten dm von Anfang an unseren ehrlichen Traum mitgeteilt, den wir hinter dem „Umweg Balea" für uns sahen. Sogar schriftlich in unserer Präsentation. Unsere Aufgabe war klar: Jetzt hieß es, sich treu bleiben und noch ein letztes Mal Mut beweisen. Wir mussten es einfach schaffen, dm noch einmal von unserer großen, eigenständigen Langhaarmädchen Vision zu überzeugen.

Der aufwühlendste Anruf unseres Lebens stand wenige Wochen später mit dm bevor. Mona übernahm.

Jungs, wir danken euch so unfassbar für eure Wertschätzung und für die Chance, dass ihr uns als Kooperationspartner von Balea seht. Wenn wir ehrlich sind, haben wir allerdings Bedenken, ob wir uns damit wirklich vollends entfalten können und unsere Markenmission ausleben können.

Stille am anderen Ende der Leitung. Bevor Mona Luft holen konnte, reagierte Nico direkt.

„Mädels, das freut uns."

Wieso das?

„Wir sind wohl parallel zur gleichen Erkenntnis gekommen, nachdem wir all das nochmal wirken lassen konnten. Wir sehen es tatsächlich genauso. Ihr seid mehr wert als unter einer Submarke zu fungieren. Wir haben uns eure ursprüngliche Idee einer eigenen Langhaarmädchen-Marke nochmal durch den Kopf gehen lassen und sind damit zur Geschäftsführung. Wir dürfen euch heute verkünden, dass wir euch die Möglichkeit geben möchten, eine eigenständige Langhaarmädchen-Exklusivmarke mit uns zu kreieren.

WHAAAAT!? Wir konnten diese neue Chance nicht fassen. Als wären wir wieder einmal belohnt worden, weil wir mit unserem Bauchgefühl entschieden hatten.

„Das klingt WUNDERVOLL! Bevor wir uns jetzt aber freuen, weil es sich exakt nach dem anhört, was wir denken, das es ist: Könnt ihr uns bitte direkt erklären, was eine Exklusivmarke genau bedeutet?"

Es war längst Zeit, sich nicht schlauer zu stellen, als wir waren, und deshalb ließen wir uns alles erklären. Mehrfach.

„Es gibt Eigenmarken bei dm. Es gibt Industriemarken und auch Influencer-Kooperationen. Aber gemeinsam mit euch würden wir gerne ein Pilotprojekt initiieren, das uns ermöglicht, eine neue Dimension für unser Sortiment in Form einer ersten „dm-Kooperationsmarke" mit einem Start-up zu entwickeln. Gemeinsam mit eurer Expertise, Markenvision und Leidenschaft würden wir sehr gerne eine neue exklusive Haarpflegemarke kreieren, die fortan bei dm erhältlich wäre. Ihr bringt Komponenten mit, die eine einzigartige Bereicherung im Produktangebot von dm darstellen können. Wir verfügen wiederum über umfangreiches Know-how im Markenmanagement, in der Markenkommunikation, in der Produktdistribution oder auch in Themenfeldern wie Herstellernetzwerk, Qualitätsmanagement und Markenrecht. Wenn wir unsere Kompetenzen vereinen, entsteht ein sehr großes Erfolgspotenzial, das unseren Kundinnen und Kunden einen echten Mehrwert bieten kann. Den Markennamen und euer Logo würden wir so belassen, um die Authentizität eurer persönlichen Markenvision nicht zu verwässern. Gemeinsam mit unseren Herstellerpartnern dürft ihr eure „Liebe", wie ihr es nennt, in eure Produkte miteinfließen lassen. Wir hatten für den Anfang an ein Sortiment bestehend aus ca. 25 Styling- und Pflegeprodukten gedacht. Vermutlich würden wir direkt im gesamten dm Verbreitungsgebiet in Europa starten und euch und eure Vision groß rausbringen."

Wir hatten damals nur einen Bruchteil von dem verstanden, was uns Nico in diesem Moment versucht hatte, zu erklären. Aber die Message war klar. Genau das war das Ziel, genau das waren unsere Träume und genau diese Zeilen bedeuteten den Jackpot. Ein Jackpot im Innen UND im Außen. All unser Einsatz würde sich jetzt endlich lohnen. Unsere innere Stimme hatte uns nie getrogen.

Der nächste fette Meilenstein war erreicht und der Prozess der Umsetzung nahm seinen Lauf. Heute nennen wir Adrian und Nico liebevoll unsere Entdecker. Hätten sie uns damals nicht richtig zugehört, hätten sie uns nicht gefühlt, hätten wir sie nicht zum Träumen gebracht, gäbe es diese Zeilen heute nicht. Mona und ich entwickelten dadurch eine unendliche Demut. Wir waren so dankbar für die Entscheidung und den Mut von dm, den Weg mit uns gemeinsam zu gehen. Denn die Entscheidung hat letztendlich unser Leben verändert. Eine Idee ist bloß eine Idee, bis sie von den richtigen Menschen gesehen wird und ihre Umsetzung findet. Immer wieder mussten wir nach dem Erreichen unseres Märchens über all die Hürden staunen, an denen die Idee hätte scheitern können und dann für immer eine Idee geblieben wäre. Das hilft und inspiriert uns bis heute immer sehr, neuen Ideen ganz grundsätzlich mit einer noch nie da gewesenen Offenheit zu begegnen und unsere Beharrlichkeit und Neugierde nie zu verlieren. Nein, es war nicht der unbesiegbare Konzernriese als unüberwindbare Gestalt. Es waren auch hier die Menschen und Persönlichkeiten, die hinter den Entscheidungen steckten, die an uns und unsere Idee geglaubt haben, die - gefesselt von unserer Begeisterungsfähigkeit - alles Folgende in die Wege geleitet haben.

Jahre später erfuhren wir, dass durch die Naturwissenschaft längst belegt ist, dass unser Herzmagnetfeld 500 – 5000 Mal stärker ist als das unseres Gehirns. Ein Magnetfeld, welches das Nervensystem anderer Menschen beeinflussen kann und noch auf mehrere Meter Entfernung messbar ist. Das klang ganz nach unseren Herzen. Sie wussten die ganze Zeit, was das richtige für uns war. Noch bevor wir den Vertrag unterzeichneten - ein Prozess, der sich über ein halbes Jahr hinzog - packten wir die Möglichkeit beim Schopf, die Qualität unserer zukünftigen eigenen Produkte von den Herstellern dm's mächtig auseinanderzunehmen. Manche Produkttests überraschten auf Anhieb direkt positiv. Andere landeten bei uns ziemlich schnell im Mülleimer. Genau diesen Anspruch und diese Kompetenz hatte sich das dm Team aber auch von uns erhofft, um mit der neuen Marke einen spürbaren Unterschied zu machen. Der Grundstein war gelegt. Aber wie vermutet, war noch viel Luft nach oben, was uns wieder gezeigt hatte: dm brauchte uns. Und wir konnten unsere Produkte mit Herzblut zu dem entwickeln, was auf dem Markt noch fehlte. In über einem Jahr intensiver Produktentwicklung hatten wir unzählige Meetings und Telefonate mit dm und unser Leben fing an, sich um 180 Grad zu wenden. Wir lieferten Benchmarks und deren Verbesserungsvorschläge, wir besuchten Hersteller und Lieferanten persönlich, wir testeten vor Ort, hatten spannende Einblicke in Labore, Gespräche mit den Köpfen hinter unseren Rezepturen und legten am Ende unseren Feenstaub über jedes einzelne Produkt. Denn es ist unsere handwerkliche Expertise vereint mit großen Gefühlen, was unsere Marke einzigartig macht. Excel-Tabellen voller Tester wurden nach Schaumverhalten, Geschmeidigkeit, Kämmbarkeit, Viskosität, Duft und vielem mehr bewertet. Es war ein wundervoller Prozess, unsere Friseur-Sprache weiterzuentwickeln und unsere Feedbacks und Erwartungen so zu formulieren, dass wir mit unseren Herstellern eine Sprache sprachen. Wir drehten unfassbar viele Verbesserungsschleifen, bis unsere Goldstücke am Ende marktreif waren und unseren hohen Langhaarmädchen-Ansprüchen genügten. Mit einem Vorschlag für drei Produkte kamen wir damals zu dm. Ohne Rezeptur, ohne Shampooflasche, ohne Angst. Nur mit Euphorie und dem Glauben im Gepäck, dass wir imstande waren, mit dem richtigen Partner Besonderes zu leisten.

„Wir werden alles in unserer Macht stehende tun, um Pilotprojekt Langhaarmädchen gemeinsam mit euch erfolgreich zu machen!"

Sie hielten mehr als ihr Wort.

Wie andere unseren **ERFOLG** sehen:

Wie er **wirklich** entsteht:

MUT – ERFOLG HAT 3 BUCHSTABEN

In den klassischen Motivationsbüchern heißt es ja immer so schön:

Erfolg hat drei Buchstaben - TUN!

Dem können wir nur zustimmen. Allerdings setzt das für uns erst einmal drei noch wichtigere Buchstaben voraus: MUT

„Habt ihr bei dm Eier bewiesen, Ladies!" hatte irgendein Typ mal begeistert unsere Geschichte kommentiert. Eier beweisen - das war die Sprache unserer Heimat. Im März 2018 launchten wir dann mit einem halben Jahr Verzögerung unsere Exklusivmarke Langhaarmädchen in gleich 13 Ländern. Heute sind wir in rund 2000 dm Filialen in Deutschland und zusätzlich in über 1.793 Filialen in insgesamt 15 europäischen Staaten vertreten.[6] Wir hatten uns vorgenommen, uns und die Welt zu verändern und hatten den Anfang damit gemacht. Ein Jahr zuvor hatte uns dm durch die finanzielle Unterstützung ermöglicht, einen weiteren Traum wahr werden zu lassen. In Eigenregie meiner Eltern und immer in Abstimmung mit dm bauten wir ein halbes Jahr lang einen US-Schulbus um. Vielleicht hast du ihn ja sogar schon live gesehen, unseren Stylingbus BOP. dm war froh, dass wir unsere Vorstellungen und die Umsetzung selbst in die Hand nahmen. Und Mona und ich waren glücklich, dass uns in die Gestaltung niemand drein redete. Das ist eben der Vorteil von Dorfkindern: Meine Familie, mein Cousin, Freunde und Bekannte, einfach alle packten mit an. Meine Würzburger Crew, die mich seit meinem 16. Lebensjahr eher als Feierbiest kennt und mit mir die Reise zum Langhaarmädchen hautnah miterlebt hat, hatte damals schon mit mir aus meinen Pokalen getrunken und mich auch jetzt wieder auf unterschiedlichsten Wegen unterstützt. Mit kei-

---

[6] Stand Oktober 2022

nem anderen Team der Welt wäre es möglich gewesen, BOP pünktlich einzuweihen. Dieser Zusammenhalt lud meine Batterien immer wieder so auf.

Bis heute frage ich mich, wie mein Dad ohne Informationen aus dem Internet sein eigenes Haus bauen konnte. Wie konnte Mama einfach *immer* kreative Lösungen parat haben und mir den Arsch retten, wenn ich nicht einmal darum bat? Solche Menschen brauchten wir nun um uns. Uns sie waren da.

Es war direkt das erste große Langhaarmädchen-Projekt, das uns alle ans Limit brachte. Mit einem Verzug von Monaten hatte uns der Verkäufer in Mainz den ehemaligen Schulbus, Baujahr 2004, original aus den USA ausgehändigt. Mit Erschrecken mussten wir bei der Abholung dann auch noch feststellen, dass BOP mit maximal 30 Meilen die Stunde, also 50 km/h, im Schneckentempo dahin tuckerte und schwer wie ein Panzer auf der Straße lag. Der Luftschlauch zum Turbolader war locker. Dadurch hatte der Motor kaum Leistung. Die Krönung von all dem war der miserable und falsche Weißton der Karosserie. Ausgemacht hatte ich mit dm ein Cremeweiß, das perfekt mit dem Design unserer Stylingprodukte harmonieren sollte. Übergeben wurde uns BOP in einem grellen, fast leuchtenden Weiß, und damit war ich einfach nicht zufrieden. Jedoch ließ der Zeitdruck eigentlich keine neue Lackierung zu. Es war ein Kampf. War ich für die ersten 30.000 Euro, die uns dm vertrauensvoll überwiesen hatte, einem Betrüger auf den Leim gegangen? Unter Hitzewallungen stieg mein Puls ins Unendliche. Ich konnte diese Herausforderungen, die uns bereits am ersten Tag das Genick unseres Timings hätten brechen konnten, einfach nicht fassen. Es war zu viel.

Mit diesem Projekt verstand ich die unterschiedlichsten Messlatten an Ansprüchen und Leistungen, die Menschen an sich stellen. Wir mussten den Motor erneut reparieren lassen, was uns weitere Wochen kostete. Mitten im tiefsten Winter parkte ich BOP in der Halle unserer Verwandten, wo ich mit meinen Eltern den frischen Lack in Eiseskälte bis in die Nacht hinein von Hand anschliff, um die Oberfläche für die erneute und richtige Lackierung vorzubereiten. Inmitten des Zeitdrucks fand ich über eine Empfehlung einen Handwerker, ein Goldstück sag ich dir, der eine Lackierung dieser LKW-Größe über Umwege in kürzester Zeit ermöglichen konnte. Alles, was dieser Bus auf einmal von uns abverlangte, entsprach nicht der Norm. Ersatzteile gab es nicht mal eben um die Ecke. Absolut alles benötigte eine Sonderanfertigung. Jeder Behördengang, jede Anmeldung und Versicherung für Deutschlands Straßen traf erst mal auf ahnungslose Gesichter, weil wir einen absoluten Sonderfall geschaffen hatten. Dank des Mitdenkens von Papa Dieter konnten wir BOP als Sonder-Kfz-Wohnmobil anmelden, um dem Sonntagsfahrverbot so gerade noch zu entkommen. Für Gas, Wasser, Klimaanlage und die gesamte elektrische Ausstattung mussten wir BOP noch einmal weitere Wochen an einen Experten für Wohnmobile abgeben. Auch diese Profis hatten zuvor noch nie mit einem vergleichbaren US-Schulbus-Projekt zu tun und machten sich an die individuelle und extrem zeitintensive Umsetzung. Alles wurde streng unter den Vorgaben des TÜV umgesetzt, der am Ende mit mehreren Prüfungen auf uns wartete. Ich werde nie vergessen, wie mein Dad kurz vor Weihnachten zu mir meinte: „Jule, du weißt, im Normalfall bin ich immer optimistisch, aber es tut mir leid, wir werden BOP bis zum Launch in drei Monaten nicht fertig bekommen." Alle waren an ihr Limit gekommen. So viele Timings hatten sich vor lauter unerwarteten Herausforderungen verschoben und konnten nicht eingehalten werden und es schier unmöglich gemacht, trotz größter Motivation das Blatt zu wenden.

Am nächsten Tag klappte ich auf dem Weg zur Toilette zusammen.

Weil ich mir immer selbst zu helfen weiß, drehte ich mich in diesem Flimmer-Rausch Richtung Wand, stemmte meine Beine dagegen, damit mein Kopf wieder Blut bekam und holte tief Luft. Was habe ich meinen Eltern und uns da nur angetan?! War der Umbau dieses Neun-Tonners doch eine Nummer zu groß für mich? Mein Dad hatte seine eigene Heldenreise bereits hinter sich und nach seiner verjährten zweifachen Krebserkrankung schon mehr als genug geleistet, was ihn gesundheitlich viel schneller an seine Grenzen brachte, er jedoch selbst nie zugeben wollte. Meine Mom hatte im Kindesalter erst ihre Schwester, dann im Erwachsenenalter ihren Bruder und vor Kurzem beide Eltern verloren. Monas Eltern verließen sich blind auf uns. Während ich vor dm noch selbstbewusst die gesamte Verantwortung für dieses Projekt übernommen hatte, wollte sich mein Körper jetzt nur noch übergeben. Drama in meinem Kopf. Eine Endlosschleife an Überforderung und schlechtem Gewissen. Aber nicht mit mir.

Ich nahm die Zeichen meines Körpers wahr. Ich registrierte, dass wir alle einen Gang runterfahren und die Dinge eben unperfekt, aber dafür mit Zuversicht zu Ende bringen mussten. Wenn ich jetzt aufgeben würde, würde sich das auf die Energie des ganzen Teams auswirken. Für mich wurde in diesem Moment klar, dass dieser BOP-Umbau nicht nur eine körperliche Reise war, die mir überdurchschnittlich hohen körperlichen Einsatz abverlangte. Es war vor allem der Geist, den ich lehren musste, bestmöglich zu kontrollieren. Atmen. Sammeln. Ruhe bewahren. Weitermachen. Ich ließ mich auf die Gedankenspiele meines Verstandes nicht ein, der mir weismachen wollte, dass ich der Herausforderung nicht gewachsen wäre. Und dass ich mit einem Budget von dm, das sich damals als abnormal hohe Summe für mich anfühlte, nicht umgehen könnte. Wir wuppten das Ding. Statt extra Armlehnen anfertigen zu lassen, die vom TÜV für die vier Sitzplätze verlangt wurden, montierten meine Eltern, angeregt durch die Fantasie meiner Mama, einfach die Armstützen eines Bürostuhles. Statt BOP erneut in eine Werkstatt zu bringen, schweißte mein Cousin so viel wie möglich selbst und lag tagelang unter der verdreckten Karosserie, um unser Rückwärtswaschbecken und alles, was dingfest gemacht werden musste, durch den kompletten Boden des Stahlmonsters nach Vorschrift zu verschrauben. Statt die zwei übrigen Originalsitzbänke aufwendig neu überziehen zu lassen, strichen wir sie kurzerhand mit Acrylfarbe selbst an und warfen einfach ein kuschliges Kunstfell darüber. Sämtliche Möbel passten wir den üppigen Rundungen und Unebenheiten des Gehäuses an und sorgten mit Extraverschlüssen an allen Türen, Schubfächern und Schränken für beste Sicherheit beim Fahren.

Ein alter Schlachttisch meines Opas wurde kurzerhand zersägt, gestrichen, mit Krakelierlack behandelt und zur Stylingablage umfunktioniert. Der Boden, die Verkleidungen der Wände und alles, was durch die massive Erschütterung beim Fahren unter Druck stand, wurde hundertfach durchgedacht, überprüft, und von uns selbst, immer mit etwas

Spiel, von Hand verlegt. Mein Dad sorgte für einen Notausgang, meine Mom verfugte alle Fenster neu und ich hielt dm und alle Agenturen, die bei der Lichtausstattung, Folierung und Produktplatzierung beteiligt waren, mit gewünschten Vermessungen, Timetables und Präsentationen auf dem Laufenden. Wir wuchsen über uns selbst hinaus und immer mehr nahm BOP seine Wohlfühl-Gestalt an. Niemals, niemals, niemals hatten wir diese Mammut-Aufgabe kommen sehen, sonst wären wir sie wohl nie angegangen. Der Deko-Feinschliff, auf den ich mich seit Tag eins am meisten gefreut hatte, wurde am allerletzten Tag mit allerletzter Energie angebracht.

Monatelang hatte Mama Ute Traumfänger geknüpft, Makramee-Vorhänge mit mir vorbereitet und für die Liebe gesorgt, die für unsere Gäste letztendlich nur als Spitze des Eisbergs sichtbar ist. Und als wäre das noch nicht genug, musste all das mit Liebe von uns Handgemachte zwecks Anforderungen der Messehalle noch in B1 Brandschutzmittel getaucht werden. Wir mussten BOP also komplett feuerfest machen. In einem Ordner mussten wir alle Beweise festhalten und fühlten uns wie Brandschutzbeauftragte der Sonderklasse. Für die äußere Schönheit sorgte nach langem Hin und Her dann noch die blumige Folierung, die in liebevoller Handarbeit vom Profi angebracht wurde. Am Ende war es wie ein Wunder, dass am Abend vor der Abfahrt zur Glow Convention in Dortmund alles stand. Und als meine Energie am Ende war, ging die Reise erst so richtig los.

Kein Traum der Welt durfte uns je wieder derart an diese Grenze unserer Belastbarkeit bringen.

Mindful MEMO an DICH:

Ja, man darf an seine eigenen Grenzen kommen, um den Fortschritt zu spüren. Jedoch möchten Mona und ich dir von Herzen sagen, dass es nichts Wichtigeres gibt als deine Gesundheit. *Gesundheit geht immer vor* ist seither unser Kredo. Beharrlichkeit, Vollgas und Leidenschaft in allen Ehren. Pass bitte auf dich auf und sei gesund egoistisch, was deine Grenzen angeht.

Gleichzeitig war ja unser Stylingbus zu einem Ausnahmeprojekt geworden, wofür sich jeder Gedanke, jeder Extragang, jeder Irrweg und alle nervenzehrenden Herausforderungen letztlich gelohnt hatten. Jeder kleine Fortschritt hatte zu einem Ziel beigetragen, nämlich unserer Marke ein erstes Gesicht zu geben. Wer mehr vom Leben erwartet, muss bereit sein, überdurchschnittlich viel zu geben. Das spürten wir in dieser Phase in jeder Zelle unseres Körpers. Das Feedback unserer Besucher machte alles wieder wett. Mit jedem zarten Wackeln, mit jedem Betreten des Busses kündigte sich ein weiteres Lächeln an. Personen, die unseren Stylingbus betraten und uns mit der geballten Ladung Langhaarmädchen-Vibes wieder verließen. Es kam so viel zurück!

Wir tourten bis zur Pandemie 2020 in ganz Deutschland umher und besuchten unzählige Städte, Festivals und Langhaarmädchen, die für ein Styling in unserem mobilen Zuhause bei uns Platz nehmen wollten. Ein Netzwerk aus Langhaarmädchen-Stylistinnen im ganzen Land entstand, die uns dabei unterstützten, die unendlichen Schlangen von Langhaarmädchen zu bewältigen, die sich im BOP stylen lassen wollten. Auf einmal schafften wir Jobs für unsere Branche, die von dm als Marketing gesponsert wurden. Genau wie in Monas Traum wurde alles Stück für Stück wahr. Immer mit dabei unsere treuen Begleiter: unsere mit dm kreierten Produkte, die durch unsere Beach-inspired-Düfte diesen Start in ein neues Abenteuer unvergesslich machten.

Langhaarmädchen schlug über Nacht ein wie eine Liebesbombe.

Vielleicht, weil all das einfach echt war. Selbst Rudika, wie wir Monas Eltern Rudi und Erika im legendären Schwaben-Duo irgendwann liebevoll abkürzten, standen für uns voller Stolz aufgeregt vor der Kamera, gaben für manch einen schwer verständliche, lustige Interviews, begleiteten uns immer wieder auf unserer Tour und unterstützen uns als unsere Superhelden bis heute, wo sie nur können. Mama Erika entwickelte sich ohne jegliches Kalkül zur ehrlichsten Marketingmaschine, die keine Agentur der Welt hätte erschaffen können. Aus Herzenslust beriet sie als gelernte Friseurin immer wieder ungeplant unsere Community an unseren Messeständen, unterstützte unsere Stylisten im Flecht-Einsatz oder schnitt mit uns Spitzen für den guten Zweck.

Die ungläubigen, funkelnden Augen unserer Eltern in Momenten wie diesen - bis heute immer wieder ein beidseitiger Genuss, mit dem wir ihnen mehr zurück geben, als sie sich jemals von uns wünschen würden.

Ich werde den Moment nie vergessen, als ich unseren ältesten Langhaarmädchen-Fan mit 98 Jahren überraschte. Auf dem Weg mit BOP nach München machte ich einen spontanen Abstecher bei Monas Oma Katharina im bayerischen Schwabenland. Sie hatte unsere Langhaarmädchen-Reise von Anfang an mitverfolgt, sich mit ihren nur noch wenigen Haaren immer wieder lachend als Model angeboten und uns mit ihren seltenen Auftritten auf Instagram immer wieder jede Show gestohlen. Bei jedem Abenteuer, von dem ihr Mona in allen Einzelheiten berichtete, fieberte sie mit uns. Sie selbst war bis ins hohe Alter ein Mensch, der Festlichkeiten liebte, und wurde von Mama Erika samt Familie, solange es ging, bestens involviert. Als meine Oma gestorben war, hatte ich Oma Katharina eines Tages gefragt, ob ich sie auch Oma nennen dürfte, weil ich es so vermisste, Oooooooma zu rufen. Und wie ich durfte.

Ich parkte meinen 9-Tonner an diesem Tag direkt in ihrer Einfahrt und hupte ein paarmal aufsehenerregend, bis mich ungläubige Augen durch das Wohnzimmerfenster erblickten. *Oooooomaaa.*

Ja, Juuuuliaaa! Mit Freudentränen in den Augen winkte sie mir zu. Momente, für die sich jeder Umweg lohnte. Eines Abends, als wir von einer gemeinsamen Familienfeier der Mayrs nach Hause trudelten, drehte sie sich um, blickte mir tief in die Augen und sagte: *Julia, ich liebe dich!*

Monas Bruder prustete los. *Zu mir hat sie das noch nie gesagt!* Was haben wir uns alle köstlich amüsiert. Wie es aussah, hatten wir eine ganz besondere Verbindung, die mir Monas Familie mit ihrer immer offenen Art ermöglichte.

Selbst auf ihrem Sterbebett 2021 kümmerten sich Mona und ich noch darum, dass unsere 100-jährige Oma auf ihren Wunsch hin ein letztes Radler genießen konnte. Sie hatte immer gewusst, welch Verbindung zwischen Mona und mir bestand. *Meine Mädle!* Das war unser letzter gemeinsamer Besuch bei ihr. Wir waren glücklich zu sehen, wie viel sie von unserer turbulenten Langhaarmädchen-Reise noch miterleben durfte. Danke OMA!

Mut ist der ZAUBER,
der Träume
WIRKLICHKEIT werden lässt.

UNTERNEHMENSIDENTITÄT – HOSEN RUNTER, KLEIDER AN

Die Zeit während und nach der Vertragsunterzeichnung mit dm stand voll und ganz im Zeichen der Produktentwicklung. Aber Mona und ich tüftelten nicht nur an den Inhaltsstoffen, wir wollten auch unsere Marke Langhaarmädchen schärfen. Während wir bei dm noch in Jeans und gebrandetem T-Shirt für unsere Vision pitchten, entschieden wir, mehr Australien- und Hippie-Vibes in unser Branding mit einfließen zu lassen. Also, Hosen runter, geblümte Maxikleider an.

Gleichzeitig wurde uns in unserem ersten Jahr mit dm vom Handwerks-Magazin unter der Schirmherrschaft des Bundesministeriums für Wirtschaft und Energie der „TOP GRÜNDERPREIS im Handwerk 2018" verliehen. Wir waren die ersten Frauen und ersten Friseurinnen, die jemals diese Auszeichnung erhalten hatten. Das machte uns stutzig und war wieder einmal Antrieb genug, mit gutem Vorbild voranzugehen. 2019 wurden wir als Gesicht für die Internationale Handwerksmesse in München eingesetzt. An diesem Tag besuchte uns Peter Altmaier an unserem Stylingbus und wertschätzte unsere Innovation, Handwerk neu zu interpretieren. Noch am selben Tag hieß es, Bundeskanzlerin Angela Merkel würde in einem ausgewählten Kreis und vor kleinem Publikum eine Rede halten. Wenige Minuten davor wurden wir von der Initiative „FRAUEN unternehmen" spontan dazu eingeladen, teilzunehmen. Wir durften in einem Saal voller Frauen Angela Merkels berührenden und motivierenden Worten lauschen. Du hättest eine Stecknadel fallen hören können. Ihre Rede erfüllte diese Frauen jeden Alters, die alle entweder ihre Männer in deren Unternehmen unterstützten oder selbst Gründerinnen mit Frauenpower waren. Seit diesem Tag sind wir Mitglied dieser Initiative und wurden dadurch 2021 vom Bundesministerium für Wirtschaft und Energie unter Peter Altmaier als „Vorbild Unternehmerinnen" ausgezeichnet. Es war eine magische Zeit, in der sich unser MUT in TUN verwandelt hatte und den Anklang der Öffentlichkeit fand, den wir seit 2015 in uns gespürt hatten.

Die Titel, auf die wir uns beworben hatten, die aber gescheitert waren, würde die erlangten Auszeichnungen um Längen schlagen, auch das muss erwähnt werden. Überall klemmten wir uns mit Herzblut und vollem Einsatz dahinter, schickten unzählige Bewerbungen ab und kümmerten uns um unseren Erfolg, der schwarz auf weiß so manch einen sehr beeindruckte und verstehen ließ, was wir mit Langhaarmädchen vorhatten. Immer sprudelte die Motivation in uns, unser selbst aufgebautes Selbstvertrauen und die Macht der eigenen Persönlichkeitsentfaltung zu teilen, um mehr Menschen die wertvolle Sicht auf sich selbst zu ermöglichen. Auch mit unserem Vorhaben, dm-Gründer Götz Werner eines Tages persönlich kennen zu lernen, sollten wir Recht behalten.

Götz Werner besuchte uns 2018 tatsächlich eines Tages in unserem Stylingbus und verbrachte fast eine Stunde mit uns und unserer Vision. Er war in diesem Moment so präsent und sichtlich bewegt, dass wir als Friseurmeisterinnen die Menschlichkeit und Ansätze der Anthroposophie, die er immer wieder selbst gepredigt hatte, auch in unserer Marke umsetzten. Bei einem gemeinsamen Videodreh 2019 und einer Wartezeit von mehreren Stunden fragte ich ihn ganz frech, ob ich ihm noch die Haare schneiden dürfte. Er freute sich! Und stimmte unserem spontanen, unterhaltsamen Friseurtermin zu. Obwohl unsere beiden Firmengründungen über 40 Jahre auseinanderliegen und wir uns nicht anmaßen möchten, sie miteinander zu vergleichen, verband uns doch auch in unternehmerischer Hinsicht eine wichtige Lebenseinstellung: unsere Zeit auf der Erde zu nutzen, um die - wie er sagte - *Bewusstseinskräfte zu stärken und die Liebe zu entwickeln. Dieser Unternehmer war zu einem unfassbaren Vorbild für uns geworden. Menscheninteresse ist Weltinteresse, denn Erfolg findet nicht bei uns selbst statt, sondern beim Kunden.* Seine Biografie beeindruckte uns nachhaltig und wir sind überglücklich, dass wir Götz Werner in den Jahren vor seinem Tod am 08. Februar 2022 doch ab und an getroffen haben. An alle, die ihn leider nicht persönlich kennenlernen konnten: Götz Werner war, was man sich über ihn erzählt. Ein wahrer Menschenfreund und Pionier seiner Zeit, für den jede und jeder seiner über 66.000 Mitarbeiterinnen und Mitarbeiter zählte. Das fühlten wir so sehr. Dem Mitarbeiter wird Vertrauen geschenkt, um aus eigener Einsicht und in eigener Verantwortung handeln zu können. Dadurch wird sein Handeln authentisch.

Auch wir wollten ganz intuitiv Rahmenbedingungen schaffen, die Menschen in die Lage versetzten, sich in unser Unternehmen einzubringen und ihren individuellen, selbstbestimmten Lebensweg zu finden. Dies verlieh auch dem Innovationsdrang von Götz Werner immer Richtung und Durchschlagskraft.

Hier findest du zwei Minuten meines Lieblingsinterviews von Götz Werner, weil es mich immer wieder verzaubert, wie er als gestandener Unternehmer über die Liebe spricht.

Über die Jahre bauten wir ein einzigartiges und großartiges Langhaar-mädchen-Team auf, das unser Unternehmen mit all den verschiedenen Persönlichkeiten zu dem werden ließ, was es heute ist. Mona und ich verstehen uns nicht als klassische Unternehmerinnen oder Führungspersönlichkeiten, die jeden an die Hand nehmen und ihm sagen, was er zu tun hat. Wir erwarten überschwänglichen Einsatz aus eigenem Antrieb, wir erwarten Euphorie, mit der jeder seinen Teil dazu beitragen kann, um sich letztendlich selbst zu empowern und zu verwirklichen. Ziemlich schnell legte sich in unserer Art, zu arbeiten und Langhaarmädchen aufzubauen, eine Philosophie über unser Tun. Eine Philosophie, die wir mit unserem Team in einem gemeinsamen Why-Workshop detailliert und gemeinsam erarbeiteten. Denn obwohl bei Langhaarmädchen jeder seine eigene Motivation mitbringt, kreuzt sich unser gemeinsamer Nenner bei einem Gefühl.

Wir möchten mit unserer Geschichte zum Träumen bewegen, damit du den Mut entwickelst, deinen verdammt eigenen Weg zu gehen.

Es war ein Satz, der sich losgetreten zwischen Mona und mir unausgesprochen auch auf unser Team, ja selbst auf unseren Partner dm, und letztendlich auch auf unsere Community übertrug. Wir nahmen uns vor, eine unschlagbare Unternehmenskultur der Potenzialentfaltung zu leben, und durch unser Unternehmen eine ganz eigene Interpretation von Führung, Philosophie und Wachstum zu kreieren. Heute wissen wir, dass dieser partnerschaftliche Führungsstil nicht immer einfach ist, aber es ist jede Mühe wert. Unser Ziel ist es, mit Langhaar-mädchen nicht nur für unsere Kundinnen und Kunden eine Inspiration zu sein. Wir wollen bei uns selbst und unserem Team anfangen. Wir wollen unsere Talente immer wieder neu ausspielen, uns gegenseitige Wertschätzung schenken und uns möglichst viel Raum und Zeit für Selbstentfaltung geben. Dann erst kommt die wahre Persönlichkeit und die damit verbundene Einzigartigkeit zum Vorschein. Wer glücklich ist, hat Bock zu geben, hat Lust zu erschaffen und voranzukommen. Wir wissen, wir ermöglichen unseren Mitarbeiterinnen und Mitarbeitern überdurchschnittlich viel Freiraum, allerdings erwarten wir auch überdurchschnittlich viel Einsatz. Es braucht gemeinsame Ziele, gepaart mit den individuellen Stärken jedes Einzelnen, um dorthin zu gelangen. Es braucht dieselben Grundwerte mit den unterschiedlichsten Fähigkeiten und wir sind so froh, unseren Mitarbeiterinnen und Mitarbeitern dadurch Flügel zu verleihen.

„Preserve the Core and Stimulate the Progress! Always!"[7]

... lernten wir erst vor Kurzem von einem befreundeten Unternehmensberater, der das, was wir automatisch richtig gemacht hatten, immer wieder versucht, Millionenkonzernen mit auf den Unternehmensweg zu geben. Mit meiner Mona ist es gar nicht möglich, dies zu verpassen: Unseren Kern gemeinsam mit unserem Team zu schützen und zu festigen und gleichzeitig die fortlaufenden Prozesse immer wieder zu hinterfragen. Unbewusst streuen wir, weil hier die größte Erfüllung für uns stattfindet, immer wieder unsere Euphorie, unsere Philosophie und unsere Werte mit ein. Nicht das Daily Business entscheidet unsere Wuchsrichtung, sondern unsere Vision und unsere Grundwerte, nach denen wir alles ausrichten. Unser Daily Business entsteht erst durch unseren Nordstern. Und diesen immer wieder anzuvisieren und nie zu vergessen, wofür wir losgehen, wofür Langhaarmädchen steht, liegt in Monas Natur. Anders können und wollen wir nicht erfolgreich sein.

[7]Zitat aus: „IMMER ERFOLGREICH - Die Strategien der Top-Unternehmen"
von Jim Collins - Jerry I. Porras

Ich benutze den Begriff „Visionärin", wenn ich über Mona rede, deshalb nicht als Schmeichelei, sondern sehr bewusst. Für mich ist Mona wirklich der Inbegriff einer Visionärin. Dafür liebe ich sie.

Heute laufen wir an dm-Filialen mit einem Lächeln vorbei. Und sind immer wieder überwältigt von diesem Märchen, das wir hier erzählen dürfen. Es sind die Produkte auf der einen Seite, auf die wir so unglaublich stolz sind. Es ist aber auch dieses unfassbare Wachstum und die Verwirklichung unseres in Australien entstandenen Traums, den wir gemeinsam mit unserem Langhaarmädchen-Team bei dm Tag für Tag leben. So viele wundervolle Menschen, die wir hinter dem Konzern kennen- und wirklich lieben lernen durften. Angestellte Mitarbeiter, die agieren, als wären sie weit mehr als das. Und uns durch das tägliche, gemeinsame Arbeiten an Produktentwicklung, Markenkommunikation und Strategie an ihrer persönlichen Weiterentwicklung teilhaben lassen, die beide Seiten gleichermaßen erfüllt und unseren Arbeitsalltag zu etwas ganz Besonderem macht. Auch wenn Mona und ich weder als Menschen noch als Marke perfekt sind, können wir als Langhaarmädchen immer wieder felsenfest behaupten, dass wir bei „Papa dm" auf dem richtigen Schoß sitzen, um auch bei Themen wie Nachhaltigkeit und Zukunftsfähigkeit mitzumischen. Wir haben uns für einen Partner entschieden, der unsere Interessen wahrt, unsere Anliegen hört und mit uns Stück für Stück das umsetzt, was zum Erfolg unserer Kundinnen und Kunden beiträgt. Wir wertschätzen das, was wir haben. Wir wissen aber auch, dass es unserer Entscheidung, bei dm anzuklopfen, zu verdanken ist, dass wir heute da stehen, wo wir sind. Diese Idee von Erfolg nehmen wir für alles weitere mit auf unseren Weg.

Gänsehaut-MOMENT

Im Frühjahr 2022 saß Mona mit einigen wirklich sehr, sehr reichen Personen zum Abendessen zusammen. Dabei fiel ein Satz einer Frau, den wir beide wohl unser ganzes Leben lang nicht vergessen werden.

Weißt du, Mona, wir hier sind zwar die reichen Angestellten, aber für mich bist du die Erfolgreichste am gesamten Tisch. Du hast dir etwas Eigenes erschaffen. Etwas, das du liebst.

ZWEIFEL
töten mehr Träume
als das SCHEITERN jemals
könnte.

STANDHAFTIGKEIT –
LASS MAL SELBSTZWEIFEL NICHT UNSERE TRÄUME KOSTEN

Ich würde dir jetzt gerne sagen, dass sich durch die neue Welt, durch die Entfaltung mit Langhaarmädchen, all unsere Selbstzweifel in Luft aufgelöst haben. Dass es nur die eine Zauberformel braucht. Dass sich Monas hässliche Gedanken über sich selbst, wie sie immer sagte, nach unserer Partnerschaft mit dm gelegt haben. Das haben sie nicht. Zumindest nicht von heute auf morgen und nicht vollständig. Jahrelang hatte Mona alles versucht, um ihre Krankheit und die strenge Bewertung ihres Verstandes über ihren Körper aufzulösen. In jedem meiner Gespräche mit Mona hoffte ich, das eine Richtige zu sagen, das sie von heute auf morgen ihre wahre Schönheit erkennen lassen oder zumindest eine „Scheiß egal, was andere darüber denken könnten"-Einstellung aktivieren würde. So oft waren meine Worte in anderen Gesprächen doch so wertvoll für sie. Doch beim Thema Essstörung passierte in den ersten Jahren kaum etwas. Ich hatte alles versucht: Freundschafts-Schellen. Das Ausschimpfen ihrer Dramaqueen. Stundenlange, liebevolle Gespräche. Das Aufzählen meiner Gewohnheiten. Lobeshymnen. Sie sollte mir Dinge aufzählen, für die sie dankbar war. Schweigen und Ruhe. Ich habe ihr Briefe geschrieben, Visionboards gebastelt, Motivationssprüche gemalt. Ich habe mir tatsächlich jahrelang Gedanken gemacht. So als wäre es nur diese eine Sache, auf die ich kommen müsste, um Mona gesund zu päppeln und um den Nebel, der ihren Verstand umhüllte, zu lichten. Es lag nicht in meiner Macht. Und vor allem, es lag einfach auch nicht in meiner Kompetenz. Heute weiß ich: Ich bin keine psychologisch oder psychotherapeutisch geschulte Fachkraft, die es bei einer Essstörung allerdings bedarf. Als Mona schließlich dazu bereit war, die Ursache ihres Leidens an der Wurzel zu packen, war ich unheimlich stolz auf sie. Sie begab sich in die Beratung sämtlicher Ärzte. Und ja, auch wenn es ihr manchmal schwerfiel, leistete sie sich für ihre Gesundheit, völlig zurecht, das Beste vom Besten. Sie suchte Therapeuten, Coaches, Hypnotiseure und Homöopathen auf. Sie ließ Rückführungen und Familienaufstellungen machen. Sie besuchte Heilpraktiker von Profi-Sportlern. Sie verriet mir, dass sie sich zur Fettabsaugung angemeldet und wieder abgemeldet hatte. Wir personalisierten ihre Heißhungerattacken und verwandelten dieses Verlangen in einen imaginären, wilden Hund, um spielend darüber reden zu können. *Mein Wauzi war wieder da. Er hat gewartet, bis alle Gäste gegangen waren. Er hat bereits vor der Türe gelauert und wieder zugeschlagen. Ich stehe dann vor dem Kühlschrank und bin völlig neben mir, als wäre ich fremdgesteuert. Ich weiß, das klingt alles so dumm ...*

In ihrem Zuhause verbannte Mona alle Süßigkeiten. Versuchte zu verhindern, dass sie bei ihren Eltern daheim alleine war, um nicht den Kühlschrank zu plündern. Sie machte Saft-Kuren, ging regelmäßig zum Heilfasten. Und sogar ins Kloster zum Schweigen und Meditieren. Bis Mona lernte, dass ihre Essstörung durch das akribische Beschäftigen damit letztlich nur noch präsenter wurde.

Ich kenne niemanden, der so beharrlich mit äußeren und inneren Mitteln versucht hat, den eigenen Schweinehund unter Kontrolle zu bringen. Nach mehreren Jahren verstanden wir beide, dass Monas Essstörung nicht einfach mit einem Mona-Lulia-Gespräch oder der einen erleuchtenden Botschaft geheilt sein würde. Eine Essstörung ist eine Krankheit, die viel mehr Mädels betrifft, als ich jemals dachte. Nach etlichen ehrlichen Gesprächen mit unserer Community mussten wir nach und nach feststellen, wie viele Mädels tatsächlich darunter litten. Ein Grund mehr, vielleicht sogar der schwerwiegendste überhaupt, warum wir mit Langhaarmädchen mehr sein wollen als aalglatt und schön.

Mit den Jahren lernte Mona diese Vision, die sie so verbissen von sich selbst hatte, nicht mehr ganz so streng zu verfolgen.Viel lieber probierte sie sich deshalb in allen möglichen Sportarten aus und liebte es auch hier, immer mehr ihrer Begeisterung zu folgen. Genau diese Leichtigkeit führte sie eines Tages zum Tanzen. Eine Entscheidung, die ihr Leben verändert hat. Warum war sie darauf nicht schon früher gekommen? Eine alte Leidenschaft aus ihrer Kindheit bzw. Jugendzeit war erneut entfacht und lehrte Mona, ihren Körper wieder vollständig zu spüren und wertzuschätzen.

Mindful MEMO an DICH:

Was hast du als Kind geliebt? Was hat dich so richtig glücklich gemacht? Augen zu und reinträumen! Wenn du jetzt noch einmal Kind wärst, was würdest du dann am liebsten tun? Wer weiß, was allein aus diesen Gedanken entstehen könnte.

Die hohe Konzentration, die Mona beim Bachata - einem Tanz, der ursprünglich aus der Dominikanischen Republik kommt - abverlangt wurde, ermöglichte es ihr in diesen Momenten, einmal Ruhe von ihren Sorgen zu finden. Ganz im Hier und Jetzt empfand sie auf einmal einen noch nie dagewesenen Genuss für ihre Bewegungen, für das Miteinander und die Harmonie zwischen sich selbst und ihrem Körper. Statt Kalorienverbrennung stand auf einmal die Lebensfreude im Mittelpunkt. Und als wäre das allein nicht schon genug, lernte sie, wie das Leben eben so seine Geschichten schreibt, beim Tanzen ihre Liebe, Obaid, kennen.

Lulia, durch die Berührung mit der persischen Kultur lerne ich, Essen wieder viel mehr zu zelebrieren und wertzuschätzen. Obi liebt es, zu kochen. Das schenkt mir ein ganz anderes Lebensgefühl.

Dieser Mann an ihrer Seite liebt sie. Für ihn ist Mona schön, wie sie ist. Und Obaid kann, genauso wie ich, Mona durch seine liebevolle Brille betrachten. Schönheit als oberflächlicher Wert spielt hier gar keine Rolle, wenn man einen Menschen mit dem Herzen sieht. Auch wenn es Mona damals noch nicht fühlen konnte, habe ich das Vertrauen nie verloren, dass es einen Mann da draußen gibt, der sie liebt, wie sie ist. Mona würde sich heute nicht als geheilt, allerdings auch nicht mehr als krank bezeichnen. Das macht mich unfassbar glücklich. Ihr Schweinehund ist in Situationen, die Mona viel Kraft kosten oder sie überfordern, bis heute immer mal wieder zu Besuch. Aber wesentlich seltener als früher. Bis heute erkenne ich bei manchen Shootings oder in Monas Unwohlfühl-Momenten wie keine andere, wenn ihr der Verstand wieder einmal einen Streich spielen will. Es genügen dann ein paar Blicke zwischen uns, ich stelle mich schützend vor sie und ziehe die Aufmerksamkeit auf mich. Wir sprechen oft nicht darüber, lassen die Situation vorüberziehen und reden erst ein paar Tage oder Wochen später, oder auch gar nicht mehr darüber. Alles andere würde uns in diesem Moment unnötige Energie kosten und Monas Verstand nur noch mehr einheizen. Es bringt nichts, länger im Drama zu verweilen. Wir haben unseren Weg gefunden, mit stressigen Situationen umzugehen.

Aber auch bei mir gab es immer wieder Phasen, in denen ich mit meinem Äußeren unzufrieden war. Als mir ein Kumpel beiläufig ins Gesicht sagte, dass ich langsam an Anti-Faltencreme denken sollte, machte das etwas mit mir. Wochenlang wachte ich morgens auf und schämte mich beim Blick in den Spiegel. Das Erste, was mein Verstand nach dem Aufstehen ernsthaft tat, war, sich dafür zu interessieren, wie mein Gesicht wohl heute wieder aussehen würde. In der Hoffnung, perfekter als gestern Abend zu sein. Welche Rötungen finde ich heute? Wie tief sind meine Falten? Welche Unreinheiten gibt es? Verrückt, wie viel Energie man manchmal in solche oberflächlichen, unbedeutenden Dinge steckt! Ich bin davon überzeugt, dass jeder seine individuellen, selbst ernannten Problemzonen hat. Die Frage ist nur: Was bringt uns das? Dieses permanente Beschäftigen mit Äußerlichkeiten. Absolut gar nichts. Außer den perfekten Start in den Tag voller Mangelgefühl. Warum bewerten wir uns selbst die ganze Zeit, obwohl wir wissen, dass es uns nicht guttut? Ich glaube, wir können nicht anders. Weil die Wahrheit auf den Tisch muss. Das denken wir jedenfalls. Und genau darin liegt die Lösung. Unser Verstand denkt, er findet die Erfüllung, indem er uns täglich aufzählt, was ihm alles an Drama auffällt. Er wiederholt es fließend, damit wir spielend leicht und jederzeit auflisten können, was uns an uns nicht gefällt. Stell dir vor, wir würden diese Gedanken ab heute unterbinden. Nicht durch harte Arbeit an unserem Mindset, sondern durch ein Wunder, das diese Gedanken mit einem Fingerschnipsen in Luft auflösen würde. Nicht deine selbst ernannten „Problemzonen" wären weg, sondern deine Bewertung darüber. Du bleibst, wie du bist, nur ohne negative Bewertung. Wie fühlt sich das an? Was würdest du dann tun? Was würde dann auf dich warten? Was würdest du dich dann trauen?

Ich weiß, die Falten sind da. Ich weiß, der Speck winkt uns zu. Ich weiß, der Pickel strahlt uns an. Es ist okay, mal nicht okay mit seinem Äußeren zu sein. Aber was zur Hölle bringt uns dieses Drama? Wir müssen unser Äußeres ja nicht zur wichtigsten Sache des Tages machen!

Ja, aber soll ich mich jetzt deshalb gehen lassen? Ist dieser Blickwinkel nicht auch eine Motivation, die Dinge anzugehen und sich zu verändern?

Das sind Fragen unseres Verstandes. Und ja - ganz klar. Bis zu einem gewissen Grad, und genau darin liegt die Kunst. Kritische Gedanken sind sehr wertvoll, um uns voranzubringen. Aber die Dauerschleife des Dramas bringt uns nicht voran. Sie blockiert uns. Ich kann es selbst nicht. Mir von jetzt auf gleich zu erzählen, dass meine empfindliche Nase, wenn sie wieder einmal unangekündigt rot wird, süß sein soll. Aber was Mona und ich wie Königinnen können, ist, mehr und mehr festzustellen, wenn sich diese Gedanken in unseren Köpfen breit machen und einfach alles drum herum vernebeln. Wir wissen, dass uns hier der Verstand einen Streich spielt. Und sind der Überzeugung, dass es alleine durch das Ertappen der eigenen Manipulation, alleine durch das bewusste Wahrnehmen dessen, dass es jetzt nur ums Bewerten und ums Schlechtmachen geht, es ein Stück leichter wird, damit umzugehen. Wir sollten uns selbst besser zuhören, was wir uns den ganzen Tag erzählen. Wenn ich das erkenne, fällt es mir gleich viel leichter, darüber hinwegzulächeln. Die Sache ist doch die: Wären wir alleine mit uns, würde es uns nicht groß jucken. Wir machen uns alle hauptsächlich für andere verrückt. Aber was ändert es? Was zur Hölle ändert es daran, mir jeden Tag aufs Neue zu erzählen, dass ich nicht perfekt bin? Nichts. Also versuchen wir, jeden Tag ein Stückchen mehr loszulassen. Wird meinem Verstand nicht gefallen, aber mir guttun. Von Monas Prozess über all die Jahre und ihre für mich sichtbar gewordene Essstörung konnte ich lernen, dass es im Leben nicht darum geht, eine starke Frau zu sein, indem wir Selbstzweifel vernichten, Ängste verdrängen oder Furcht verheimlichen. Wir sind starke Frauen, wenn genau diese Dinge da sind und wir das, was wir lieben, trotzdem tun!

Mindful MEMO an Dich:

Was mir persönlich beim Blick in den Spiegel geholfen hat? Auch wenn ich es noch nicht fühlen konnte, es hat mir ungemein geholfen, mich morgens erst einmal ehrlich anzulächeln. Das war's. Wer wollte ich sein und wer war ich in diesem Moment, wenn ich für so vieles an mir keine Dankbarkeiten empfinden konnte? Irgendwann verflüchtigten sich diese bedrückenden Gedanken wieder, als hätten sie die Schnauze voll vom vielen Anlächeln. Fake it until you make it! Heute blicke ich mit einem ganz anderen, viel tieferen (Selbst-)Bewusstsein in den Spiegel. Mit einem frechen Grinsen, das ich mir selbst schenke, weil ich weiß, was ich im Leben will und wie unfassbar glücklich ich mich schätzen kann. Das ist es für mich. Viel mehr darauf zu achten, was ich in mir sehe, als das, was ich äußerlich betrachte. Es ist ein starkes Gefühl von Wertschätzung, das ich gelernt habe, mir selbst zu schenken.

Für Mona und mich bedeutet Optimismus längst nicht mehr, sich alles schön zu malen, und alle negativen Gedanken durch ein positives Mindset zu ersetzen. Optimismus bedeutet für uns, die Achterbahnfahrt zuzulassen und auch bei schmerzlichen Gefühlen hinzuspüren, weil jede Stimmung eine Botschaft in sich trägt. Immer! Für mich ist das wie ein Naturgesetz. Es ging uns nie darum, perfekt zu werden. Die Kunst ist, Mangel zuzulassen, ihm Servus zu sagen, ihm ins Gesicht zu blicken und sich trotzdem nicht davon abhalten zu lassen, man selbst zu sein. Wachstum, das wissen wir heute, passiert nicht, wenn wir unseren Traum leben. Wachstum passiert auf dem Weg dorthin. Wir lieben es, in der Unvollkommenheit das Gute zu sehen, und darauf zu vertrauen, dass auch das ein wichtiges Puzzleteil des eigenen Glücks ist. Wir betrachten den Prozess der eigenen Entwicklung nicht nur als Teil des Weges, sondern als Teil des Ziels, egal, wo wir uns befinden.

Hatten Mona und ich anfangs unheimlich Bock darauf, vor laufenden Kameras zu sprechen und in der Öffentlichkeit zu stehen? Nicht unbedingt. Denn wir trugen ja immer noch Zweifel in uns, unsere Schulzeit hatte uns, was das Sprechen vor Menschen anbelangt, nachhaltig geprägt. Doch in den Momenten, in denen wir in unsere Maxikleider schlüpften und einfach von der Seele weg erzählen durften, wer wir Langhaarmädchen sind und was unsere Mission ist, war der Druck, perfekt sein zu müssen, auf einmal wie weggeblasen. Es fühlte sich nicht mehr so an, als müssten wir über unseren Schatten springen. Denn es gab überhaupt keinen Schatten mehr, über den wir hätten springen können. Was war geschehen? Wir begriffen nach einiger Zeit, dass wir hier keine erzwungenen Vorträge hielten. Alles, was wir vor laufenden Kameras erzählen durften, bedurfte keiner Vorbereitung. Wir durften uns einfach das Herz von der Seele quatschen und uns selbst treu bleiben. Unsere Worte entsprangen unserem Innern, weswegen sich auf einmal alles so leicht anfühlte. Zweifel sollten von jetzt an nie wieder unsere Träume kosten oder unsere Grenzen bestimmen. Denn mutig war auf einmal unser neues schön.

Dennoch danke ich meiner inneren Schüchternheit von früher sogar. Ich betrachte es gerne so, dass sie mich davor beschützt hat, allzu prahlerisch oder hochmütig zu werden. Bodenständig zu bleiben und nie die Achtung zu verlieren - egal ob vor anderen oder vor dem Leben selbst - das war mir immer wichtig. Das eigene Rotwerden und die vielen Gedanken, die ich mir über mich und andere gemacht habe, dienen mir bis heute gefühlt dazu, mit meinen Mitmenschen viel empathischer umzugehen. Wäre der Weg immer so easy für uns, wäre der Genuss am Ziel doch längst nicht so erfüllend. Unser Selbstbewusstsein ist bei jedem an manchen Tagen stärker, an manchen schwächer. So geht es uns allen. Jeder hat seine starken und schwachen Momente. Doch solange wir uns immer wieder daran erinnern, dass wir mit unserer einzigartigen Zusammensetzung von Talenten, unserer Persönlichkeit, unserer Geschichte, und unserer Schönheit unser eigenes Abenteuer selbst in der Hand haben, behalten WIR die Verantwortung und damit die Macht darüber, genau den Weg zu gehen, der UNSERER ist.

Mindful MEMO an Dich:

Weißt du, was ich mir heute immer sage? Julia, du musst nicht perfekt sein. Nicht makellos schön. Nicht unendlich selbstbewusst. Es reicht, wenn du einfach nie aufhörst, mutig zu sein. Und wenn du mich dann fragen würdest, welche die wichtigste Botschaft des Buches ist, würde ich sagen: DIESE!

Wir wollen uns nicht dafür abrackern müssen, uns immer und ausnahmslos selbst zu lieben. Optimistisch zu sein, bedeutet für uns nicht, darauf zu hoffen, dass am Ende alles gut wird. Optimismus bedeutet für Mona und mich, das Positive auch in den vermeintlich beschissenen Dingen zu sehen, und dem Fluss des Lebens zu vertrauen, um mit allem, was uns begegnet, dieses Leben erst auskosten, erfahren und lieben zu können. Langhaarmädchen hat so vieles in unserem Leben geiler gemacht, aber das wahre Glück kommt aus uns. Egal, welche schweren Päckchen wir im Laufe unseres Lebens immer wieder mit uns rumschleppen. Wir glauben daran, dass alles, was uns widerfährt, in unserem Leben ist, weil wir stark genug dafür sind, es zu meistern. Das Leben schenkt uns Herausforderungen, um daran zu wachsen. Wie sollten wir, vom Leben beworfen mit Wattebällchen und Zuckerwatte, erfahren, was wir wirklich draufhaben und wer wir wirklich sein können?! Alle Dinge, die wir für uns noch nicht gelöst und gelernt haben, werden immer wieder in unser Leben kommen, um uns die Möglichkeit für Veränderung und Weiterentwicklung zu geben. Wir halten die Flagge hoch, dass es sich immer wieder lohnt, Vertrauen zum Leben zu finden und mit allen Herausforderungen die Chance dankend anzunehmen, zu derjenigen Person zu werden, die wir tief in uns drin längst sind.

MONEY MINDSET –
BEI GELD FÄNGT UNSERE FREUNDSCHAFT ERST RICHTIG AN

Bevor ich dir verrate, wie unsere Gehaltsverhandlung mit dm abgelaufen ist, möchte ich dich zum heftigsten Switch unseres Mindsets zum Thema Geld mitnehmen. Ich möchte dir von Monas und meinem Entwicklungsprozess erzählen, der unsere Einstellung und damit auch unseren Kontostand enorm verändert hat.

Heute zählen wir drei Unternehmen, die Mona und ich gemeinsam innerhalb von sechs Jahren gegründet haben. Und kein einziges Mal haben wir uns des Geldes oder der Anteile wegen in die langen Haare bekommen. Anfangs hatten wir es nur schlauen Büchern nachgeredet, dass wir eines Tages erfolgreiche „Serial Entrepreneurs", also Unternehmerinnen mit mehreren Firmen, sein wollten. Wir konnten uns nicht vorstellen, dass unsere vielseitigen Interessen ihr Zuhause in nur einer Firma finden würden. Wir sollten nicht ganz Recht behalten. Heute haben wir erkannt, dass wir uns alleine durch unsere Langhaarmädchen-Welt Potenzialentfaltung und Möglichkeiten in einem Ausmaß schenken, die wir in einem Leben gar nicht alle realisieren können. Wir haben so viel Begeisterung und so viele Ideen für Langhaarmädchen, dass wir auf unseren Produkten als Basis lediglich weitere Schwerpunkte aufgebaut haben und somit der Idee Langhaarmädchen immer treu geblieben sind. Mit all unseren Unternehmen haben wir zum Ziel, das Fundament bestmöglich zu stärken und unsere unterschiedlichen Leidenschaften auszuleben, ohne dass es dafür bisher völlig unterschiedliche Unternehmensgründungen gebraucht hätte.

„Wer hohe Türme bauen will, muss lange am Fundament verweilen!", heißt es schon im 19. Jahrhundert bei dem Komponisten Anton Bruckner. Diesen Satz hatten wir seit Australien so sehr inhaliert, dass er uns immer dabei half, den Fokus im Blick zu behalten.

Mindful MEMO an DICH:

Ist die Basis von etwas lückenhaft und in sich instabil, dann wird auch alles darauf Aufgebaute später vermutlich einmal einstürzen. Egal ob in unseren Beziehungen, in der Firmengründung oder in anderen Lebensbereichen. Bleib geduldig, kümmere dich wahrhaftig um das Wesentliche und festige lieber beständig das Fundament, auch wenn es das ist, was später keiner mehr sehen wird.

Mit unserer Langhaarmädchen GbR sind wir für unsere Haarpflegemarke verantwortlich. Mit der Langhaarmädchen Salon GmbH haben wir uns den Traum eines Friseursalons erfüllt, um unsere Marke mit Erlebnissen, wahrhaftiger Expertise und echter Nähe zu stärken. Mit unserer Dream Big GbR ermöglichen wir uns Lebensträume wie dieses Buch, um dem, was wir tun, eine Seele und Tiefgang zu verleihen. Wir tun die Dinge, weil wir sie geil finden, und genau das hilft uns, uns treu zu bleiben, Bestes zu leisten und gleichzeitig bestmöglich zu verdienen. Heute können wir das so easy aufzählen. Doch als automatische Vollblut-Unternehmerinnen wurden wir, ehrlich gesagt, beide nicht geboren. Damit es überhaupt so weit kommen konnte, war es erst einmal nötig, in unserem gewohnten Mindset ordentlich aufzuräumen.

Ich liebe meine Mama. Sie hat von klein auf meine Kreativität unterstützt und mir immer liebevoll ans Herz gelegt, das zu tun, was mir Freude bereitet, ohne in erster Linie auf Geld zu achten. Ich liebte diesen leichten Gedanken und war ihr so dankbar für diese starke Haltung. Beim Durchleuchten meiner Glaubenssätze wurde mir dann aber ziemlich schnell klar, was sich mein Verstand zum Thema Geld, Einkommen, Umsatz, Finanzen über all die Jahre zusammengedichtet hatte:

Tu das, was du gerne machst, auch wenn das bedeutet, dass du mit deinen kreativen Stärken zwar vermutlich nicht reich, dafür aber glücklich werden wirst.

Als wäre es ein *Entweder-oder*. So hatte ich es gefühlt. Entweder tun, was ich liebe, auch wenn ich damit nicht viel verdienen werde oder die Entscheidung für Wohlstand treffen, was bedeuten würde, mit einem Job zu leben, der mir keine große Freude bereiten würde. Und ich wette, diesen Glaubenssatz tragen ganz viele in sich. Erst durch unser Interesse an Persönlichkeitsentwicklung lernten wir, diese Glaubenssätze überhaupt einmal wahrzunehmen, aufzudecken, und sie schließlich zu verändern. Es waren ganz einfach Gedanken, die sich durch Erfahrungen, durch Gespräche oder Ereignisse fest in unsere Köpfe eingebrannt hatten, obwohl sie absolut nicht unserer tiefen Überzeugung entsprachen. Ich begriff, dass unter anderem die ehrenhaften und absolut liebevoll gemeinten Worte meines Vaters *Der Mann sollte zum Ziel haben, die gesamte Familie zu ernähren* für mich all die Jahre bewirkt hatten, Ausreden zu finden, warum ich als Frau eben nicht Verantwortung für meinen eigenen Wohlstand zu übernehmen brauchte. Finanzen waren in unseren Familien schon immer Männersache und weil Mathematik schon immer ein rotes Tuch für mich war, hatte ich noch nicht mal etwas dagegen, dass das Thema Geld wunderbar unter den Teppich gekehrt wurde und dort schön einstaubte. Noch dazu brauchte ich schließlich nicht viel Geld, um glücklich zu sein, das redete ich mir fleißig ein. Davon bin ich übrigens bis heute überzeugt. Weil ich der Ansicht bin, dass Glück mehr mit dem Innen als mit dem Außen zu tun hat. Allerdings hält es mich heute nicht mehr davon ab, Geld als etwas Wunderschönes zu betrachten, das meine wohlverdiente Lebensqualität unterstützt und wovon ich trotzdem viel haben darf.

Geld ist nur eine andere Form von Energie, sogen wir von Laura Seiler auf.

Wir lernten, unser Selbstwertgefühl zu hinterfragen und unser Selbstbewusstsein aufzubauen. Nie ging es darum, aus Zauberhand für mehr Einkommen zu sorgen. Es ging immer und immer wieder darum, überhaupt einmal die Nebelwand von Ausreden und Faulheit zu lichten, um all die Chancen, die wir auf einen prall gefüllten Geldbeutel hatten, überhaupt sichtbar werden zu lassen. Wir machten uns bewusst, was sich all die Jahre in unsere Köpfe geschlichen und uns dabei blockiert hatte, Reichtum aufzubauen. Wir stellten mit Erschrecken fest, wie schwer es uns fiel, auszusprechen, dass wir eigentlich nichts dagegen hatten, Millionäre zu werden, und wir eigentlich fühlten, dass wir das Zeug dazu hatten. Aus purer Angst, was andere über uns denken könnten und wie schlecht sich das nach außen auf unsere Vision auswirken könnte, behielten wir all unsere neuen Gedanken und Erkenntnisse für uns und ließen sie dennoch in uns arbeiten. Es war so wertvoll, dass wir wenigstens uns hatten und all das aufschreiben, aussprechen und auf einmal anstreben durften.

Immer wieder erinnerte uns unser Verstand an frühere Glaubenssätze, wie Reichtum mit Gier und Oberflächlichkeit zu assoziieren. Doch das heizte unser Spiel, unsere wahren Gedanken von unseren angstbestimmten Gedanken zu unterscheiden, nur noch mehr an. Es war immer Angst oder Liebe. Mangel oder Fülle. Und darauf basierend filterten wir unsere Gedanken. Was uns nicht weiterbrachte, konnte weg. So oft spürt man als Künstlerin bzw. Künstler, als kreativer Mensch, diesen Zwiespalt. Als müsste man sich dafür schämen, mit der eigenen Passion ordentlich Geld zu verdienen. Nein, verdammt! Wie schön ist es bitte, genau mit dem, was man liebt, mit den Dingen, die man am besten beherrscht, den größtmöglichen Umsatz zu erzielen! Stück für Stück verstanden wir, dass es auch für eine Frau mit einem gelernten Handwerk völlig legitim war, sich hohe finanzielle Ziele zu stecken. Unsere Erkenntnisse hatten alle mit der eigenen Werterkennung zu tun und durften liebevoll in unsere Vision mit einfließen.

Geld war und ist nicht der Schlüssel zum Glück, das war uns klar. Geld würde uns aber auch nicht unglücklich machen. Also implementierten wir neue Glaubenssätze, setzten uns Ziele, und liebten unsere neuen, ganz eigenen Affirmationen, die bis heute mein Badezimmer zieren.

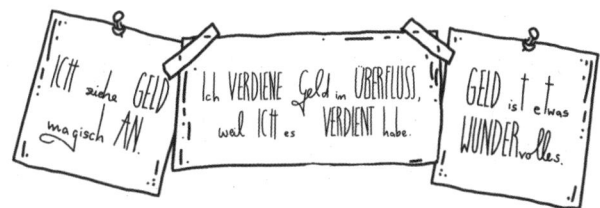

Mindful MEMO an DICH:

Wie denkst du über Geld? Fühlen sich deine Gedanken, wenn es um Geld geht, leicht an? Hast du genug Geld? Oder stößt du dich allein an dieser Frage? Vielleicht trägst du auch gewisse Widersprüche in dir, was deine Finanzen angeht? Mona und mir hat es sehr geholfen, beim Thema Money Mindset ganz bei uns selbst anzufangen, und sozusagen nochmal komplett neu, ohne gesellschaftliche Wertung, zu starten.

Ich erinnere mich an ein irgendwie witziges Bankgespräch in meinem Heimatort, bei dem ich dem jungen Bankberater versichert hatte, dass ich eines Tages Millionärin sein würde. Das einem fremden Menschen mit Schweigepflicht zu erzählen, bereitete mir in diesem Moment irrsinnige Freude, weil es wie ein Commitment mir selbst gegenüber war. „Das hat noch keiner zu mir gesagt." Ein überbreites Grinsen und der Anschein des Zutrauens, weil ich so vor Überzeugung strahlte, war seine Antwort. Uns faszinierte der Gedanke, aus eigener Kraft Reichtum anzuhäufen und damit eines Tages Gutes zu bewegen. Geld sollte uns ermöglichen, uns ohne Geldsorgen dem Sinn des Lebens zu widmen. Paradoxerweise und fast schon beruhigend für uns war dagegen die Tatsache, dass wir beide keinerlei Gefühle für materiellen Schnickschnack wie teure Handtaschen, Schuhe oder Autos hatten. Mona fährt ihren VW Golf wohlgemerkt noch heute und ich besitze kein eigenes Auto, nur ein flottes E-Bike. Ganz wichtig war uns von Anfang an der Vorsatz, mit steigendem Einkommen nicht parallel dazu auch die Ausgaben zu erhöhen und über unsere Verhältnisse zu leben.

SPARSAMKEIT isch die höchschte EINNAHMEQUELLE!

Über die Worte von Papa Rudi lachten wir anfangs noch herzhaft. Typisch Schwabe eben. Heute wissen wir, dass er als unser konservativer Finanzminischter völlig Recht hatte. Unser Ego braucht nichts Materielles, um Erfolg nach außen zu tragen. Mehr denn je trauen wir uns heute zu, gut mit Geld umzugehen und das Schicksal, oder eher unsere alten, losgelassenen Glaubenssätze, herauszufordern.

Bei Geld hört bekanntlich die Freundschaft auf. Wie oft in unserer Langhaarmädchen-Laufbahn ist uns dieses, wenn auch gut gemeinte Sprichwort begegnet. Doch um unser neues Money Mindset immer wieder zu trainieren und uns nichts mehr von der Gesellschaft über unsere besondere Art von Freundschaft einreden zu lassen, hieß es bei uns mit einem Grinsen nun immer extra provokant: *Bei anderen hört bei Geld die Freundschaft vielleicht auf. Bei uns fängt Freundschaft bei Geld erst so richtig an.*

Geld war zu einem Thema geworden, das wir nur unter uns besprechen konnten. Heute ist Geld für uns längst nicht mehr mit einem Tabu behaftet. Wir haben gelernt, damit eine ehrliche, unkomplizierte und wertschätzende Beziehung aufzubauen. Ein ehrlich gemeintes DANKE ist wichtig. Eine wertschätzende Bezahlung allerdings auch. Und so möchten wir Demut nicht von unseren Finanzen trennen, sondern Wege gehen, die beides vereinen. Als Mona und ich uns zusammengetan und beschlossen haben, unsere erste Firma zu gründen, wurden ganz interessante Stimmen auf beiden Seiten des Umfeldes laut.

Bist du sicher, dass du Julia überhaupt beteiligen willst? Brauchst du sie wirklich?

Schön, wenn es Mona erfunden hat, aber ohne dich könnte sie Langhaarmädchen sicherlich nicht wahrmachen.

Ja, genau in diesen Sätzen lagen die unterschiedlichsten Perspektiven und gleichzeitig das pure Gift für uns und unser Unternehmen versteckt. Ich schreibe diese Zeilen nicht, um andere zu beschuldigen, die einfach nur ehrlich ihre Gedanken geäußert haben. Ich schreibe sie, weil genau diese Aussagen ganz offen gestanden auch schon unser eigener Verstand heimlich über den anderen ausgespuckt hatte. Es war also nicht so, als wären uns diese Gedanken über den jeweils anderen völlig fremd. Zu begreifen, dass es okay ist, solche Sorgen auch zu hegen, war für uns in diesen Momenten ein Gamechanger. Niemand ist ein Heiliger. Solche Bedenken, die unser Gehirn aus purer Angst, nicht genug zu bekommen, abrief, durften bei uns kommen und wieder gehen. Wieder einmal lernten wir, das Drama unseres Gehirns separat von jenen Gedanken zu betrachten, die uns kamen, wenn wir einen Blick in Fülle auf unsere Situation warfen. Und erst genau dieses wertvolle Gedankengut brachte unser höchstes Selbst zum Vorschein. Genau danach lernten wir, uns auszurichten. Nicht aus Angstgefühlen heraus, nicht im Mangel wollten wir über unsere Zusammenarbeit und Zukunft nachdenken, sondern aus Fülle heraus. Ausgehend vom geilsten Weg, der uns bevorstehen kann. Ja, es ist menschlich, dass sich das eigene Umfeld gerade bei großen Veränderungen schützend vor einen stellt, um sich weiterhin in Sicherheit zu wiegen. Aber diese Sicherheit ist vermeintlich. Und du weißt genauso gut wie ich, dass die geilsten

Sachen dann entstehen, wenn wir bereit sind, unsere Komfortzone zu verlassen und Sicherheit auch mal gegen Risiko einzutauschen.

Mindful MEMO an Dich:

Hast du diese Beschützer auch um dich? Sie können dir dienlich sein, deinen eigenen Wert zu erkennen. Wir können dir allerdings nur empfehlen, dich am Ende immer von deinem ganz eigenen Gefühl leiten zu lassen. Keiner weiß besser als du selbst, wann es Zeit ist, Mut gegen Sicherheit einzutauschen oder auch einfach mal weiter zu gehen, als es andere in deiner Situation tun würden.

Genauso stellen Mona und ich uns bis heute unseren Verstand vor. Der sich aus Liebe immer wieder viele Sorgen mit und um uns machen möchte, die wir ganz oft dankend ablehnen. Anstatt zuzulassen, dass uns angstgetriebene Sätze und fremde Stimmen die Sinne vernebeln, sprechen wir alle Gedanken, Ängste und Gefühle lieber aus und holen sie uns damit ins Bewusstsein. Natürlich hatten wir auch Herzklopfen, wenn wir über unsere eigenen Ängste sprachen. Aber das Wichtigste war für uns, die gefühlte Distanz auf beiden Seiten zu reduzieren und uns bewusst zu machen, dass es eine perfekte Aufteilung von Firmenanteilen nicht geben wird. Wir entschieden uns, Angst gegen Vertrauen einzutauschen und durften die Erfahrung machen, dass es auch bei zwei perfektionistischen Langhaarmädels keine perfekte Unternehmensgründung gibt.

Wir lassen Geld nie die Oberhand gewinnen. Wir lassen Geld ein wundervolles Mittel sein, das uns wie der Applaus unserer Kundinnen und Kunden erreicht und uns und unser Werk belohnt. Wir lieben Geld und können das endlich aussprechen. Nur so, durch einen offenen Umgang, durch das Zugeben, dass uns Geld so viel ermöglichen und erleichtern kann, kann es zu uns finden und von uns clever eingesetzt und vermehrt werden. Wir mussten keinen Weg finden, wie es für andere möglichst fair erschien, sondern wie es sich für uns beide gut anfühlte. Für uns wäre der Verlust von allem Aufgebautem vorprogrammiert, wenn wir das irgendwann einmal nicht mehr hinbekommen würden. Solange es für uns unter dem Strich immer um wesentlich mehr geht als um Geld, nämlich um unsere Vision, sind wir glücklich. So selten denken wir heute über unsere Anteile nach, weil wir beide wissen, dass es am Ende nur eine Zahl für uns ist. Langhaarmädchen ist für uns wesentlich mehr als das. Gleichzeitig können wir nachvollziehen, wie solche Gespräche und Verhandlungen unmöglich zu lösen sind, wenn die Wertschätzung oder das Vertrauen fehlt. Wir können dir verraten, dass uns bei solchen Finanzthemen immer wieder das Herz rast. So schnell können Sätze fallen, die sich dem anderen für immer einbrennen. So schnell kann sich das Ego angegriffen fühlen und ein belastendes Gefühl der Ungerechtigkeit aufkommen. So schnell können unreflektierte Gedanken ausgesprochen werden, die nur Ausdruck des Mangels sind. Hier Mut und Vertrauen gegen Angst einzutauschen, bedeutet für Mona und mich unfassbares Wachstum. Wir sind uns beiden so dankbar, dass wir auch hier wieder einmal mehr bewiesen haben, dass uns nichts umhauen kann, solange wir zwei, und zwar nur wir zwei, einer Meinung sind. Keiner kennt uns besser als wir beide. Somit kann uns niemand sagen, was das Fairste und Beste für uns ist. Unsere Eltern, die wohl den größten Einfluss auf uns haben, geben uns immer das Gefühl, dass sie uns in unseren Entscheidungen vertrauen. Mit einem inneren Grinsen lieben Mona und ich bis heute diese Pretty-Woman-Filmmomente, in denen man uns in Schickimicki-Umgebungen kaum Beachtung schenkt, weil man uns Langhaarmädchen mit dem oftmals schiefen Dutt und den Hippiekleidern nicht zutraut, was wir uns bereits aufgebaut haben, und was wir uns eigentlich leisten könnten. Genau aufgrund dieser oberflächlichen Welt, in der sich Mona, während sie als Stylistin unterwegs war, so unwohl gefühlt hat, wollten wir ja mit Langhaarmädchen ein Zeichen setzen. Wir definieren unser Selbstwertgefühl nicht über Geld. Somit brauchen wir es anderen auch nicht unter die Nase zu reiben. Uns geht es zwar um finanzielle Unabhängigkeit, aber an erster Stelle steht immer die Vision und nicht Reichtum. Für uns ist der finanzielle Reichtum Ausdruck von Wertschätzung unserer Kundinnen und Kunden und erfolgt erst aus dem, was wir geben. Nämlich unsere Mission zu leben, alle Langhaarmädels da draußen glücklich zu machen.

Neid wäre hier der Killer unserer Zwischenmenschlichkeit und damit unseres Unternehmens. Und so eine Liebe ist entweder da oder eben nicht. Immer wieder in das Vertrauen zu kommen, immer wieder erst an das Geben zu denken, bevor man nimmt, ist die wichtigste von allen finanziellen Herausforderungen. Einstellung ist alles für uns. Und so hinterfragen wir immer wieder festgefahrene Glaubenssätze besonders dann gerne, wenn wir in Fülle sind, in ganz glücklichen Momenten, in denen uns nichts umhauen kann und wir die ganze Welt umarmen könnten. Dann nutzen wir diese Energie und fragen uns, wie wir ohne Angst und Druck jetzt reagieren würden. Reichtum anzuziehen, bedeutet für uns, sich bereits jetzt reich im Sinne von erfüllt zu fühlen und aus einer unendlichen Fülle heraus seine finanziellen Ziele anzustreben. Weil wir es uns, seit der Langhaarmädchen-Ära, endlich wert sind.

Okay, okay und dem rationalen Teil in dir verrate ich am Ende des Buches, wohin uns unser neues Money Mindset tatsächlich geführt hat und welches Leben wir uns damit heute ermöglichen.

Mein Selbstwortgefühl definiere ich AB HEUTE selbst.

SELBSTWERTERKENNUNG —
UNSERE PROVISIONSVERHANDLUNG MIT DM

Nervös saßen wir im Wohnzimmer von Monas Eltern. Hier war die Internetverbindung noch am stabilsten. Die Gehaltsverhandlung mit dm stand an. Oder besser gesagt sollten wir in diesem Termin erfahren, wie unsere gemeinsame Kooperation vergütet werden sollte. Jetzt waren wir gespannt, was die Arbeit an unserem Money Mindset bewirkt hatte und was das Leben für unseren Einsatz bereithielt. Wir gingen nochmal in uns und machten uns unseren Wert bewusst. In dieser einzigartigen Kombi waren wir unschlagbar, hatten wir doch mit Monas Vorarbeit über zwei Jahre viel Arbeit, Zeit und Liebe in unser Konzept gesteckt und wussten, dass wir eine Bereicherung für dm und alle Langhaarmädchen sein würden.

Unser Glück: Mona hatte seit Jahren eine Kundin, die „Global Managing Director" für einen Weltkonzern war, und die wir vor unserem Gespräch mit dm zu Rate gezogen hatten. Kontakte, Kontakte, Kontakte. Wo sonst findet man heraus, wo man sich mit dem einzigartigen Wert seiner Vision einordnen sollte. Bei Google diesmal definitiv nicht. Ihre Worte gingen runter wie Öl.

„Mädels, euch muss bewusst sein: Egal was euch dm bietet, es ist der Jackpot eures Lebens! So etwas findet ihr kein zweites Mal. Once in a lifetime bekommt man diese Chance. Unfassbar, wie ihr es geschafft habt, dm von euch zu überzeugen. Meinen herzlichsten Glückwunsch schon jetzt! Sie werden euch vermutlich ein monatliches Gehalt oder eine Lizenzsumme in Form einer prozentualen Beteiligung pro Produkt anbieten. Eine Beteiligung pro Produkt wäre natürlich das Beste und die fairste Variante."

Sie verriet uns, dass nur ein paar wenige Prozent im Normalbereich einer derartigen Kooperation zu erwarten waren und wünschte uns viel Glück. Wir waren so gespannt darauf, wie dm einem Start-up wie uns begegnen würde. Von Bodo Schäfer hatten wir ja gelernt, immer drei Nullen mehr an die monatlichen Einkommenserwartungen zu hängen. Mona übertrieb mit ihren Vorstellungen deshalb wieder einmal maßlos und beflügelte uns damit optimal, um mit den höchsten Erwartungen in das Gespräch zu gehen und uns nicht unter Wert zu verkaufen. Es war verrückt, wie uns unser Verstand immer wieder signalisierte, dass er lieber den entspannten Weg der Harmonie bevorzugen würde. Lieber wollte er eher klein beigeben, anstatt sich außerhalb seiner Komfortzone um hohe Ziele zu bemühen. Nichts da. Wir waren vorbereitet. Und bereit, für unseren Wert zu kämpfen.

Wieder erwarteten uns Brandmanager Adrian und Produktmanager Nicolas im Online-Meeting. Nach ein paar einführenden, freundlichen Worten kamen die beiden direkt zum Punkt. Uns war wohl allen wichtig, neben all der herzlichen Kommunikation auch zügig Klarheit in punkto Vergütung zu schaffen.

Was uns Adrian mitteilte, haute uns direkt vom Hocker:

„Wir möchten, dass ihr an jedem verkauften Produkt mitverdient. Geht es uns gut, geht es auch euch gut. Das ist für uns der fairste Weg, euch für eure Arbeit und „Liebe", wie ihr immer sagt, zu entlohnen."

Wir LIEBTEN dm.

Die Details des Angebots versteinerten allerdings unser Gesicht. Denn unsere von Nico vorgeschlagene Beteiligung mit einem am Produktpreis anteiligen Fixbetrag waren bei Weitem nicht das, was wir uns erhofft hatten. Mona ergriff sofort das emotionale Wort. Sie war dabei immer so mutig, ohne den Respekt zu verlieren.

Jungs, wir sind ganz ehrlich. Wir wissen, welches Privileg wir haben, überhaupt mit euch solche Gespräche führen zu dürfen, und möchten mit folgenden Worten nicht die Wertschätzung für unsere Zusammenarbeit schmälern, allerdings ist das leider nicht einmal annähernd das, was wir uns vorgestellt haben. Ihr müsst euch vorstellen, dass wir nun seit über zwei Jahren an diesem Konzept arbeiten. Wir werden unbezahlbare Expertise, Liebe und die Erfahrung der letzten zehn Jahre als Friseurmeisterinnen in diese Kooperation stecken. Wir hatten uns ehrlich gesagt eine höhere Beteiligung pro Produkt vorgestellt.

Die Stimmung knisterte.

„Mädels, jetzt sind wir aber etwas perplex. Habt ihr euch das mal ausgerechnet? Das wäre weitaus mehr als das, was ihr als Friseurmeisterinnen verdient."

Das stimmt. So denken wir aber nicht mehr, Adrian. Wir sehen unsere Provision nicht als Gehalt. Wir bauen damit unser Unternehmen auf, was langfristig auch euch dienlich sein wird. Wir betrachten uns auf einem völlig neuen Level, als Friseurmeisterinnen mit Unternehmerinnengeist und ganz neuen Skills. Vielleicht haben wir kein Zeugnis vorzuweisen, wie das andere können. Allerdings kennt ihr unsere Geschichte nun wie kein Zweiter und wisst selbst, was wir hier reingesteckt haben und auch noch weiterhin reinstecken werden.

Ich ergänzte den operativen Part.

„Wir sind bereit, einen LKW-Führerschein zu machen und mit Stylingbus BOP persönlich durch das ganze Land zu ziehen. Wir werden eine Roadshow mit Eventtagen ohne Ende abliefern. Ihr habt uns jederzeit als kostenlose Stylistinnen, die ihr flexibel für die Marke einsetzen könnt. Wir liefern euch unser Stylisten-Netzwerk für sämtliche Events, bei denen wir uns um die Organisation und die Qualitätssicherung kümmern. Ihr könnt uns auf Pressereise schicken und uns auf Bühnen stellen. Wir haben unfassbaren Bock und ihr spürt, welches Feuer in uns brennt! Wir werden euer wahr gewordenes Marketing für euch und die Marke leben. Wir führen ab Tag eins ununterbrochen Social Media Tagebuch und werden uns neben unseren Aufgaben als Stylistinnen immer auch um den individuellen Costumer Support kümmern. Jede einzelne Nachricht werden wir mit Fachwissen und Herzblut beantworten. Keine Agentur der Welt könnte euch so etwas bieten. Wir sind Influencer, Handwerkerinnen und Markenbotschafterinnen in einem."

Mona vollendete unsere Rede:

Wir nehmen aktuell keine Bräute mehr an, was uns in der Regel im Gesamtpaket 2.000 - 3.000 Euro pro Auftrag eingebracht hat. Wir fokussieren uns komplett auf euch und unsere Marke. Keine Nebenjobs, keine Ablenkung. 110% pure Leidenschaft für unsere Vision. Jedes einzelne Produkt wird hundertfach durch unsere Hände und Haare gehen, bis es im Regal landet. Es wird ultraviel zu tun geben. Überdenkt deshalb bitte noch einmal diesen Vorschlag und dann sprechen wir nochmal, okay?

Bitte nehmt es nicht persönlich, allerdings sind wir uns einfach unseres Werts bewusst und wissen, dass ihr der richtige Partner seid, um all das auszusprechen. Wir werden den Einsatz unseres Lebens dafür geben, diese Marke aus dem Boden zu stampfen und die Welt in Bewegung setzen, damit wir unsere Entfaltung über unsere Marke leben können! Ihr wisst, was uns dieser

Traum bedeutet. Dann wisst ihr auch, wie viel wir dafür geben werden! Denn wir sehen das als Wertschätzung für alles, was wir bisher geleistet haben und alles, was noch kommen wird.

Boom. Das hatten sie von zwei Friseurmeisterinnen vermutlich nicht erwartet.

Gleichzeitig, typisch wir, tat es uns so leid, dass wir ihnen unseren Wert so frech vor den Latz knallen mussten. Es ging nicht anders. Was wir uns jetzt liebevoll erkämpfen würden, war vermutlich für die nächsten Jahre der Grundstein unserer Partnerschaft. Wir hofften innerlich so sehr, dass wir Adrian und Nicolas als Überbringer ihrer gut gemeinten frohen Botschaft nicht kränkten.

„Okay ähm, Mädels, tatsächlich hatten wir damit jetzt nicht gerechnet. Ich weiß aber auch, was auf unserer Seite dahinter steckt und was wir guten Gewissens anbieten können, damit die Kooperation für uns rentabel bleibt. Ich muss aber auch echt zugeben, dass eure Sichtweise nachvollziehbar ist und wir uns dahingehend noch einmal etwas überlegen werden. Tut uns und euch nur bitte den Gefallen und setzt nicht alles auf diese eine Karte. Macht weiterhin eure Bräute, macht eure Stylisten-Jobs. Wir können euch, so gerne wir das möchten, nicht versprechen, dass die Marke durch die Decke gehen wird. Noch wissen wir, wie lange sie am Markt bestehen kann. Baut euch bitte auch ein zweites Standbein auf, auch wenn es ehrenhaft ist, wie sehr ihr an euch und eure Vision glaubt! Wenn die Produkte floppen, steht ihr sonst mit leeren Händen da, das wollen auch wir nicht riskieren."

Wir bedankten uns überschwänglich und ich werde nie vergessen, wie Mona nach unserer Verabschiedung mit einer Hand winkte und mit der anderen langsam den Laptop zuklappte. Wir sprangen auf, kreischten und drückten uns ganz heftig. Ein kleiner Schritt für die Menschheit. Ein unvorstellbar großer Schritt für uns. Das war unsere erste Verhandlung überhaupt und wir hatten es tatsächlich geschafft, das zu sagen, was uns auf der Seele lag. Jetzt konnte das Universum den Rest erledigen.

Wir kennen die Momente in unserem Leben, in denen wir vor Angst nicht aussprechen konnten, was wir wirklich fühlten. Die Jungs hatten uns mit ihrer professionellen Art und ihrer Menschlichkeit den Raum dafür gegeben, uns wohlzufühlen und das zu verkörpern, was wir wirklich waren. Langhaarmädchen.

Das ist, glaube ich, guuuut für uns gelaufen!

„Mann, warst du stark, Mona!"

Du erst, Julia!

Wir hatten so viel Adrenalin und gleichzeitig so viel Selbstachtung in uns, weil wir so sehr für uns selbst eingestanden waren. Dieses innere Wachstum machte uns so glücklich. Nie hatte ich mich so stark gefühlt. Egal, was nun herauskommen würde. Wir hatten uns bestmöglich für uns selbst eingesetzt.

Und ich sag dir: Was ein paar Wochen später folgte, übertraf all unsere Erwartungen. Das Verhandeln hatte wohl gefruchtet und unsere Energie zeigte Wirkung. Adrian und Nico boten uns nach diesem Gespräch im Namen von dm eine überaus faire prozentuale Lizenzsumme pro verkauftem Produkt an und überwiesen uns on top für all die Monate der gemeinsamen Entwicklung vor Launch ein nettes Sümmchen, mit dem wir uns über Wasser halten konnten.

Im ersten Verkaufsmonat, es war März 2018, überwies uns dm Deutschland bereits eine ordentliche 5-stellige Beteiligung, die sich aus der überwältigenden Kundenresonanz ableitete. Was wir sonst in mehreren Jahren als Friseurinnen nicht verdient hatten, lag nun mit einer Überweisung auf unserem Konto. Das war KRASS.

Papa Rudi, unser Finanzminischter, war baff. Und er machte sein Versprechen wahr. Seit diesem Zeitpunkt wächst ein Erfolgszöpfchen in seinem Nacken, das von Mama Erika mit Stolz gehegt und gepflegt wird.

Ich habe mich dafür entschieden, unseren Finanzweg heute mit dir zu teilen, weil für uns auf einmal alles zusammenpasste. Wir hatten von Beginn an das Privileg, ab sofort das zu tun, was wir lieben. Und im selben Atemzug den höchsten Kontostand unserer Karriere. Es war einfach unfassbar für uns, dass ausgerechnet das, was wir am liebsten machen wollten, am meisten Spaß mit sich brachte UND die beste Bezahlung. Was du liebst, machst du besonders gut. Was du besonders gut machst, hebt sich von anderen ab und verdient eine besondere Wertschätzung. So einfach ist das!

Unfassbar war es auch deshalb, weil wir einfach nach allen Regeln der Kunst und des Universums gehandelt hatten, unserer Begeisterung gefolgt waren, unseren Wert erkannten und den finanziellen Ausgleich letztlich einfach verdient hatten.

„Hättet ihr euch das je erträumen können?", war so eine klassische Pressefrage zu Beginn. Unsere Antwort mag für manche überheblich geklungen haben, aber es war die Wahrheit: „Klar! Genau diesen Erfolg hatten wir bereits in Australien visualisiert und uns immer zugetraut."

Zwei Jahre später warf uns Adrian, den wir heute liebevoll unseren Langhaarmädchen Papa nennen, dann mit seinem ehrlichen Zuspruch um:

„Ganz ehrlich, es war aus Unternehmerinnensicht in diesem Moment eure Aufgabe, mit uns zu verhandeln. Und Mädels, wir sind ganz andere Verhandlungsgespräche und Diskussionen gewohnt. Euch unterstützt man von Herzen gern, besonders, weil ihr solche Meetings immer ohne Anwalt oder Manager selbst in die eigene Hand nehmt. Ihr habt langsam richtige Fans bei dm sitzen. Ihr macht da irgendetwas richtig."

Auch wenn wir längst wussten, dass wir richtig gehandelt und verhandelt hatten, waren diese Worte von „der anderen Seite" so bestärkend und wertvoll für uns. Strategisch würden manche Egos auch nach Jahren solche Sätze, aus Angst, dass wir unverschämt werden könnten, niemals droppen lassen. Adrian machte es richtig. Uns schenkte diese Ehrlichkeit nur noch mehr Vertrauen in eine gemeinsame Zukunft auf Augenhöhe.

Genau so wollten wir Business machen. Ehrlich, transparent, wertschätzend und mutig genug, seine Frau zu stehen. In einem achtsam geführten Unternehmen sollte Zwischenmenschlichkeit für uns immer mehr wiegen als jedes Gold, ohne dabei den eigenen Wert zu vergessen. Business mit gesundem Menschenverstand UND Menschenherz.

Wir reduzieren uns seit unserer Gründung nicht mehr auf unsere Titel, auf unseren Lebenslauf, auf das, was wir offiziell gelernt haben. All das würde uns zu sehr beschränken, unseren Horizont verkleinern und uns als Persönlichkeit schmälern. Heute wissen wir, dass wir ganz klar ERST mit unserer Persönlichkeit und DANN mit unseren Abschlüssen und unserem Wissen überzeugt haben.

Begeisterungsfähigkeit lässt sich nun mal nicht als Note festhalten. Und sie lässt sich auch nicht messen. Darüber kann man sich ärgern oder aber sie als geheime Superkraft zum Overdelivern nutzen. Mona und ich haben - mehr unbewusst als bewusst - unsere aufgeweckte, energiegeladene Persönlichkeit als Trumpf ausgespielt und unser Gegenüber nicht mit Fakten, sondern mit Gefühlen, mit Energie und einer Vision von uns überzeugt. Während bei einem Gespräch unser Verstand noch die Fakten sortiert und abwägt, kann unterbewusst längst eine Sympathie geschaffen werden, die viel stärker wiegt als alles andere. dm hatte nicht einmal ein Zeugnis, einen Lebenslauf oder ein Bewerbungsschreiben von uns gesehen und wir mussten das auch nie nachreichen. Weil das am Ende ja auch nicht zählte. Sie machten es richtig.

Für uns war das Als-Persönlichkeit-gesehen-Werden das schönste Kompliment, das wir je erhalten hatten. Dass wir gleichzeitig so sehr wir selbst sein durften und dafür Ansehen und Erfolg ernteten, war ein Privileg, das uns heute umso mehr darin bestärkt und bestätigt, sich niemals zu verstellen und sich immer selbst treu zu bleiben. Unser Weg konnte letztlich nur funktionieren, weil wir uns mit unserem Wesen und unserem Können in exakt das Umfeld begeben haben, das perfekt zu uns gepasst hatte.

Mindful MEMO an Dich:

Kennst du das? Von manchen Menschen fühlst du dich gesehen und wertgeschätzt. Andere schaffen es, dass du dich selbst klein machst. Jeder hat seinen Sandkasten, in dem er glänzen kann, stellen sich Mona und ich immer vor. Finde deinen Sandkasten, deine richtige Platzierung, damit du leuchten kannst!

Hätten wir diese Langhaarmädchen auch bei anderen Friseurmarken sein können?
Wäre all das zu diesem Zeitpunkt auch von dm's großen Mitbewerbern gesehen worden?

You never know. Wir wissen es nicht und wir fragen uns das auch nicht mehr, weil wir so überglücklich sind, hier gelandet zu sein. Was wir ausstrahlen, ziehen wir an! Und das gilt für uns alle.

Tanz!

Vor allem aus der REiHE.

WERTSCHÄTZUNG –
IN DER SCHULE FLASCHEN, BEI DM MILLIONENSCHWER

In der Schule waren Mona und ich beide keine besonders hellen Köpfe. Zumindest laut Noten. Ich formuliere das bewusst so, weil wir das heute ohne Scham schmunzelnd zugeben können. Wir konnten mit unseren kognitiven Fähigkeiten weder im Logischen, Sprachlichen noch im Mathematischen sonderlich glänzen. Wir begreifen die Welt eher sinnesorientiert und sind auf unsere jeweilige Art und Weise hochsensibel. Dürften wir einen Unterrichtstag mit unseren Lieblingsfächern gestalten, wären diese vermutlich Visionskunde, Kreativstunde, Stärkensammlung, Dankbarkeitspraxis, Empathieunterricht und Erlebniszeit.

Manchmal blicke ich zurück und tu mir selbst leid, wie wertlos ich mich in den unterschiedlichsten Lebenssituationen gefühlt habe. Ich war noch nicht so weit, zu erkennen, was dafür in anderen Bereichen in mir steckte. Noten vermittelten mir immer wieder ein falsches Verständnis meines Wertes, trotzdem oder vielleicht gerade deshalb habe ich meinen Weg gefunden. In manchen Situationen fällt es mir spielend leicht, eine Bereicherung für andere zu sein, ein anderes Mal quäle ich mich in höchster Anstrengung und erreiche gefühlt nichts. Ich kann Dinge, die ich nicht direkt fühlen kann, schwer einordnen oder verstehe nicht, warum ich sie überhaupt einordnen muss. Ich fühle dann absolut nichts, wodurch es meinem Verstand unglaublich schwerfällt, sich Dinge vorzustellen oder zu merken. Früher habe ich mich dann oft dumm gefühlt. Doch so betrachte ich mich und andere heute nicht mehr. Ich fühle mich seit Langhaarmädchen, seitdem ich weiß, was ich erschaffen kann, so wertvoll wie noch nie und möchte meinem Vergangenheits-Ich und so vielen Menschen wie möglich ins Bewusstsein rufen, dass Intelligenz das Maß unseres Wertes nicht beeinflusst. Und noch weniger tun das unsere Schulnoten. In manchen Bereichen sind wir stärker, in anderen schwächer. Das war's. Heute kann ich einfach über mich selbst kichern, wenn ich wieder einmal merke, wie dieses Wunder von Körper und Geist in manchen Dingen so ausgeprägt und in anderen Dingen so sehr auf Standby-Modus steht. Ich freue mich über Themen, die mir absolut nicht liegen, weil sie mir in meinen Entscheidungen ganz deutlich zeigen, was ich lieber lasse und worauf ich mich besser fokussieren sollte. Dass dm heute mit uns und unserem Konzept Millionen umsetzt, ließ uns endlich verstehen, dass unser Intelligenzquotient nichts mit unserem menschlichen Wert zu tun hat. Dafür sollte es eigentlich keinen Konzern und keine Zahlen brauchen, aber auf einmal wog unsere Persönlichkeit etwas. Das wiederum ließ uns erkennen, was in uns steckt, selbst wenn dm wegbrechen würde.

Uns geht es nicht darum zu behaupten, wie leicht es ist, erfolgreich zu sein. Uns geht es darum, dazu anzuregen, die eigene Persönlichkeit unabhängig von Zahlen und Erfolgen als grundsätzlich wertvoll zu betrachten. Und ganz besonders dann, wenn du deine individuellen Stärken noch nicht für dich erkannt hast, ist unsere Botschaft an dich, dranzubleiben und die Türen der eigenen Selbstwirksamkeit zu entdecken. Nie wäre mir während meiner Schulzeit nur annähernd der Wunsch in den Sinn gekommen, eines Tages Unternehmerin zu sein. Dieses Ziel lag einfach nicht in Reichweite, ich hatte es noch nicht mal auf meinem Radar. Damals ließ ich zu, mich von meinen Schulnoten limitieren und mir von ihnen meinen Wert als Mensch definieren zu lassen. Doch die Wahrheit ist, es lässt sich einfach nicht jede Fähigkeit in einer Schulnote ausdrücken! Dass ich unzählige Male zur Klassensprecherin gewählt wurde, obwohl mir das Sprechen vor der Klasse größte Überwindung und Mut abverlangte, wäre ein erstes Indiz für meine Führungsqualitäten und mein Einfühlungsvermögen gewesen. Dass ich laut meiner Eltern andere schon immer mitreißen und motivieren konnte, ein nächstes. Dass ich vom Kindergarten und der Schule heimkam, direkt weiterbasteln wollte und vor lauter Kreativität kaum zu bremsen war, ein weiteres.

Mindful MEMO an DICH:

Wenn du dich heute (noch) nicht da siehst, wo du gerne hinmöchtest, oder vielleicht sogar noch zur Schule gehst und so wie ich damals einfach nicht zu den Besten deiner Klasse gehörst, dann wirst du vermutlich manchmal Zweifel haben. Tu dir heute den Gefallen und lass deine

Zweifel zu. Ja, lass sie zu, statt sie einfach zu verdrängen. Wenn wir Zweifel hören und uns erlauben, sie in unser Bewusstsein zu lassen, ist das erst einmal ein mutiger Schritt. Denn was folgt, könnte Veränderung bedeuten und weh tun. Allerdings könnten sich dir auch neue Wege eröffnen, auf denen du dich nie gesehen hättest, hättest du deine Zweifel weiterhin verdrängt. Also zieh die Schule durch, finde deinen Sandkasten, indem du abliefern kannst, finde dein Material, deine Umgebung, deine Menschen, mit denen du glänzen kannst. Noch besser, glaube daran, dass es da einen Platz, eine Plattform für dich gibt, die für dich wie geschaffen ist. Wenn nicht, erschaffe sie selbst.

Bestes Beispiel dafür ist unser eigenes Langhaarmädchen-Team. Wir bestärken uns gegenseitig in unseren Talenten und erschaffen das, was wir vermissen, einfach selbst. Unseren wöchentlichen Team-Call starten wir Montagmorgen mit unserer Dankbarkeits-Routine. Jeder bringt sich und die anderen kurz zum Strahlen oder berichtet von aktuellen Herausforderungen. Besonders, weil wir kein gemeinsames Büro haben, und in ganz Deutschland verteilt als Langhaarmädchen arbeiten, sind diese privaten und emotionalen Gefühl-Updates so wertvoll für unsere gemeinsame Entwicklung.

Um nur ein paar Heldenreisen unseres Teams zu erwähnen, habe ich hier einige sehr persönliche Eindrücke für dich gesammelt, die alle verdeutlichen, dass die eigene Selbstwertschätzung völlig neue Wege offenbaren kann.

Julia Sikorski, die vierte Friseurin neben Mona, Roby und mir im Bunde, kam damals auf uns zu, als wir in *BOP dem Zweiten* Flechtfrisuren zur Wiesn anboten. Ohne konkretes Ziel, aber mit sympathischem, direktem Wumms, wollte sie sich einfach einmal bei uns vorstellen, weil sie spürte, dass sie als klassische Friseurin im Salon nicht für immer glücklich werden würde. Heute hat sich unsere Julia Si von der Friseurin zu unserer internen Produktmanagerin entwickelt, verantwortet gemeinsam mit dm unser Sortiment, steht regelmäßig für Produktfragen und Stylingtipps vor der Kamera und kümmert sich, wie wir es von keiner anderen Haarpflegmarke kennen, herzergreifend um unsere Community. Um dich! Julia schreibt unsere Newsletter, pflegt unser

Stylistennetzwerk, füllt unseren Messenger Bot für die ideale Produktberatung und lebt im Mix aus Friseurin und Produktmanagerin ihren Traum. Diese Alleskönnerin hat mit ihrer quirligen Art, die, wie sie uns erzählte, nicht überall in ihrem Leben Anklang fand, ihren Platz bei uns gefunden und kreiert ihn, durch ihre Stärken, selbst immer wieder neu. Julia kann heute von überall aus arbeiten, teilt sich ihren Arbeitsalltag und Urlaub ohne Kontrolle selbstständig ein und verdient mehr als zu jeder Friseurzeit. Alles nur, weil sie mehr in sich gesehen hatte und einfach den Mut fand, auf uns zuzukommen. Auf Menschen, die sie nicht kannte, aber die sie sehen konnten.

Mindful MEMO an DICH:

Du hast da noch ein paar Fragen über deine Haare? Oder möchtest wissen, welche Produkte am besten zu dir passen? Wir wollen, dass du mit unserer Haarpflegemarke wirklich den Unterschied spürst! Hol dir unsere geballte Erfahrung, Power und Expertise für deine ganz persönliche Haarberatung direkt ab und lass dich von Julia Si's größtem Werk, unserem Haarberatungs-BOT bei der Auswahl deiner Lieblingsprodukte unterstützen! Damit keine Frage unbeantwortet bleibt, hat Julia Si eine virtuelle Assistentin erschaffen. Alles, was der Langhaarmädchen BOT nicht beantworten kann, beantwortet Julia Si dann persönlich. Probier's aus! Scanne einfach den QR-Code und frage uns, was du schon immer von uns wissen wolltest!

Roberta Di Mitri fehlen als Italienerin manchmal die passenden deutschen Wörter, wie sie sagt, aber dafür nie ihr Gefühl. Schon vor unserer Zeit als Langhaarmädchen haben wir zusammen mit ihr als Friseurinnen und Freundinnen in München gearbeitet. Sie war eine der Ersten, die an uns und unsere Vision glaubte, weil sie uns fühlen konnte. Heute trägt Roby maßgeblich dazu bei, womit sich in fünfzehn Ländern[8]

unter der Dusche eingeschäumt wird. Sie testet und entwickelt mit uns unsere Langhaarmädchen-Produkte und verzaubert seit Dezember 2021 als Salonleitung und Friseurmeisterin in unserem Langhaarmädchen-Salon, besonders mit ihren ganzheitlichen, herzlichen Beratungen, unsere Gäste. Trotz ihrer Multiplen Sklerose (MS), einer chronisch-entzündlichen Autoimmunerkrankung des zentralen Nervensystems, steht sie - noch dazu als liebende Familienmama einer kleinen Tochter - ihre Frau bei uns. Ohne ihre eigene Wertschätzung für sich selbst, ohne ihr Temperament, ohne ihre Amore hätten wir Roby nie da sehen können, wo sie heute ist.

Mindful MEMO an DICH:

Vielleicht hast du gesundheitlich selbst Baustellen? Und kannst gerade ein paar aufmunternde Worte gebrauchen? Eine starke Frau wie Roby wünscht sich jeder an seiner Seite. Deshalb teile ich nun von Herzen gerne mit dir eine berührende Sprachnachricht, die Roby mir und Mona im Sommer 2022 gesendet hat.

Gemeinsam bezeichnen wir vier uns als das A-Team (Amore Team) der Friseurinnen und sind uns sicher, mit diesen wunderbaren Profis und ihrer Kombination aus Liebe und Expertise die Besten in unserem Langhaarmädchen-Unternehmen zu haben.

Unsere Eva Paulina Maier hatte sich nach ihrem Bachelor im Bereich Mode- und Designmanagement 2019 bei uns als Social-Media-Fee beworben. Eva überzeugte uns menschlich wie auch fachlich von Anfang an so sehr, dass sie direkt die Kommunikation mit dm und sämtlichen weiteren Partnern selbst verantwortete und damit unsere Unternehmenskultur der Potenzialentfaltung bestmöglich für ihre Entwicklung

[8] Stand Oktober 2022

ausschöpfte. Mit ihrer Nebentätigkeit als international gefragtes Model lernte sie schon früh, ihr Leben in die eigene Hand zu nehmen, und entwickelte sich während der gemeinsamen Zeit mit uns so stark weiter, dass wir ihr die Augen für ihre Selbstständigkeit öffnen konnten. Wir unterstützten Evas Entwicklung als Angestellte zur Freelancerin im größten Vertrauen, weil wir es lieben, Schmetterlinge bei ihrer Entpuppung zu fördern. Eva hatte als Model selbst oft genug die bittere Erfahrung machen müssen, was nicht mal die eigenen Gedanken, sondern fremde Blicke am Set ausrichten konnten. Durch Evas Empathie und ihre motivierende, liebevolle Unterstützung konnten auch Mona und ich vor der Kamera wachsen und lernten, uns wohlzufühlen. Heute prägt diese Vision Evas Selbstständigkeit, mit der sie unsere Langhaarmädchen-Welt immer wieder projektbezogen unterstützt.

Johannes Günther, unser Langhaarboy, war über die letzten Jahre zu meinem reizenden Friseur in Karlsruhe geworden, dem ich blind vertraute. Durch all unsere euphorischen Friseur-Gespräche über Langhaarmädchen und unter keinerlei Erwartungen meinerseits, verliebte sich Hannes in die Vorstellung, ein Teil des Langhaarmädchen Salons zu sein und zog kurzerhand für uns nach München. Sein lustiges, herzliches und einzigartiges Wesen fand vor der Kamera auf einmal ein neues Erblühen und ließ seine brillante Handwerkskunst in einem völlig neuen Licht erstrahlen. Obwohl oder weil Hannes kurze Zeit zuvor im Alter von 26 Jahren seine Mutter mit Vorerkrankung MS und an einer hereinbrechenden Lungenentzündung verlor, fasste er neuen Mut, seinen ausgelatschten Trampelpfad zu verlassen und das neue Salon-Abenteuer mit uns in München zu wagen.

Unsere Polly Aurelia Pilz, gelernte Innenarchitektin und Tanzfreundin von Mona, ist heute, weil sie auf der Suche nach mehr Tiefe und Sinn in ihrem Job war, unsere Salonmanagerin, die mehr als nur den Salon organisiert. Mit ihrer Vision macht sie ihn zur erlebnisreichen Wohlfühloase für unsere Gäste, die nicht nur zum Haarestylen, sondern auch zum Verweilen einlädt. Ihre Mutter erkrankte in Pollys früher Kindheit an einer psychischen Störung, was den Verlust ihrer Mutter und jegliches Fehlen einer liebevollen Erziehung bedeutete. Besonders deshalb lebt Polly heute bewusst ihre Weiblichkeit bei uns

Langhaarmädchen aus und feiert die Verbundenheit, die wir mit unserem Unternehmen nicht nur nach außen verbreiten möchten.

Was Mona und ich in Hülle und Fülle an familiärer Harmonie erfahren durften, wirkt sich heute positiv auf die jeweiligen Päckchen aus, die jeder von uns ganz individuell zu tragen hat. Unser gegenseitiges Vertrauen ineinander und unsere starke familiäre Basis ermöglicht es uns, dass wir uns in unserer Langhaarmädchen-Bubble gegenseitig tragen und lässt uns all das, was uns im Leben enttäuscht hat, für uns und andere anders machen.

Jede Mitarbeiterin, jeder Mitarbeiter, jedes Mitglied im Team Langhaarmädchen - ob in Festanstellung oder als Freelancer - schreibt bei uns seine oder ihre ganz persönliche Heldengeschichte. Die Inspiration, die jede Person für sich und andere mitbringt, ist einzigartig, und lässt Langhaarmädchen als Marke nach innen und nach außen zu dem werden, was sie sein kann. Bei uns bekommt jeder die Chance, gesehen zu werden, um mit Einsatz und Herz den eigenen Weg und damit den Weg unserer Marke mitzugestalten. Keiner macht heute ausschließlich das bei uns, was er gelernt hat. Jeder folgt Stück für Stück seiner Begeisterung und dem, was dem Wohl und dem Wachstum von Langhaarmädchen dienlich ist. Wir alle arbeiten weit über unsere Fähigkeiten hinaus und ermöglichen uns dadurch ständige persönliche und unternehmerische Weiterentwicklung.

Ich hatte das unfassbare Privileg, eine wunderschöne Kindheit und Jugend zu genießen. Ich bin damit gesegnet, dass ich so gut wie keine Ängste oder Sorgen kenne. Anhand vieler persönlicher Lebensgeschichten von Personen in unserem Team durfte ich verstehen lernen, dass ich aufgrund meiner inneren Stabilität, die wohl aus meiner Kindheit rührt, als Unternehmerin die Verantwortung und Aufgabe auf mich nehmen möchte, meine Kolleginnen und Kollegen, so weit mir das möglich ist, zu stützen. Der Fels in der Brandung, der ich für mich selbst bin, soll gerne auch für andere da sein. Mit vielen Erfahrungen, die das Leben schreibt, wachsen oft auch die Zweifel, das Vertrauen lässt nach, der Mut geht verloren. Manche Geschichten lassen uns zurückhaltender und vorsichtiger werden. Doch jede neue Situation, jede neue Beziehung, jeder neue Anfang hat es verdient, mit vollem Vertrauen, vollem Mut und vollem Selbstbewusstsein gelebt zu werden.

An meiner eigenen Geschichte durfte ich lernen, dass jeder etwas in sich trägt, was für andere von unfassbarem Wert ist. Nur dass man dieses Talent, diese Fähigkeit, diese Stärke oft selbst nicht sieht. Oder man schätzt sie als wenig speziell ein und hält sich damit selbst klein. Besonders, wenn uns unser Weg noch nicht ganz klar erscheint, liegt für uns ein machtvoller Wegweiser darin, immer wieder den noch so kleinen Dingen zu folgen, die uns glücklich machen. Das ermöglicht uns das Erlangen von Klarheit. Ich diene meinem Unternehmen und meinem Umfeld am meisten, wenn ich immer wieder hinterfrage und mir bewusst mache, was mir leicht fällt und was kein anderer so gut kann wie ich selbst. Heute weiß ich, dass Empathie, Stabilität und meine Feinfühligkeit eine meiner größten Stärken sind.

Mindful MEMO an DICH:

Was sind deine Stärken, die du heute in dir wahrnehmen kannst? Notiere sie und frage dann drei Personen in deinem Umfeld, welche Eigenschaften sie an dir besonders schätzen. Das inspiriert, tut gut und streichelt ein bisschen die Seele.

Ja, vielleicht ist es nicht üblich, in einem Unternehmen von so viel Liebe und Harmonie zu sprechen. Doch Mona und ich haben uns das „Grundeinkommen" von dm hart erarbeitet. Genau dieses Privileg unserer aktuellen finanziellen Sicherheit nutzen wir und machen es uns zur Aufgabe, Business anders anzugehen und die Zwischenmenschlichkeit, auf der alles basiert, hoch zu schätzen. Wirtschaftlichkeit muss in einem Unternehmen sowieso immer gegeben sein. Und dass auch jede Stabilität einmal ins Wanken geraten kann, wenn auch nur in Gedanken, durften wir während der Pandemie erfahren. Eine Zeit, in der viele unbewusste Ängste ans Tageslicht getreten sind. Sicherlich sind auch wir als Führungskräfte nicht immer perfekt. Doch unser Team lernt, mit uns und unseren Fehlern zu wachsen und schätzt es, genauso wie Mona und ich, lieber den gemeinsamen, unperfekten aber authentischen Weg zu gehen, als festgefahrene Richtlinien vorgelegt zu bekommen. Unsere heutige Wirtschaftlichkeit wurde allerdings auch erst durch Menschlichkeit geschaffen. Deshalb gibt es heute für Langhaarmädchen als erfolgreiches Unternehmen auch keine Ausreden mehr, warum wir nicht noch mehr für Female Empowerment eintreten sollten. Wir wollen noch mehr starke Frauen in der Wirtschaft sehen. Gleichzeitig sehen wir uns nicht in der Aufgabe, Arbeitsplätze zu schaffen. Im Gegenteil. Mit unserer besonderen Art zu arbeiten wollen wir erreichen, Menschen von der Arbeit zu befreien. Ganz einfach indem sie das tun, was sie lieben.

Mindful MEMO an DICH:

Auch du bist längst Millionen wert. So oft hören wir von Freunden, dass sie über sich selbst denken, kein besonderes Talent oder keinerlei Stärken zu besitzen. Bullshit! Es geht nicht um eine bestimmte, sichtbare Gabe. Es geht darum, dass du mit deinem Wissen, deinen guten und schmerzlichen Erfahrungen und deinen Gefühlen erst in Kombination mit deiner Persönlichkeit einzigartig auf dem gesamten Planeten bist! Wenn du dir nur für eine Sekunde wahrhaftig vorstellen und fühlen kannst, dass du wirklich unfassbar wertvoll bist, werden sich neue Türen öffnen, davon sind Mona und ich überzeugt. AUGEN schließen und LOS GEHT'S!

Der REGISSEUR
deines
Lebens
bist DU.

ZWEIFEL – DER THRILLER IN MEINEM KOPF

Es ist Sommer 2016. Wir haben einen Traum, aber noch keine Ahnung, wie wir ihn verwirklichen können. In dieser einen Nacht hatte ich einen Thriller geschaut. Es handelte sich um einen Kerl, der anfangs ganz nett schien, aber sein Umfeld durch seine vermeintlich freundliche Persönlichkeit mehr und mehr für seine düsteren Ziele manipulierte. In dieser Nacht saß ich nach dem Film auf unserem Badewannenrand und wurde stutzig. Was war, wenn Mona alle Fäden um sich herum zog, nur um *ihr* Ziel zu erreichen. Einer ihrer liebsten Buchtitel „How to Win Friends & Influence People" war mir ja von Anfang an suspekt gewesen. Manipulierte mich Mona für ihre Zwecke? Waren all ihre stärkenden Worte vielleicht nur da, um mich motiviert zu halten? War all ihre Euphorie pures Verkaufen, um zu ihrem Glück zu gelangen? Ihre Komplimente schafften Wertschätzung, Wertschätzung schaffte Motivation, Motivation schaffte Erfolg. Wessen Ziele waren es nun? Waren es Monas Ziele oder wirklich auch meine eigenen?

In dieser Nacht war ich deprimiert. Denn ich wusste nicht mehr, was ich glauben sollte. Ich behielt diesen Gedanken für mich und schlief eine Nacht darüber. Dann passierte, was für mich den typischen Charakter unseres Gehirns widerspiegelt. Schlagartig wurde mir bewusst, dass mein Verstand nicht mehr zwischen Fiktion und Realität unterscheiden konnte. Mein Verstand war im Film gefangen. Ein Trauerfall in einem Film regt, auch wenn wir uns der Tatsache bewusst sind, dass es ein Film ist, unsere echten Trauergefühle an. Deshalb lieben wir Filme. Sie spielen mit unseren Gefühlen und ermöglichen uns, in voller Sicherheit auf der Couch oder im Kino Angst, Drama, Humor oder Freude zu erleben. Meine Psycho-Drama-Maschine war durch diesen Film angeworfen worden, erzeugte geistige Brandstiftung, und sprang mit fließendem Übergang und voller Freude auf meine Realität über. Für mich war es wichtig, diesem leicht paranoid angehauchten Gedanken trotzdem Raum zu lassen und ihn nicht einfach zu verdrängen. Ich wollte nicht irgendwann aus diesem Langhaarmädchen-Film aufwachen und viel zu spät bemerkt haben, was wirklich passiert war. So spielte ich in meinem Kopf verschiedene Langhaarmädchen-Szenen durch und malte mir am nächsten Tag das Worstcase-Szenario aus.

Viele Jahre später erfuhr ich, dass diese Worstcase-Methode, die ich ganz intuitiv abspulte, eine bewährte Methode in vielen Unternehmen war. Es wird dabei der schlimmste Ausgang einer Idee durchgesponnen, um das eigene Risiko einzuordnen und abzuwägen und um danach eine Entscheidung dafür oder dagegen treffen zu können.

Unternehmertum bedeutet Risiko, keine Frage. Und Risiko verlangt immer ein Stück weit Mut, in das Unvorhersehbare zu investieren. Was konnte also im schlimmsten Fall passieren? Ich würde wieder als Friseurin arbeiten und hätte eine wilde Zeit erlebt, getreu dem Motto „Clever war's nicht, aber geil." So weit kam's zum Glück nicht. Sofort stieg bei dieser Worstcase-Methode das Gefühl empor, dass ich sooo vieles bereuen würde, würde ich das Langhaarmädchen-Projekt mit Mona nicht riskieren. Viel zu viel fühlte sich gut dabei an. Ich hatte von Mona nicht nur Wertschätzung und Sichtbarkeit erfahren, um für Mona Träume zu verwirklichen. Ich hatte die einmalige Chance bekommen, mich durch den Mut und die Fantasie dieser Frau von ihren Träumen mitreißen und hochziehen zu lassen, um überhaupt erst einmal zu hinterfragen, welche eigenen Träume ich gerne entwickeln und mit einfließen lassen wollen würde. Immer wieder hatte mich Mona gefragt, was mein Idealfall war. Immer wieder wollte sie nichts ohne mich und meine Meinung tun. Immer mehr begriff ich, dass mich Mona nicht nur als Assistentin brauchte, die ich liebend gerne für sie abgegeben hätte. Sie wollte und brauchte mich als Partnerin. Und es lag an mir, mich zum einen oder zum anderen zu entwickeln. Mona hielt mich nicht klein. Sie machte mich groß. Für mich wäre es der Worstcase gewesen, zurück in einen Salon zu müssen, ohne mich als Persönlichkeit ausprobiert zu haben und ohne mich bewiesen zu haben mit dem Potenzial, das ich in mir spürte.

Mindful MEMO an DICH:

Gibt es bei dir da etwas, was du dich gerne trauen würdest? Mein Tipp an dich lautet: Frage dich wirklich, was schlimmstenfalls passieren kann, wenn du den mutigen Schritt wagst. Vielleicht gibt es da eine Person, der du schon längst schreiben möchtest. Eine Bewerbung, die du längst abschicken wolltest. Eine Reise, von der du schon lange spürst, dass du sie antreten solltest? Was ist in deinem Fall das Worstcase-Szenario? Was kann dir passieren? Spiele es durch. Vielleicht stellst du fest, dass selbst der schlimmste Ausgang halb so wild wäre.

Mona hatte Ziele, die sie erreichen wollte. All das hatte sie mir samt ihrer geheimen Anfangsmotivation durch ihre Essstörung offenbart. Gleichzeitig hatte sie für mich die liebevollste Art, diese Ziele zu erreichen. Es lag nun an mir, all das entweder als Manipulation abzustempeln und mich von meinen eigenen Gedanken runterziehen zu lassen oder all das als Wachrütteln und als die Chance meines Lebens zu erkennen. Es gibt Optimisten und Pessimisten. Beide haben Recht, weil sie sich die Dinge um sie herum so lange so hindrehen, dass sie zu ihrer Wahrheit werden. Es ging also nicht darum, was Mona war, sondern darum, was sie in meiner Realität war. Was war es, was ich in ihr sehen wollte?

Ich merkte, dass sich auch einige meiner Freunde genauer anschauten, was Mona mit mir machte. Für viele war es ungewohnt, eine so liebevolle Person gegenüber zu haben, die nicht anecken wollte und trotzdem ganz klar ihren Weg verfolgte. Es war ein Sich-treu-Bleiben, ohne darauf zu verzichten, sich um das Wohl seines Umfelds zu kümmern. Es kam mir so vor, als wollten die Menschen entweder ein skrupelloses Arschloch sehen, von dem sie wie im Film direkt wussten, wo sie es einzuordnen hatten, oder ein liebevolles Mauerblümchen, das wahre Empathie lebte und keinem etwas tat.

Eine Unternehmerin, die durch Empathie, Menschlichkeit und dem Beachten anderer Idealfälle Erfolg anstrebte, kam der Gesellschaft gefühlt suspekt vor. Das Drama in vielen Köpfen war vorprogrammiert. Erschwerend kam für viele in meinem Umfeld dazu, dass ich mich damals von meinem langjährigen Partner getrennt hatte. Eine Tatsache, bei der heimlich auch gerne auf Mona gezeigt wurde. Auf einmal gab es da ein Leuchten und übergroße Ziele in meinen Augen. Ein Faible für Persönlichkeitsentwicklung und so viele neue Themen, von denen ich schwärmte. Bücher statt Netflix. Podcasts beim Putzen. Deepe Gesprächsversuche beim Feiern. Dabei war genau das die größte Authentizität, die wir beide nun leben konnten. Warum sollte Business nur mit Ego-Mentalität funktionieren. Wieso nicht selbst auf das Wort *Chefin* verzichten und als Langhaarmädchen mit Leichtigkeit zum Erfolg tanzen.

Mona und mir ist bewusst, dass es manchen einfach nicht gefällt, dass wir mit unserem Dauergrinsen und unserem romantischen Optimismus erfolgreich sind. Doch nach all den Jahren liegt uns nichts mehr daran, alle von uns zu überzeugen. Diejenigen, die mit unserem Konzept nichts anfangen können, lassen wir in Ruhe, und diejenigen, die Langhaarmädchen mit uns feiern, und die diese Energie und Liebe und unsere Produkte schätzen, oder so wie Mona und ich brauchen, lieben auch unsere Art, Business zu machen. Das Wichtigste ist doch, sich wegen ein paar kritischer Stimmen, die es sowieso immer geben wird, nicht von seinem Weg abbringen zu lassen. Und dabei geht es nicht immer nur um Stimmen von außen, sondern auch darum, die eigene Stimme des Verstandes im Zaum zu halten und immer wieder neu zu erkennen, was man wirklich will. Wenn es leicht wäre, würde es jeder machen, sage ich uns dann immer. Und die größte Herausforderung ist nicht und war auch niemals, unsere eigenen Schwächen wie BWL zu kompensieren. Sich in jedes Gebiet und Problem einzulesen und Lösungen zu finden, würde viel zu viel Zeit und Energie kosten. Mit dem Ergebnis, am Ende erst nur Durchschnitt zu sein. Zeit und Energie investieren wir lieber in jene Bereiche, in denen wir Profis sind. In die Entwicklung unserer Produkte beispielsweise oder in die Kunst, seine Kund*innen zu lieben. Unser Leitsatz, dass es immer jemanden gibt, der auf seinem Gebiet Profi ist, und dessen Kompetenz und Stärke wir uns für Langhaarmädchen zunutze machen können, ist Teil unseres Erfolgsgeheimnisses.

Die wahren Herausforderungen liegen doch darin, immer wieder Menschlichkeit zu beweisen. Nie, nie, nie aufzuhören, sich in andere hineinzuversetzen, zu verstehen, wo der Schmerz oder auch die Freude des Gegenübers liegt und zu respektieren, dass jeder seine individuelle

Weltbetrachtung hat. Jeder spielt in seinem eigenen Film, jeder lebt in seiner eigenen Gedanken-Stadt mit einer Orientierung, die nur er sich mit seinem Blickwinkel aufgebaut hat.

Mindful MEMO an DICH:

Geht's dir hier auch so? Sind es nicht meistens die zwischenmenschlichen Themen, die uns zum Brodeln und Verzweifeln bringen? Natürlich kann auch mal ein abgestürzter Laptop oder ein verlorener Geldbeutel Nerven kosten. Aber was uns wirklich berührt und herausfordert, sind die Beziehungen zu anderen Menschen.

Immer wieder ist es für uns zusammengefasst LIEBE, die wir beweisen dürfen, um voranzukommen. Liebe gegenüber uns selbst. Liebe für unser Umfeld, und Liebe für all die Begegnungen, die es uns ermöglichen, durch unsere Entscheidungen unser Leben zu gestalten. Und so ist zu unserem Geheimrezept geworden, was längst in uns war, und was wir nicht erst noch hätten lernen oder uns aneignen müssen: Jeder Situation mit Liebe zu begegnen.

Es hätte mir in diesem Augenblick nicht einmal etwas gebracht, hätte ich einen Blick in die Zukunft werfen dürfen. Es war, als begriff ich zum ersten Mal, dass ich es war, die die verschiedenen möglichen Ausgänge meines Lebens in der Hand hatte. Es kam jetzt nur darauf an, wovon ich mich leiten ließ. Wie in vertikalen Filmschnipseln mit 100 verschiedenen Szenarien, wie der Film meines Lebens enden könnte, sah ich auf einmal alles vor mir. Ich durfte über das Genre meines Films entscheiden: klassisch-romantischer Spielfilm, nervenaufreibender Action-Thriller, oder ereignisreicher Roadmovie. Die Wahrheit ist, oft ist es einfach eine geile Mischung. Aber ich bin die Regisseurin.

Nein, es gab nie einen vorbestimmten Weg für mich. Und ich wollte ihn auch nicht auf mich zukommen lassen. Ich wollte meinen Weg gestalten. Es lag ganz allein an mir, wie dieses Märchen ausgehen würde. In diesem Moment schwor ich mir, dass mein Happy End nie an meiner Einstellung scheitern würde. Denn ich konnte Fehler machen und so oft die falsche Abzweigung nehmen, wie ich wollte. Das Wichtigste war, niemals aufzuhören, an meine Kraft zu glauben, Lösungen zu finden. Dann wusste ich, konnte es nur gut ausgehen.

Mindful MEMO an DICH:

Es macht so einen enormen Unterschied, ob man sich selbst als Figur in irgendeinem x-beliebigen Film betrachtet oder ob man sich wirklich als Hauptdarsteller*in seines eigenen Lebens sieht. Ich wünsche mir so sehr für dich, dass du diesen Unterschied spürst und dich dann für den Weg von Selbstverantwortung und Vertrauen entscheidest. Für einen Weg, den du bewusst gehst, und wo du bei jeder Ausfahrt selbst entscheidest, ob du sie nehmen oder auf deinem Pfad bleiben möchtest. Das hat nichts damit zu tun, dass wir dann für immer vor Schicksalsschlägen gefeit sind, überhaupt nicht. Aber die innere Ausrichtung darauf, selbst Gestalter seines Lebens zu sein, heißt letztlich, 100 % Verantwortung für sein Leben zu übernehmen. Du musst dabei heute nicht wissen, wie dein Leben in zehn Jahren aussehen wird. Du musst nur wissen, dass alles, was in dein Leben kommt, auch von dir gemeistert werden kann. Du willst einen „Abenteuerfilm" im Genre „Preisgekrönte Titel"? Dann setz dich hin und schreib dein Drehbuch!

Ich hatte mein Vertrauen zurück. Nicht das, was ich in Mona, sondern das, was ich in mich verloren hatte. *Habt ihr jemals an Langhaarmädchen gezweifelt?* Diese Frage wurde uns rückblickend oft gestellt. Mona und ich grinsen uns dann immer tief an und sagen: Nein, Zweifel gab es nie. An der Mission Langhaarmädchen hatten wir nie gezweifelt. Es ist lediglich unser Verstand, der uns immer mal wieder daran erinnern will, an uns selbst zu zweifeln, doch das lassen wir nur noch kurz zu und aufkommende Sorgen dann wieder gehen. Heute wähle ich ganz bewusst, welche Filme ich meinem Verstand vor dem Zu-Bett-Gehen zumute. Ich schaue meinen Gedankengängen dann gerne wie aus einer Außenperspektive dabei zu, wie sie wieder mal ihre eigenen Wege gehen - in dem Vertrauen, immer wieder zu mir zurückzufinden.

STAY CLOSE

to people who feel like

Sunshine

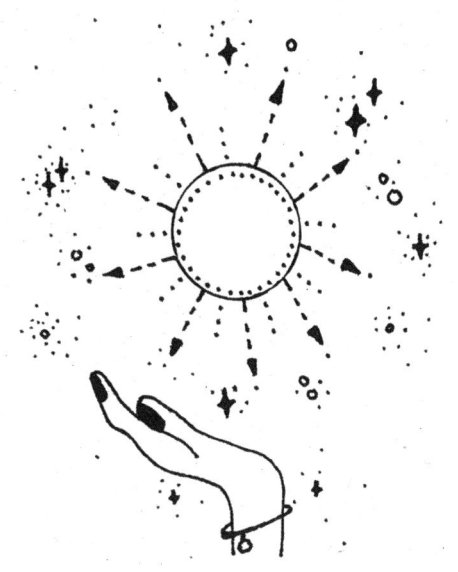

UNKOMPLIZIERTHEIT — DIE KRAFT UNSERER FREUNDSCHAFT

Omaaaa, nicht schon wieder die Langhaarmädchen-Geschichte!

Mona und ich kichern uns weg und genießen als alte, weiße Zarthaarmädchen in zwei Schaukelstühlen sitzend und sonnengeküsst von der Golden Hour den Blick aufs Meer. Umringt von unseren vielen Enkelkindern haben wir zu diesem Zeitpunkt ein Imperium aufgebaut, das es unseren Urenkeln noch ermöglicht, Langhaarmädchen im dm Drogeriemarkt zu finden. Diese Vision von uns beiden als Langhaarmädchen-Omas sehen wir ständig vor uns. Wir werden die alten, nervigen Weiber sein, die nie wissen, wann Schluss ist, die nie aufhören wollen zu träumen, ständig von ihren wilden Abenteuern erzählen und im Herzen immer jung bleiben werden. Ob wir eine Freundin als Geschäftspartnerin empfehlen können?

Nein.

Aber nur aus dem Grund, weil dies für uns die falsche Fragestellung ist. Es geht für uns nicht darum, ob Freund, Bekannter oder Fremder. Für unser Langhaarmädchen-Business funktioniert die Partnerschaft nur, weil Mona und ich die gleiche Lebenseinstellung teilen und auf den gleichen Grundwerten durchs Leben surfen, was das Fundament für einen gemeinsamen Weg ausmacht. Wir verstehen doch manchmal selbst nicht ganz, welches verdammte Glück wir hier haben, dass wir uns seit über acht Jahren kein Stück in die langen Haare bekommen haben. Obwohl wir uns gegenseitig ermöglichen, unser Leben komplett unterschiedlich auszuleben, tanzen wir jeder für sich, aber doch irgendwie gemeinsam in dieselbe Richtung. Diese Verbindung zwischen uns ist wiederum die Basis für unsere Geschäftsbeziehung. Lange Zeit haben wir angenommen, dass wir unsere gemeinsamen Grundwerte erst durch all die Beschäftigung mit Persönlichkeitsentwicklung entwickelt hatten. Doch dann hatten wir festgestellt, dass wir beide diese Sichtweise auf unser Leben längst in uns hatten. Mona und ich hatten uns nie bewusst gesucht, konnten aber vermutlich auf irgendeine Art und Weise erahnen, dass wir gemeinsam eine Welle der Energie lostreten würden, wie es uns nur in einer Partnerschaft gelingen würde. Für uns braucht es für eine funktionierende Business-Beziehung gleiche

Wertvorstellungen UND unterschiedliche Stärken in der Umsetzung. Zwischen Mona und mir sind es sechs Grundwerte, die uns tagtäglich zusammenschweißen und die es uns ermöglichen, ein gemeinsames, erfüllendes Bild unserer Zukunft vor Augen zu haben. Bis hinein ins Oma-Sein.

Unkompliziertheit

Bevor du *Unkompliziertheit* gleich im Wörterbuch suchst, weil es sich so falsch anhört: Das Wort gibt es eigentlich nicht. Es ist eine Wortneuschöpfung. ⟵ sowas *lieben wir* 😄

Wir sind keine Drama-Lamas! Wir lieben es unkompliziert, gönnen uns gegenseitig alles und sind nie beleidigt. Wir wissen selbst, dass das wie in einem romantischen Märchen klingt, aber wer uns kennt, kann diese Stimmung zwischen uns bestätigen. Wie bei keinem anderen Menschen sonst fällt es uns leicht, Zickereien zwischen uns einfach sein zu lassen, weil uns unsere Energie dafür zu schade ist. Wir lassen nicht zu, dass sich unser Verstand unnötig lange im Drama suhlt, und beobachten im Nachhinein liebend gerne unser unbewusstes Verhalten. Jeder muss bei uns das tun dürfen, was ihm guttut, ohne, dass der andere sich heimlich darüber ärgert. Das funktioniert für uns nur, weil wir dem anderen den Himmel auf Erden wünschen und weil wir das, was wir dem anderen geben, auch für uns selbst einfordern. Wir wollen uns nicht fragen müssen, ob der andere mehr Lob benötigt, ob man sich öfters sehen müsste, ob irgendetwas Unausgesprochenes in der Luft liegt. Wir verlassen uns blind darauf, dass jeder für sich seine Verantwortung für sein Glück übernimmt und ausspricht, wenn der Schuh drückt. Das Schwierigste kann dabei sein, Aussagen des anderen nicht persönlich zu nehmen, aber auch das haben wir gelernt. *Ich würde nach dem Meeting lieber später noch heimfahren, statt bei dir zu übernachten.* Bums. Ein Autsch für das Ego. Solche Kleinigkeiten klingen lächerlich, aber so wie man im Kleinen damit umgeht, funktioniert es dann auch bei wirklich großen und wichtigen Entscheidungen. So kühl das klingt, möchten wir uns über den anderen keine Sorgen und Gedanken machen müssen, was wiederum maximale Leichtigkeit und eine irrsinnig unproblematische Verbindung zwischen uns ermöglicht. Das ist vermutlich auch der Grund, warum wir uns nie streiten. In angespannten Momenten wissen wir sofort, dass es nicht nur das Problem an sich ist, sondern sicher viele ganz eigene Ängste oder Zweifel mitspielen, warum sich eine Situation hochschaukelt. Wir nehmen dann Abstand voneinander, gönnen uns bei Telefonaten eine ehrliche Pause und sprechen im beruhigten Zustand wieder miteinander. Es ist nicht so, dass wir Engel und immer Herr über unsere Gefühle sind. Wut muss manchmal raus. Nur zwischen uns haben wir eine für uns ganz natürliche Lösungen der Achtsamkeit gefunden, dem wütenden Verstand nie die Oberhand gewinnen zu lassen. Was nicht heißt, dass wir uns nicht offen die Meinung sagen. Zu einer authentischen und erfolgreichen Beziehung gehört es, auszuhalten, wenn Perspektiven meilenweit voneinander entfernt sind. Genau darin kein Falsch oder Richtig zu suchen, sondern durch das gegenseitige Eröffnen möglicher Denkweisen einen gemeinsamen neuen Pfad zu entwickeln, ist das, was uns immer wieder gegenseitig inspiriert und voranbringt. Wir erlauben uns, mit allen Ecken und Kanten einfach wir selbst zu sein, weil wir genau dann das Beste aus uns und für Langhaarmädchen herausholen können. Wenn man jemanden liebt, will man doch nur das Beste für ihn, richtig? Wir haben uns das so sehr zu Herzen genommen, dass es zu unserem unausgesprochenen Mantra unserer Freundschaft wurde. Kein Drama, wenn jemand mal keine Lust hat, zu telefonieren. Es wird schon seine berechtigten Gründe haben. Kein Drama, wenn man sich nur wenige Stunden sieht, weil man sich abends noch mit anderen treffen möchte. Die Liebe wird bei uns genau deshalb nicht weniger, sie wird mehr.

Begeisterungsfähigkeit

Wir lieben es, zu begeistern und begeisterungsfähig zu sein. Mona ist die am vielseitigsten interessierteste Person, die ich kenne. An einem Tag will sie einen Bauernhof besitzen, an einem anderen Tag Boxerin oder doch lieber Tänzerin sein. Bei absolut allen Freizeitaktivitäten leuchten ihre Augen. Für Mona bedeutet Begeisterungsfähigkeit, für Ideen und Einfälle irrsinnig schnell euphorisch zu sein und Feuer zu fangen. Für mich bedeutet es, niemals Langeweile zu verspüren, weil bereits aus der kleinsten inneren Begeisterung ein kreatives Erschaffen möglich ist.

Was für langfristigen Erfolg nötig ist? Die ehrliche Freude am TUN. Manchmal braucht Begeisterungsfähigkeit Schranken und Ruhe, um sie wieder zu bündeln und um seine Energie nicht ziellos zu vergeuden. Manchmal braucht Begeisterungsfähigkeit aber auch nichts weiter als pures Vertrauen, das Beiseiteschieben von Logik und einen Hauch Naivität, um das exorbitant große Potenzial an Entfaltung überhaupt überblicken zu können. Nie müssen wir uns motivieren, unser Feuer zum Leuchten zu bringen. Im Wechsel und manchmal zeitgleich sorgen wir automatisch dafür, dass der Funke des anderen immer am Glühen bleibt, und fachen uns gegenseitig immer wieder neu an. Begeistert sein zu dürfen, heißt für uns, die Kontrolle des Erwachsenseins hin und wieder zu ignorieren und immer wieder zurück zu purer Euphorie und der Liebe fürs Leben zu finden.

Hier findest du eine Notiz, die ich mal kurz nach einem Telefonat mit Mona in meinem Erfolgsjournal festgehalten hatte.

Was ich an Mona so liebe:

Sie fühlt und sieht alles so stark. Mona visualisiert so enorm heftig.
Sieht vor ihrem inneren Auge Farben, Bilder, ja ganze Filme ablaufen.
Das mag für den ein oder anderen bloß net, klingen. Für mich ist es
der Grund, warum so viele Dinge mit ihr wahr werden.
Die Energie, die diese Frau an Vorstellungskraft und Manifestationen
raushaut, kann an keinem Universum unbemerkt vorbeigehen. So oft sind
Telefonate mit ihr eine Gefühlsexplosion und auch über hunderte
Kilometer Entfernung zwischen uns fühlbare Welle an Euphorie,
die nur überschwappen kann. Die mich jedes Mal wieder mitreißt.
Besonders, wenn ich gerade ganz gemütlich in meiner Komfortzone
zu versinken drohe. Mit dieser Frau an der Seite ist es schier unmöglich,
Langeweile zu empfinden und das ist wundervoll.
Wie kann ein Mensch nie still stehen und so viel Freude am
Träumen haben. Für Menschen wie mich, die produzieren möchten,
aber nicht immer wissen, was genau, ist Monas Gabe das Größte.
Uns gehen in dieser Kombi die Träume, die Euphorie und
die Power für die Umsetzung nie aus. Vor allem aber, weil
es in unserer Mona-Lulia-Bubble keine Fehler gibt, wie
wir sie in der Schule in Rot vor die Nase geschmissen
bekommen haben. Es gibt nur Fortschritt. Jeder Fehler ist
ein Fortschritt, um zu erkennen, wie es nicht funktioniert.
Jeder Fehler ist ein Erfolg, um zu lernen, wie es weitergeht.

Vertrauen

Mit keinem anderen Menschen können wir unsere Weltsicht, selbst unausgesprochen, so teilen, wie zwischen uns. Wirklich, nicht einmal mit unseren Lebenspartnern. Wir lieben es, die Welt so zu betrachten, dass alles genau so sein soll, wie es uns widerfährt. Uns doch egal, was der Rest der Welt davon hält. Wir haben für uns auf alles eine Antwort, wenn etwas Beschissenes passiert. Wir vertrauen dem Leben blind und fühlen einfach, dass es immer und ausnahmslos für uns ist. Mit jeder Herausforderung, mit jeder schlechten Nachricht macht uns das Leben zu den Personen, die wir wirklich sein können. Und auch mit jedem Highlight, mit jedem Wunder gibt uns das Leben zu verstehen, dass wir selbst der Schlüssel dafür sind. Wir entscheiden über unsere Energie. Wir entscheiden über unsere Ausstrahlung. Über alles, was in unser Leben fließt und alles, was uns begegnet. Wir nehmen die Einladung des Lebens dankend an und nutzen Langhaarmädchen als Plattform für unsere Entfaltung. Vielleicht sind wir deshalb gerne mal Chaoten, weil wir die vermeintliche Sicherheit, die im Außen für viele Ordnung bedeutet, nicht wirklich vermissen.

Respekt

Respekt bedeutet für uns, Gedanken, Meinungen oder Handlungen unseres Gegenübers nie überheblich abzuschmettern, weil wir uns immer vor Augen halten, dass derjenige anscheinend Gründe für sein Verhalten hat. Jeder lebt seine Wahrheit und hat es verdient, Wertschätzung zu erfahren, selbst wenn man persönlich anderer Ansicht ist. Durch einen respektvollen Umgang verhindern wir emotionale Ausbrüche, die in den hitzigsten Momenten kaum zu etwas führen, außer den eigenen Dampf abzulassen. Mona bestärkt mich durch ihre Wertschätzung, dass ich meinen gesunden Egoismus ausleben kann. Wir vermitteln uns gegenseitig das Gefühl, dass uns der andere glücklich macht, indem er zuerst an sich selbst denkt. So müssen wir nicht pausenlos darüber nachdenken, ob dem anderen gerade alles recht ist. Jeder kümmert sich bei uns um sein eigenes Glück. Genug Respekt sich selbst gegenüber ist unser Schlüssel. Ein respektvoller Umgang verlangt oft das Zurückstecken des eigenen Egos und wird mit etwas Abstand belohnt, indem man inspiriert durch andere Perspektiven neue Lösungen entwickelt. Für uns heißt Respekt, andere nicht so zu behandeln, wie wir es uns selbst wünschen, sondern wie wir denken, dass es sich unser Gegenüber wünscht. Das macht einen enormen Unterschied und ist ein immerwährendes Spiel mit der Empathie. Besonders als Unternehmerin muss man lernen, auch ohne Bestätigung und Lob von außen seine Leistungen zu würdigen und respektvoll mit sich selbst zu sein. Das können wir jedem ans Herz legen.

Mindful MEMO an Dich:

Hast du den Eindruck, dass dir Leute manchmal respektlos gegenübertreten? Fang mit Respekt bei dir selbst an, wenn du willst, dass Wertschätzung von außen entsteht. Schenk dir selbst die Wertschätzung, die du verdienst. Und zwar unabhängig von jeglicher Leistung, die du erbringst oder nicht erbringst. Die Wertschätzung eines Menschen und uns selbst gegenüber ist nie an eine Leistung geknüpft.

Einsatzbereitschaft

Love, Peace und Vollgas hieß lange unser Motto samt E-Mail-Verabschiedung, bis wir eines Tages hörten, dass das ein Songtitel von DJ Ötzi war. Vollgas hat man in sich oder nicht. Wir beide haben von Natur aus Hummeln im Arsch und kennen es von unseren Familien nicht anders. Mitdenken, anpacken, umsetzen. Wir lieben es, Ergebnisse zu sehen, und uns dabei nicht an anderen zu orientieren. Vollgasmodus heißt für uns aber nicht, schnellstmöglich an die Spitze zu kommen.

Für uns bringt unsere Einsatzbereitschaft die Beharrlichkeit mit sich, nie aufzugeben und immer wieder Wege und Möglichkeiten zu finden, ohne dass wir am Ende ausgepowert sind. Denn wir sind unsere eigenen Energielieferanten. Unsere Energie ist die Basis für unseren Erfolg. Und deshalb machen wir uns aber auch immer wieder bewusst, dass unser Vollgasmodus nur möglich ist, wenn gleichzeitig auch unsere Bremsen funktionieren.

Ehrlichkeit

Wie mit keinem anderen können wir beide so unfassbar reflektiert und ehrlich über unsere Gefühle sprechen. Heimliches Ärgern über den anderen gibt es bei uns nicht. Eigene Pläne schmieden, ohne dass der andere Bescheid weiß, auch nicht. Alles, was belastet oder unterschiedlich gesehen wird, muss *ausnahmslos* raus. Es darf sich an Gefühlen nichts ansammeln oder aufstauen, egal, wie viel zu tun ist. Mona macht es mir hier sehr leicht, weil sie bestens damit klarkommt, wenn ich ihr direkte Anweisungen gebe oder meine Gefühle offen ausspreche. Sie verurteilt nicht und versteht ehrliches Feedback oder Kritik immer als Chance, zu wachsen. Auch ich kann von keinem anderen Menschen kritische Äußerungen so gut aufnehmen, weil ich weiß, dass sie von Mona ausgesprochen immer zu meinem Besten sind. So wissen wir, woran wir beim anderen sind, und verlassen uns auf diese pure Transparenz. Es war der Schmerz, der Mona auf die Suche nach ihrem Traum brachte. Und unsere Freundschaft, die diesen Schmerz in Fülle verwandelte und Langhaarmädchen ermöglichte. Wäre unsere Freundschaft nicht, wären da heute keine Langhaarmädchen. Davon sind wir beide felsenfest überzeugt. Wir können beide völlig ehrlich zugeben, dass ich ohne Mona nie auf diese Idee gekommen wäre und Mona ohne mich diese Idee wohl nie in die Tat umgesetzt hätte. Und wir finden den Gedanken, diese Einsicht wundervoll. Das macht uns zwar einzeln nicht weniger wertvoll, gibt uns aber das Gefühl, dass gebündelt weit mehr Energie, Entfaltung und Erfolg entstehen kann. Man könnte sich jetzt fragen, ob wir uns nur so gut verstehen, weil wir uns gegenseitigen Erfolg liefern. Ich kann die Frage nicht einmal mit einem klaren Nein beantworten, da irgendwo jede gesunde Beziehung, jede Freundschaft sich gegenseitigen Erfolg im Sinne von Wachstum oder Geborgenheit ermöglicht. In diesem Sinne würde ich HELL, YES! sagen, weil wir uns für das, was wir gegenseitig aus uns herausholen, lieben. Der rein äußere Erfolg dagegen ist auf beiden Seiten keine Motivation, sonst würde dieses Konstrukt irgendwann zerbrechen. Wir glauben, dass es ehrliche Liebe zwischen uns ist, auch wenn das verdammt kitschig klingt. So wie die Liebe oft nicht erklärbar ist, fühlt sich unsere Freundschaft in vielen Dingen an, wenn wir uns wieder einmal blind verstehen. Wir selbst brauchen den Titel *beste Freundinnen* nicht und würden uns nicht als klassische Freundinnen bezeichnen. Wir sind uns ganz bewusst, dass das, was uns am meisten verbindet, Langhaarmädchen ist. Wir haben durch unsere Freundschaft, durch den liebevollen Blick auf den anderen, unsere Langhaarmädchen-Welt erst erschaffen können. Wir tauschen uns kaum über andere Themen aus und wissen trotzdem über die wichtigsten Lebensphasen des anderen Bescheid. Wir erzählen uns nicht stundenlang von Urlauben, Kosmetikterminen oder Alltagsproblemchen. Wir halten uns mit unseren Gesprächen meistens in unserer Langhaarmädchen-Welt auf und teilen darin eine Freude, die kein anderer so fühlen oder in uns auslösen kann.

Als mir Mona damals per Skype das erste Mal von ihrer Langhaarmädchen-Idee erzählt hatte, meinte ich zu ihr, dass ich nur ehrlich gesagt keine Lust hätte und es nicht fühlen würde, wenn ich für eine gemeinsame Selbstständigkeit noch einmal nach München ziehen müsste. Statt eingeschnappt mehr Einsatz von mir zu verlangen, saugte Mona diese Information auf und ging in sich, um nach Lösungen zu suchen. Wir wollten uns nie für Langhaarmädchen verbiegen müssen. Wir wollten uns durch Langhaarmädchen ermöglichen, so viel wie möglich wir selbst zu sein. Mona kam im Zuge dessen auf die Idee, dass wir etwas Ortsunabhängiges erschaffen müssten, was es uns erlaubt, dass jeder dort leben könnte, wo er möchte. Seit diesem Zeitpunkt wissen wir, dass es immer Lösungen gibt, und diese Hindernisse oder Sorgen uns nur helfen, neue Wege zu finden, die noch viel besser zu uns passen. Wir wissen, wenn einer von uns Urlaub macht, dass uns das vom anderen mehr als gegönnt wird. Gleichzeitig wissen wir auch, dass wir uns blind aufeinander verlassen können, wenn es um den Arbeitseinsatz des anderen geht. Klar, durch manche unangenehmen Dinge muss man durch und wir können nicht behaupten, dass bisher alles ein Zuckerschlecken war. Aber zumindest wollen wir uns in den Dingen, die wir direkt beeinflussen können, maximale Leichtigkeit schenken und fortwährend ermöglichen, unseren Idealfall zu leben.

Wir glauben daran, dass wir alle aus derselben Energie bestehen und damit jeder andere auch wir selbst sind. Das gibt uns das Gefühl, weniger getrennt voneinander zu denken, uns weniger von anderen zu entfernen. Wir sehen uns selbst in den verschiedensten Rollen und lernen mit jedem Beobachten, wie wir uns in diesem Leben formen wollen. Statt über andere herzuziehen, lernen wir vom Verhalten anderer, wie wir nicht sein wollen und nehmen den Hinweis dankend an. Wir wissen, dass absolut jeder Mensch in unserem Umfeld seine wichtige Rolle in unserem Leben hat. Ohne Mona würde ich vermutlich oft rennen und rennen und vergessen, wofür ich es tue. Ohne mich würde sich Mona vermutlich in ihren Träumen verheddern, weil sie keiner so gut entwirren kann wie ich. Ja, wow jetzt reicht es auch mal wieder mit der Romantik. Unsere Liebesgeschichte ist uns ja selbst oft schon zu süß, aber wer ko der ko, heißt es bei uns in Bayern.

Wir können dir nur das Vertrauen ans Herz legen, dass es da draußen Menschen für jeden von uns gibt, egal ob als Partnerschaft, Freundschaft oder als Beziehung, die das Leben mit einem ähnlichen Blickwinkel betrachten und damit auch dich in deinem vollen Wunder erkennen können. Du hast es verdient gesehen, gehört und verstanden zu werden. Denn das kann eine unerklärliche Kraft in uns auslösen, die wir alleine gar nicht aufbringen könnten.

Mindful MEMO an DICH:

Hast du auch so einen Menschen in deinem Leben? Bei dem es sich, ohne es direkt erklären zu können, einfach gut anfühlt? Dann sag diesem Menschen mal wieder, was er mit dir macht und welches innere Blumenpflücken seinetwegen in dir ausgelöst wird. Jetzt!

Du kannst die
KAPITEL deines LEBENS
nicht herausreißen,
aber du kannst immer wieder

neue schreiben.

VERÄNDERUNG — WENN ENTSCHEIDUNGEN WEH TUN

Lange habe ich überlegt, ob und wie ich dieses ganz private Kapitel meines Lebens mit dir teilen möchte. Gar nicht? Das empfinde ich als unterlassene Hilfeleistung. Und sei es, dass ich damit nur eine zarte Seele erreichen und stärken kann. Dieses Kapitel ist für dich, wenn du tief in deinem Inneren weißt, dass es in deiner Partnerschaft gerade Wachstum gibt. Wie auch immer dieses Wachstum aussieht und welche Entscheidungen auch immer damit verbunden sein mögen.

Es ist Sommer 2017. Vor eineinhalb Jahren bin ich in die neue Langhaarmädchen Welt eingetaucht. Die Kooperation mit dm steht. Es könnte besser nicht sein. Ich habe auf einmal viel mehr Selbstvertrauen, spüre immer mehr, dass ich meinen Herzensweg gehe, fühle, dass ich mich zum ersten Mal in meinem Leben so richtig entfalte und zu der Person werde, die ich bin.

Gleichzeitig ist da dieser unendliche Schmerz in mir, weil mir schleichend bewusst wird, dass dieses neue Leben nicht mehr mit den Vorstellungen meiner ersten großen Liebe an meiner Seite übereinstimmt. Ich würde meinem damaligen Partner nach neun gestandenen Jahren sagen müssen, dass ich eine gemeinsame Zukunft nicht mehr fühle. Meinem Lieblingsmenschen, der in mir seine große Liebe sieht. Einem Menschen, den ich in diesem Moment nicht weniger liebe, sondern anders. Dem Menschen, dem ich am wenigsten Schmerz wünschen würde, weil er mir die Welt bedeutet. Ihm muss ich nun das Herz brechen. Einem Menschen, der mich braucht. Der meine Liebe braucht, obwohl er sie selbst so selten in Worte fassen konnte. Es tat mir so unendlich leid für ihn und uns. Ich war zu diesem Zeitpunkt an einem Punkt angekommen, an dem ich nicht mehr fühlen konnte, dass das Leben ausnahmslos FÜR mich war. Und obwohl wir alle wissen, dass die wenigsten ersten Beziehungen in einem happily ever after enden, war die Trennungsphase von meinem damaligen Partner sehr schmerzhaft für mich. Schmerzhaft auch deshalb, weil ich ja nicht betrogen oder weniger geliebt wurde. Ich war auch nicht diejenige, die verlassen wurde! Und trotzdem. Trotzdem wusste ich, dass es Zeit war, alleine weiterzuziehen. Wachstum bringt Veränderung. Veränderung ist zu Beginn nicht immer geil.

Es half mir so sehr, als Laura Seiler mir damals in einem persönlichen Coaching sagte, dass es völlig normal sei, sich mit dem eigenen Wachstum auch von einigen Menschen oder sogar dem eigenen Partner zu entfernen. Auf einmal hat man andere Bedürfnisse, ist sich seiner Werte klarer bewusst, strebt ganz andere Ziele und damit auch einen ganz anderen Alltag an.

Als meine Beziehung damals schon bergab ging, fragte mich mein enttäuschter Freund, ob ich denn noch merke, wie mich all die Persönlichkeitsentwicklung, all die Bücher manipulierten. Er erkannte seine Julia, er erkannte mich nicht mehr.

Das Groteske für mich war: All die Persönlichkeitsentwicklung hatte mich für mein Gefühl, ganz im Gegenteil, nur noch mehr zu dem Menschen gemacht, der ich wirklich war und wirklich sein wollte. Nicht diese Phase manipulierte mich. Es kam mir eher so vor, als wäre das die Phase, die mich endlich aufweckte, um zu begreifen, was mich sonst alles in meinem Alltag manipuliert und abgelenkt hatte von dem, der ich sein wollte. Selbst Mona warf sich vor, maßgeblich zu meiner bevorstehenden Trennung beigetragen zu haben. Und ja, ich möchte ihren Einfluss gar nicht bestreiten, weil ich mich durch Mona und Langhaarmädchen tatsächlich verändert hatte. Aber letztlich war die Trennung immer meine Entscheidung, also ließ ich nicht zu, dass Mona solche Gedanken quälten. Die Trennung war unaufhaltsam. Einerseits war ich glücklich. Denn durch die Trennung konnte ich endlich mein Leben erschaffen, wie ich es mir vorgestellt hatte. Andererseits war da auch dieser tiefe Schmerz. Auch der, den mein Freund empfand. Denn er meinte, mich an etwas zu verlieren, das er nie richtig fühlen konnte.

Ich trennte mich. Ein langes Ringen mit mir selbst und vielen Tränen. Aber ich ging durch meinen und seinen Schmerz hindurch. Es gab keinen anderen Weg. Bis heute spricht er kaum ein Wort mit mir, weil es ihn zu sehr schmerzt, mich an dieses neue Ich verloren zu haben. Das tut weh.

Nach Jahren begriff ich, dass ich wohl genau diese heftige Reaktion gebraucht hatte, um Abstand zu gewinnen. Nie hätte ich mich ohne diese Reaktion so schnell auf einen Neustart eingelassen. Anders hätte ich immer wieder die Nähe und Harmonie gesucht, die uns beiden in dieser Situation absolut nicht dienlich gewesen wäre. Für einen Neuanfang brauchte es die Distanz. Jeder musste sich um seinen neuen Weg kümmern.

Der unterschiedliche Umgang mit der Trennung, auch nach Jahren, ließ mich nur noch klarer erkennen, dass unsere Lebenseinstellungen meilenweit voneinander entfernt waren. Die Trennung war die schmerzvollste Erfahrung meines Lebens. Mit dem Verabschieden eines Partners geht ja auch immer ein Stück Sicherheit verloren. Vielleicht auch ein Stück Alltag. Hinter jeder krassen Entscheidung steckt ein Prozess, den jeder in seinem Tempo erfahren und durchleben darf. Niemand auf der Welt kann uns diese Entscheidung abnehmen. Heute sehe ich, dass ich für mich selbst eingestanden und aufgestanden bin. Ich sehe, dass ich die Verantwortung für mein Leben und auch für mein Glück übernommen habe. Und ich sehe, dass große Veränderungen oft auch Wechsel in zwischenmenschlichen Beziehungen mit sich bringen. Natürlich ist das kein zwingender Ausgang. Aber es kann eben passieren. Und dem habe ich mich gestellt.

Julia, ganz ehrlich, sagte wenige Tage nach der Trennung ein Kumpel zu mir: Ihr seid nicht die ersten, die sich trennen, und auch nicht die letzten. Mein Ego erstarrte vor Wut. Wie konnte er es wagen, meine Situation mit anderen zu vergleichen und meine Trennung anderen gleichzutun. Meine Seele erstarrte ebenfalls, allerdings aus Dankbarkeit für diesen Satz. Du meine Güte, wie Recht er hatte! Für mich fühlte es sich in diesem Moment so an, als würde die Welt untergehen. Aber dieser Satz half mir zu begreifen, dass ich mich selbst nicht so wichtig nehmen sollte und aus dem Drama, in das ich mich eigenständig hineinmanövriert hatte, ruhig aufstehen konnte und weitermachen musste. Noch dazu war es meine Entscheidung gewesen, zu der ich nun stehen und mit allen Konsequenzen leben musste. Nein, wir waren nicht die Ersten.

Ich möchte dich jetzt ganz tief in meine Gedankenwelt mitnehmen. Vielleicht kommt dir das ein oder andere erst mal komisch vor, aber ich möchte dir zeigen, was mir geholfen hat, die Welt, meinen Schmerz und den Schmerz, den ich „herbeigeführt" hatte, positiver zu begreifen. In meiner Lieblingsbuchreihe „Gespräche mit Gott" von Neale Donald Walsch las ich eines Abends eine ganz entzückende Geschichte, die ich nun aus meinem Verständnis und meiner Interpretation heraus zum Besten geben möchte. Sie hat meinen Blick auf die Welt auf den Kopf gestellt. Sie ist keine romantische Ausrede für all den Scheißdreck, den man erlebt, sondern stärkt die Sicht auf die Dinge, um leichter durchs Leben zu gehen. Egal ob sie wahr ist oder nicht, schenkt es mir immer wieder Kampfgeist, Vertrauen und Verständnis, um schmerzhafte Erlebnisse nicht schön zu reden, sondern wahrzunehmen und zu bewältigen.

Ich stelle mir also vor, dass sich im Universum, bevor ich auf die Welt kam, eine Traube an vielen, kleinen, süßen Seelen um mich versammelt hat, um mich auf mein Leben auf der Erde vorzubereiten.

Hey Seele, sprach das Universum zu mir. Wir haben uns heute hier versammelt, damit DU alleine entscheiden kannst, was dir in deiner Zeit auf der Erde widerfahren soll, damit du so viel wie möglich an Wachstum und Erfüllung finden kannst. Du weißt, das bedeutet, dass nicht nur wundervolle Momente auf dich warten werden, allerdings kannst du darauf vertrauen, dass JEDE deiner Erfahrungen nur das Beste für dich bereithalten wird, damit du zu der Person werden kannst, die du in dir trägst und eines Tages leben wirst. Wer von euch, ihr lieben Seelen, tritt nun hervor und wird für Julia die Erfahrung für den größten Herzschmerz übernehmen? Eine mutige Seele tritt hervor.

Ich. Ich werde das gerne übernehmen. Es tut mir leid, dass ich dich auf der Welt sehr verletzen werde. Nicht in Form davon, dass ich dich betrügen, belügen oder körperlich verletzten werde. Dein größter und lehrreichster Schmerz für dich als sehr starkes Wesen wird sich darin befinden, dass du mich verlassen wirst. Du wirst dich verändern, hast die große Herausforderung, in diesen Momenten auf dein Herz zu hören und wirst mir das Herz brechen müssen. Weil du so eine empathische Seele bist, wird das für dich viel schmerzhafter sein, als wenn ich dich anderweitig verletzt hätte. Du wirst ganz lange damit zu kämpfen haben, aber gleichzeitig daraus unfassbare Weisheiten ziehen und Wachstum erfahren.

Willst du das annehmen?

Ja, ich bin bereit. Ich freue mich auf unsere Begegnung auf der Erde. Ich danke dir für diese schwere Rolle, die du in meinem Leben übernehmen wirst. Wer von euch möchte der kranke Vater sein, der Julias Kindheit die nötige Tiefe verleihen wird, um das Leben durch dieses Erfahrung noch mehr auszukosten?

So stelle ich mir seitdem all die Rollen, all die schmerzlichen Erfahrungen vor, die in meinem Leben passieren. Unser Lebensziel sollte nicht sein, so unversehrt und unverletzt wie möglich durch das Leben zu kommen. Es sollte unser Ziel sein, uns einzugestehen, dass Herausforderungen wie diese dafür da sind, um mit ihnen zu wachsen.

Ich weiß, ich weiß, aber was ist mit den wirklichen Schicksalsschlägen? Mit echten Traumata? Mit dem Unfalltod eines Kindes? Mit Kriegsopfern? Mit Hungerkatastrophen? Ich habe nicht für alles eine Antwort, die sich gut anfühlt. Aber was wir tun können, ist, Verantwortung für unser eigenes Tun zu übernehmen und unsere Augen und unsere Herzen weit offen zu halten.

Die heutige Liebe an meiner Seite schätzt mich für meine Weltanschauung. Hinterfragt mich fordernd, aber auch immer wieder kritisch: „Wie kannst du so voller Vertrauen sein und dieses Vertrauen verkünden, wenn dir noch nie etwas wirklich Schlimmes passiert ist?"

Mindful MEMO an Dich:

Wie geht es dir mit diesen Zeilen? Gehen bei dir durch gewisse Erfahrungen eher die Alarmglocken an und du fragst dich, wie ich sowas nur schreiben kann? Oder tut es dir gut, diese für dich bestärkenden Zeilen zu lesen?

Ich bin der Meinung, dass Schmerz nicht anhand einer Skala messbar ist. So wie die Temperatur in der Luft. Klar ist es möglich, dass sich die eigenen Ansichten immer wieder verändern und mit den Erfahrungen immer wieder anpassen. Aber auch das ist Wachstum. Und wer bestimmt, was ein „echter" Schicksalsschlag ist? Müsste mir erst etwas ganz Schlimmes passieren, damit ich heute sagen darf, dass ich versuche, möglichst alles in meinem Leben anzuerkennen? Und wie müsste ich mich denn beweisen? Ich schreibe diese Zeilen nicht, weil ich meine, die einzig wahre Lebensführung erkannt zu haben. Ich schreibe die Zeilen auch nicht, um damit jedem zu gefallen. Ich bin nur der festen Überzeugung, dass diese Art Urvertrauen etwas unheimlich Wertvolles ist. Etwas, von dem ich beschlossen habe, dass es mich immer wieder gerne leiten und begleiten darf.

Ich werde nie vergessen, wie mal auf einen Langhaarmädchen-Newsletter eine verbitterte Antwort folgte, was mir bloß einfalle, mit dieser Leichtigkeit in meiner privilegierten Lage zu behaupten, dass wir alle dankbar sein könnten für das, was wir haben. Es gäbe eben noch andere Leben, die nicht so glatt liefen. Sie meldete sich vom Newsletter ab.

Weil ich selten auf meiner Meinung beharre, ging mir diese Reaktion sehr nahe und ließ mich lange darüber nachdenken. Sicherlich hatte die Person ihre nachvollziehbaren, guten Gründe, so zu reagieren. Und vermutlich hat sie aus ihrer Sichtweise auch Recht damit. Seither fiel es mir schwer, von meiner Überzeugung zu schreiben. Ich vergaß all die anderen, wundervollen Nachrichten, die mich immer wieder erreicht und mich in meiner Ausdrucksweise bestätigt hatten. All die vielen Langhaarmädchen, denen ich mit meinen Worten anscheinend so geholfen hatte. Aber ich wollte mich nicht in meinem Sein oder in meinen Gedanken oder Visionen einschränken lassen. Langhaarmädchen ist unser zutiefst authentisches Projekt, also beschloss ich, besonders mit diesem Buch das zu teilen, was zu unserer Wahrheit gehörte und zu unserem Glück beisteuerte.

Mindful MEMO an DICH:

Egal, ob es sich um eine Kundenbeziehung, um eine Geschäftsbeziehung oder um eine Partnerschaft handelt. Sei in all deinen Beziehungen ehrlich, und zwar in erster Linie ehrlich zu dir selbst. Schieb die Angst vor der fehlenden Wertschätzung, vor der Veränderung einmal kurz beiseite und höre in dich. Bist du diejenige Person, die du vorgibst, zu sein? Oder möchtest du anderen nur gefallen? Tu dir selbst den Gefallen und hör einmal genau hin. Wachstum und Angst gehen oft Hand in Hand, aber ich kann nur immer wieder sagen, wie bereichernd es ist, die Angst mal beiseite zu lassen und das Leben mit einem Herzen voller Vertrauen zu betrachten. Das ist nicht einfach. Aber es lohnt sich. Probier es aus. Dir zuliebe.

Oft können wir diese Frage nicht sofort beantworten. Manchmal wissen wir die Antwort längst und brauchen dennoch Jahre, um eine Entscheidung oder Erkenntnis laut auszusprechen, geschweige denn, sie in die Tat umzusetzen zu können. Ich kann nur aus ganzem Herzen sagen, dass ich weiß, wie schlimm sich so etwas anfühlen kann. Ich kann dir aber auch sagen, wie erleichternd und beruhigend es nach einer gewissen Zeit wird, wenn du felsenfest spürst, das Richtige getan zu haben.

Ich glaube daran, dass sich mein eigenes Bewusstsein, mein eigener innerer Frieden auf die gesamte Welt auswirkt und wir immer, wenn wir meinen, nichts tun zu können, bei uns anfangen dürfen. Also tat ich das. Ich fing bei mir an und verfasste zwei Wochen nach meiner Trennung einen Brief an meinen zukünftigen Mann mit der Überschrift

Ich freu mich auf DICH! : ⟶

Ich formulierte alle Vorstellungen, all das, nach dem ich mich sehnte, so, als würde mein Traummann bereits auf mich warten und als hätte ich jede Hoffnung und das Vertrauen, dass ich wieder glücklich sein werde. Und ja, tatsächlich, auch wenn es jetzt wie in einem Märchen klingt, lernte ich nur wenige Wochen danach die heutige LIEBE meines Lebens kennen. Und wer hatte wieder einmal zu diesem „glücklichen Zufall" beigetragen? Mona.

Ich freu mich auf dich! ♥

Ich freu mich jetzt schon, dass es Dich gibt!

Jemanden, mit dem ich meine Leichtigkeit teilen kann.

Jemand, der genauso seine eigenen Lebensregeln im Kopf trägt, wie es die eigene Seele für richtig hält.

Danke, dass du dich von der Gesellschaft nicht verunsichern lässt, dein eigenes Ding zu machen und so zu sein, wie Du bist!

Abenteuerlustig, mal bestimmend, sehr lustig, offen für jeden Menschen und jede neue Erfahrung.

Glücklich mit Dir selbst, aber wenn wir zusammen sind, bringen wir uns zum Strahlen!

Ein bewusster Genießer, kreativ im Kopf aber klar in der Umsetzung. Cool genug, um meine Worte manchmal für zu romantisch zuhalten! Mann genug, um mich neben dir nicht nur wie dein bester Kumpel zu fühlen! Du magst Menschen wie sie sind und siehst in mir Dinge, die ich selbst nicht sehe!

Geil, dass es Dich gibt! ♥

Mona hatte damals für ein Meeting mit dm in Karlsruhe ein Airbnb gebucht, das mein Leben verändern sollte. Brigitte, unser Airbnb Superhost, rief uns bereits auf dem Weg nach Karlsruhe an, um uns mitzuteilen, dass frisches Wasser mit Zitronenmelisse aus dem Garten auf uns im Kühlschrank wartete. Ich weiß noch, als wäre es gestern gewesen, wie uns eine strahlende Frau die Türe öffnete, ich das Haus betrat, durch das Wohnzimmer mit angrenzendem Garten lief und die Worte vor mich hin grinste: „Hier fühle ich mich irgendwie direkt Zuhause." Diese Frau ist heute meine Schwiegermutter. Am Abend kam ihr Sohn mit seinem Partner, wie Mona und ich ebenfalls gute Freunde und gemeinsame Jungunternehmer mit einer eigenen Umzugsfirma, freudestrahlend die Türe herein. In dieser lauen Sommernacht voller tiefgründiger Gespräche, Weißwein und Langhaarmädchen-Kopfmassagen begann eine neue Liebe. Ein Jahr später kamen wir zusammen. Seither erschaffen wir unsere gemeinsame Zukunft. Jeder für sich und gegenseitig gestärkt. Liebe ist für mich heute der Alltag, der sich selbst in den nichtigsten Dingen unbeschreiblich gut anfühlt und die Philosophie des Lebens, die zusammenpassen darf. Ich bin unfassbar dankbar für diese beschissene Reise, dich mich gezwungen hat, mutig zu sein, um meine wahre Liebe finden zu können.

... Und wer möchte dann Julias Belohnung sein, die sie nach ihrer mutigen Reise erwartet?, blickte das Universum fragend in die Runde.

Mit strahlenden Bäckchen trat die liebevolle Seele David hervor.

Ich. Ich werde dein Herz wieder zum Strahlen bringen und dich daran erinnern, dass die Liebe dich nie im Stich gelassen hatte. Sie hat dir nur den Weg gezeigt.

Veränderung tut weh, aber dieser Schmerz ist nichts verglichen mit dem Wachstum an Glück, das du ernten wirst, wenn du es zulässt. Jeder neue Lebensabschnitt hat es verdient, die Chance zu bekommen, unvoreingenommen wundervoll zu werden. Stell dir vor, deine Zukunft wird überragend und du bist schuld daran!

Mindful MEMO an DICH:

Mit hoher Wahrscheinlichkeit hast du selbst schon die ein oder andere schmerzliche Beziehungs-Erfahrung hinter dir. Wie gehst du mit Schmerz und Trauer um? Wenn du nur eine gute Sache daran finden müsstest, welche wäre es? Wohin hat dich dieser Schmerz geführt?

DANKBARKEIT

ist eine

Liebeserklärung

an das

LEBEN !

DEMUT — MONAS DANKBARKEITSSCHULE

Luliaaa, darf ich dir von meiner Dankbarkeitsschule erzählen, rief mich Mona eines Tages ganz aufgeregt an.

In unserem ersten Jahr kam es des Öfteren vor, dass mich Mona in einem Schwall voll Energie anrief, um mir ihre neueste Idee zu verkünden, um mich dann zehn Minuten nach unserem Gespräch erneut anzurufen.

Weißt du was, vergiss alles wieder, was ich gesagt habe. Das ist völliger Quatsch.

Das ist Mona. Heute sammelt sie sich meistens zuerst, bevor sie mich vollsprudelt. Diesmal rief sie allerdings mit einem Energiehoch bei mir an, dass ihre Endorphine nur so durchs Telefon tanzten.

„Du willst eine Schule bauen?"

Nein! Also ja, vielleicht irgendwann schon, aber ich rede hier von einer Dankbarkeitsschule in meinem Kopf, die ich kurz mit dir teilen muss.

„Erzähl!"

Weißt du, am Anfang, als wir 2015 das erste Mal bewusst vom Thema Dankbarkeit erfahren haben, haben wir unsere Dankbarkeiten wie in der ersten Klasse täglich für uns aufgezählt und sie als Stichpunkte notiert. Bewusst mit dem neuen Hintergrundwissen, dass dankbar zu sein eine innere gute Stimmung erzeugt, um mit bester Ausstrahlung durchs Leben zu gehen.

„Ja, das haben wir, wir zwei Streberle.

Ich bin dankbar für:

Meine Familie, meine Gesundheit, mein Dach über dem Kopf, mein Überfluss an Essen, meinen Reichtum an Möglichkeiten. Dankbar für Lulia, meine Freunde usw.

Nach all den Jahren sind Dankbarkeiten für mich dann viel selbstverständlicher geworden, wie als wäre ich auf eine weiterführende Schule für Dankbarkeiten gekommen.

Ich brauchte dafür dann keine Routine mehr, keine besondere Zeit, keinen Zettel, keinen Stift. Ich habe meine Dankbarkeiten immer mehr gefühlt, nachdem ich am Abend meinen Tag Revue passieren habe lassen. In der nächsten Stufe erfuhr ich Dankbarkeit, während ich die Dinge tat. Während eines Gesprächs, während ich meiner Oma ganz tief in die Augen blickte, während ich Wäsche zusammenlegte.

Dann war ich auf dem „Gymnasium" angelangt und verspürte ganze Dankbarkeitsflashs, die mich mit Gänsehaut und Freudensprüngen überwältigt haben. Dazu brauchte es nicht mal besondere Festlichkeiten, sondern alleine das Bewusstsein für einen wieder wundervollen Tag, der mir geschenkt wurde.

In der nächsten Klasse lernte ich, nicht nur für die positiven Dinge dankbar zu sein. Ich lernte auch, negative Ereignisse dankend anzunehmen und auch daraus Wachstum für mich mitzunehmen. Aktuell lerne ich das Wort „dankbar" nicht einmal mehr benutzen zu müssen, sondern meine Wertschätzung dem Leben gegenüber durch meinen Seinszustand auszudrücken. Ich begebe mich dann durch meine Gedanken in Fülle, strahle vor mich hin und versuche dann einfach nur zu sein. Das setzt in manchen Momenten unfassbare Energien für mich frei und lässt mich eine Verbindung zum Leben spüren, wie ich es nie für möglich gehalten hätte.

Ich liebe den Gedanken, dass diese Schule niemals aufhören wird. Ich lerne nie aus.

Und das Besondere von Dankbarkeit ist für mich, dass es sich nicht durch Fleiß und Disziplin erzwingen lässt, sondern nur wirkt, wenn es echt ist, wenn ich mich in die größte Entspannung und Leichtigkeit begebe. Das sind für mich Schulfächer, die mich in meine Stärke kommen lassen, die mir helfen, mit negativen Ereignissen besser klarzukommen, die mich unterstützen, meine Energie bei mir zu halten. Die mich in Fülle kommen lassen, um mit meiner Ausstrahlung damit auch andere zu bereichern. Ich lieb's.

„Das ist so wundervoll. Und so wird es uns mit vielen anderen Dingen auch gehen. Mit dem Unterschied, dass keine Bewertung stattfindet, wenn wir mal eine Klasse wiederholen oder eine überspringen. Das Wichtigste ist doch, dass das, was wir weitertragen wollen, zuerst einmal von uns gelebt werden darf. Lass uns einfach weiter bei uns anfangen und das leben, was uns guttut. Jeder auf seine Art und Weise."

Mut
ist nicht das
FREISEIN von ÄNGSTEN,
sondern deren
Überwindung.

Sich in beliebig vielen Worten auszudrücken. Gedanken schriftlich festzuhalten. Entspannt spazieren zu laufen. Eine Beziehung zu führen. Reisen zu gehen. Alleine einzukaufen. Die eigenen Gefühle zu beherrschen. Zukunftspläne zu schmieden. All das ist für meinen langjährigen Kumpel und Kurzhaarbuben Elias keine Selbstverständlichkeit. Im zweiten Lebensjahr von Elias wurde die Behinderung „Infantile Cerebralparese" (ICP) festgestellt. Sie ist meist eine spastische Störung des Muskel- und Nervensystems, die bei Kindern auftritt. Die Ärzte stellten damals die bedrückende Prognose, dass er vermutlich nie richtig laufen, sprechen oder lesen werde können. Dieser Aussage zum Trotz entwickelte sich Eli in Anbetracht seiner Krankheit sehr gut. Seit er denken kann, begleiten komplizierte Operationen, unzählige Arztbesuche und Gehhilfen seinen Weg. Elias ist heute 28 Jahre alt, auch wenn er geistig für immer jung bleiben wird.

Vor ca. 13 Jahren lernten wir uns an der Bande des Fußballfeldes kennen. Seitdem ist unsere Freundschaft unzertrennlich. Wir zwei Kindsköpfe quatschen Schwachsinn miteinander, motivieren uns oder finden immer einen Grund zum Lachen. Manchmal erzählen wir uns auch einfach die unwichtigsten Geschichten des Tages. Ginge es nach Eli, würde er den ganzen Tag mit einem Mädchen knutschen und die Zeit mit Freunden in Action verbringen.

Elias ist für mich der Mensch, mit dem ich in meinem Leben die meisten Telefonate geführt habe und dem ich einen ganz großen Teil meiner Demut zu verdanken habe. Täglich erinnert er mich mit seinem Sein daran, wie privilegiert ich in meiner Freiheit bin und wie sehr ich es auskosten sollte, meine Möglichkeiten zu leben.

Als rührseliger Charakter, den gerne mal die große Langeweile packt, schreibt er mir beinahe täglich oder ruft mich an: *Kurzhaarbub Elias, habe die Ehre! Was machst du? Wie geht es Mona? Wie geht es meinen Langhaarmädels?*

Gespräche mit Elias beschränken sich auf die einfachsten Dinge im Leben, was nicht heißt, dass er nicht einfühlsam und empathisch ist. Die meisten Anrufe beendet er mit einer Danksagung an unsere

Freundschaft, wovon man sich eine Scheibe abschneiden sollte. Elias' größte Freude liegt in der gemeinsamen Zeit, in der Unterhaltung und in der Zusammengehörigkeit. Er begreift anders als wir Zahlen, Zeit und Erfolg und erdet mich damit mehr, als er weiß. Er begreift die Welt in Grundbedürfnissen, Gefühlen und Zwischenmenschlichkeit. So wie er die Liebe braucht, schreit er sie auch hinaus, wenn wir uns sehen. Das ist für ihn manchmal alles, was zählt und damit ist er uns allen so oft etwas voraus. Keiner hat mich in meiner einsamen Zeit in München so oft angerufen und begleitet wie Elias. Keiner erhält täglich so viele Updates über mein Leben wie er. Er begleitet mich auf Schritt und Tritt, was mir täglich zu begreifen gibt, dass nicht jeder diese Chancen hat und dieses Leben lebt, wie ich es darf. Seit wir 2019 für seine Arbeit, die Mainfränkischen Werkstätten, mit Langhaarmädchen gespendet haben, fühlt er sich als Teil des Teams. Damals haben wir am Stadtstrand von Würzburg wieder einmal Spitzen schneiden für den guten Zweck angeboten. Elias durfte, mit Freude am Flirten, unsere weiblichen Gäste vor unserem Stylingbus begrüßen und im Kurzhaarbub-Elias-T-Shirt unsere Spende an seine Chefs übergeben. Teil unseres Teams zu sein - und sei es nur über die Verbindung zu mir - ist das Größte für ihn. Wenn ich unsere Langhaarmädchen-Erfolge mit ihm teile, werden sie auch ein Stück weit zu seinen Erfolgen.

Elias war durch den sportlichen Ehrgeiz seiner Familie bereits schon stolzer Bayerischer Meister im Bankdrücken. Er geht dank seiner Eltern reiten, darf arbeiten, führt immer mal wieder eine Art Beziehung mit Arbeitskolleginnen oder unternimmt etwas mit seinen großen Brüdern. Ihm geht es verdammt gut. Auch wenn ihm keine normale Zukunft bevorsteht, lernt er tapfer, mit seinem Los umzugehen. So oft fällt es allerdings selbst mir schwer, hinzunehmen, dass seine Einschränkungen maßgeblich sein Leben bestimmen. Auch darin das Gute zu sehen, ist keine leichte Aufgabe. Deshalb will ich Eli mit diesen Zeilen sagen, was er ganz oft unbewusst bei mir auslöst und besonders mit seiner Behinderung bewegt. Das Schicksal von Elias ließ mich erkennen, dass die eigenen Herausforderungen nicht nur ein Geschenk für sich selbst, sondern auch für andere Menschen bedeuten können, indem man frohen Mutes annimmt, was ist. Mit der eigenen schweren Geschichten kann man andere oft mehr inspirieren, als man auf den ersten Blick vielleicht wahrnehmen kann.

Wer aus seiner Geschichte gestärkt hervorgeht, stärkt damit auch sein unmittelbares Umfeld. Das beweist wieder einmal, dass wir von ausnahmslos jedem, der uns gegenübersteht, etwas lernen können. Wäre Elias ohne Behinderung auf den Sportplatz gekommen, wären wir heute sicherlich nicht so ein Herz und eine Seele und ich könnte heute diese Erkenntnisse nicht mit dir teilen.

Zu wissen, dass mit den Bemühungen und dem unermüdlichen Engagement seiner liebevollen Familie Eli keine bessere Familie hätte erwischen können, beruhigt ungemein. Auch wenn ihn seine Behinderung an manchen Tagen fuchsteufelswild macht und er nicht immer verstehen kann, warum er dieses unfaire Los ziehen musste, finden wir zwei immer ein paar motivierende Dinge, über die wir kichern können.

Ich teile diese Zeilen mit dir, weil Eli uns mit seiner einzigartigen Geschichte daran erinnert, wie dankbar wir für so viele Dinge sein können, die für uns zur Selbstverständlichkeit geworden sind. Vieles von dem, was wir als gegeben ansehen, wird Elias niemals tun können. Und was machen wir? Wir vergleichen uns eher mit den Menschen und bringen uns dadurch in den Mangel, anstatt das anzuerkennen, was bereits da ist.

Elias als gehandicapten Menschen zu bezeichnen, fühlt sich sehr fremd für mich an. Das Wort an sich schafft ein vorschnelles Urteil darüber, was er und seine Familie durchmachen müssen und ist gleichzeitig eine Begrifflichkeit für sein Wesen, die ihm absolut nicht gerecht wird. Denn oft kommt es mir vor, als wäre nicht ich sein Engel, sondern Eli mein treuer Begleiter, der immer für mich da ist, wenn ich ihn brauche. Täglich erinnert mich Eli mit seinem Sein, mein Leben nicht als selbstverständlich wahrzunehmen. Durch ihn begreife ich jeden Tag aufs Neue, was es heißt, dieses Leben auskosten zu dürfen. Mit allen Freiheiten, all der Sicherheit, mit jeder Bewegung meines Körpers und meiner Gedanken. Kein Leben eines anderen hat mir bisher so eindrücklich vor Augen geführt, wie dankbar ich für mein gesegnetes Leben sein kann. Und ganz oft, wenn du vom Leben genervt bist, stell dir vor, was du alles mehr darfst und kannst als unser Elias. Vielleicht kann auch dir Elias vor Augen führen, wie viel besser es dir eventuell geht, als wir es immer mal wieder über unseren Alltag denken.

Kein Schritt ist für Eli eine unkomplizierte Sache. Ähnlich wie es für uns alle immer ein bewegender Schritt sein wird, mutige Entscheidungen zu treffen. Doch dranzubleiben, die eigene Beharrlichkeit nie zu verlieren und sich immer wieder vor Augen zu führen, was man in seinem Leben längst erschaffen hat, ist das, was uns alle immer wieder vorankommen lässt.

Mona kann über ihre wundervolle Cousine Maria tatsächlich ein ähnliches Lied, wie ich über Eli, singen. Auch Maria wird durch ihre physischen Einschränkungen nie das leben, was wir unter einem „normalen, gesellschaftlichen Leben" verstehen. Deshalb lassen wir unser Märchen, das wir hier schreiben dürfen, nie zur Selbstverständlichkeit werden. Das haben wir uns geschworen.

Für uns schreibt das Leben Geschichten, um uns ausnahmslos die Vielfalt der eigenen Perspektiven zu verdeutlichen. Wir müssen nur hinsehen.

Eli hat für dich eine VIDEOBOTSCHAFT aufgenommen, die du dir anschauen solltest:

SALONFÄHIGKEIT — WIR KÜMMERN UNS UM DEINE HAARE, KÜMMERE DU DICH UM DEINE TRÄUME

Durch die Pandemie wurde Mona dazu gezwungen, ihren Alltag viel von zu Hause aus zu leben. Ich konnte Mona dabei zusehen, wie sie einging, wie ein zartes Pflänzchen. Es war ihr als impulsives, starkfühlendes Wesen nicht möglich, Langhaarmädchen zuhause, alleine am Laptop zu leben. Ihr fehlten die Gefühle, die Menschen, der Austausch, die echten Erlebnisse, das Abenteuer!

Eine angespannte Stimmung lag in der Luft. So etwas kannten wir bisher nicht. Was war passiert? Gefühlt riss uns die Pandemie das Ruder aus der Hand und stellte unsere sonst so selbstbewusste *Wir haben alles selbst in der Hand-Mentalität in den Schatten.* Aus Sorge, was mit unserem Team und Langhaarmädchen passieren könnte, und der offenen Frage, ob auch dm seine Filialen wird schließen müssen, haben wir ganz offensichtlich unsere Leichtigkeit verloren. Unsere Leichtigkeit in uns, aber auch unsere Leichtigkeit in unserem Business. Bis wir gemerkt hatten, was mit uns passiert war, verunsicherten wir erst uns, dann unser Team und erlebten, obwohl es rückblickend nur wenige Monate der Durststrecke für uns gab, unsere bisher schwierigste Unternehmensphase. Wir konnten entweder so weitermachen oder aus unseren bisherigen Erfahrungen lernen, dass Schmerz auch immer eine Chance mit sich bringen konnte. Wir kannten doch die Theorie: Es gibt nur zwei Grundgefühle, aus denen heraus wir handeln können. Angst oder Liebe.

Immer sind unsere Gedanken, Worte und Handlungen gesteuert von unserer Angst, oder von Zuversicht und Liebe. Es kostete uns Überwindung und Mut, aber wir entschieden uns wieder einmal für die Liebe. Damit kratzten wir gerade so die Kurve. Nichts machte Mona auf einmal glücklicher, als die Herausforderungen der Pandemie als Chance für Wachstum zu betrachten und Langhaarmädchen neu zu denken.

Piep - machte es während all dieser schwierigen Monate weiterhin. Piep. Piep. Manchmal etwas stärker, manchmal etwas schwächer. Doch das Piepen in den dm-Filialen verstummte nie. Egal, was wir machten oder wo wir uns aufhielten, piepst es nun seit 2018 in über 15 Ländern für uns verlässlich an den dm-Kassen. Es war das Geräusch unseres passiven Einkommens, auch in Zeiten der Krise. Erneut realisierten Mona und ich, was wir uns hier aufgebaut hatten. Was wollten wir also mehr? Wer würde sich freiwillig mehr Action, mehr Stress, mehr Herausforderungen für sein Leben wünschen? WIR.

Entweder geht es bergauf oder bergab. Stillstand bedeutet den Tod für ein Unternehmen, Julia. Stillstand ist gleich bergab, spielte uns Mona mit ihrer geschlossenen Handfläche vor Augen vor.

Weil uns reines Gepiepse nicht glücklich machte und es nicht in unserer Natur lag, uns auf bisherigen Erfolgen auszuruhen, wollten wir die Krise nutzen, Langhaarmädchen wieder einmal zu hinterfragen. Wir wollten uns mit unseren Stärken und jenen des Teams neu fühlen und die Marke mehr denn je fühlbar für alle machen. Denn wie wir feststellen durften, lagen unsere wildesten und bewegendsten Momente in den Dingen, die weit außerhalb unserer Komfortzone passierten. Trotz anhaltender Pandemie entschieden wir uns für einen nächsten wegweisenden und mutigen Schritt, der so viel Veränderung mit sich bringen würde.

Back to the roots erfüllten wir uns im Dezember 2021 unseren nächsten Traum – unseren ersten eigenen Langhaarmädchen-Friseursalon im Herzen Münchens. High Class Dienstleistungen spezialisiert auf lange Haare, natürliche Farbspiele und Haarverdichtungen kombiniert mit unserer bestehenden Produktwelt, die eine völlig neue Möglichkeit der Erlebbarkeit fand.

Auch wenn dies unsere zweite, unabhängige Firmengründung war und wir, was den Business Case anging, nun auf uns alleine gestellt waren, unterstützte uns dm Deutschland vorab wieder einmal maßgeblich im Marketing und mit Woman Power. Auch dm liebte es, dass wir die Füße nicht still stehen lassen konnten und über die Jahre bewiesen, was wir angekündigt hatten. Wir wollten nicht nur für uns, nicht nur für unsere Langhaarmädchen, sondern auch für den Drogeriegiganten neue Points of Experience schaffen und die Philosophie beider Firmen spürbar machen.

Bis auf unseren Entdecker Adrian hatten sich auch unsere Ansprechpartner bei dm über die Jahre immer wieder verändert. Jeder Wandel hatte uns stetig darauf trainiert, offen für Veränderungen zu bleiben, und brachte mit jeder neuen Persönlichkeit auch immer wieder andere Umsetzungskraft mit sich.

Aktuell steht mit Kerstin Schweitzer seitens dm eine wundervolle Frau an unserer Spitze, die mit ihren klaren Vorstellungen, ihren mächtigen Erfahrungen UND ihrem weiblichen Einfühlungsvermögen besser nicht matchen könnte. Ein Team aus Frauen, das in der Markenkommunikation, in der Produktentwicklung und im Sortiment hinter uns steht. Aber auch Frauen, mit denen wir uns den Ball der Wertschätzung zuspielen können. Frauen, die in unserer Langhaarmädchen-Welt auch einfach mal Mädchen sein dürfen und mit ihren persönlichen Stärken hinter den dm Kulissen zu dem beitragen, was Langhaarmädchen heute nach außen hin verkörpert.

Wir lieben dieses wirtschaftlich-, aber eben auch menschlich-intelligente Miteinander, bei dem wir am Ende des Tages auf beiden Seiten einen wertvollen Alltag gestalten und nebenbei gemeinsam - ganz unbemerkt - Geschichte schreiben. Wir Langhaarmädchen nahmen nach Absprache das Ruder für den Salon in die Hand und dm stand mal wieder felsenfest hinter uns.

Nachdem wir vorab die unfassbar nervenzehrende Immobiliensuche, die sich über eineinhalb Jahre hinzog, erfolgreich bewältigt hatten, ging es mit dem gesamten Team und wie nicht anders gewohnt, mit unseren treuen Familien, endlich an die Umsetzung. Was erstmal nicht spektakulär klang, brachte uns, mit dem teuren Wettlauf gegen die Zeit mal wieder alle an unsere Grenzen. Das daily Langhaarmädchen-Business lief schließlich auch noch weiter und verlangte wie gewohnt seine Liebe. Jede Verzögerung der Baustelle kostete uns enormes Lehrgeld, mit dem wir nicht gerechnet hatten. Wieder einmal hatten wir alle abnormale Ansprüche an uns selbst und unseren eigenen ersten Friseursalon. Also hieß es wieder einmal mehr Geben, als alle anderen erwarten würden. Papa Dieter war mal wieder selbst mit 63 Jahren wie Spiderman an der Decke zu finden und verschraubte alles, was nicht niet- und nagelfest war. Papa Rudi stellte mit uns parallel noch die neuesten Teammitglieder ein und kümmerte sich um das, was keiner sah. Unsere Mamas waren sich, wie immer, für nichts zu schade. Entsorgten, putzten und kümmerten sich mit unserem Langhaarmädchen-Tag um die Liebe zum Detail.

Während ich mich also ein Viertel Jahr lang hauptverantwortlich um die Renovierung und Gestaltung des Salons gekümmert hatte, die ich ohne Mona und alle helfenden Hände in München nicht alleine hätte stemmen können, stellte sich Mona parallel den unternehmerischen Herausforderungen der Pandemie. In dieser schwer einzuschätzenden Phase durfte unser Optimismus die wirtschaftlichen Aspekte nicht verfehlen, was wiederum die Inspiration für meine neue Vision mit sich brachte, dass, wenn andere Krisen wiederkehren, ein Salon-Konzept geschaffen werden musste, das nicht nur von einem Erfolgsfaktor abhängig ist. Statt sich lediglich auf unser Dienstleistungsangebot zu fokussieren, überlegten wir nun konkret, wer noch von unserem Sein profitieren könnte.

Am Tag, bevor wir den Salon eröffneten, am 30. November 2021, saß Mona in unserem Meetingraum, den wir liebevoll Visionsraum nennen, mit einem weiteren Kooperationspartner am Tisch und schloss per Handschlag eine Zusammenarbeit ab, die uns heute ermöglicht, den Salon nicht nur für das klassische Handwerk zu nutzen, sondern unabhängig davon unsere Expertise, unsere Kreativität und unsere Räumlichkeiten als Contenthouse für eine weitere Marke einzusetzen, deren Produkte wir selbst seit zwölf Jahren verwenden. Die Rede ist von hairtalk, eine seit Jahren weltweit führende Marke für Tape-Extensions. hairtalk ist der Pionier dieser Methode zur Haarverlängerung und Haarverdichtung. Es war nicht so, dass wir krampfhaft Ausschau nach einem Partner halten mussten. Wir brauchten einfach nur in uns zu gehen und uns die Frage zu stellen, was uns seit über einem Jahrzehnt restlos begeisterte. Es war alles längst da. Auch hier war wieder aus Leid Leidenschaft geworden. Mona und Roby hatten seit dem Arbeiten mit hairtalk-Extensions aus ihrem eigenen Leid an zart gegebenen Haaren eine Begeisterung für diese Produkte entwickelt. Sie lieben es, binnen weniger Stunden mit einem besonders Eigenhaar schonenden Klebesystem die Belastung vieler vieler Zarthaarmädchen aufzulösen und damit neue Ausstrahlung von innen und außen zu ermöglichen. Unser Salon verbindet damit eine wunderbare Dienstleistung mit dem Kreieren von Content für uns und unseren Herzenspartner, der echter nicht sein könnte. Friseur neu gedacht. Die Digitalisierung im Handwerk macht dies nicht nur für uns, sondern auch in Hintertupfing möglich und das freut unser Herz für die Friseurbranche. Wir malen um das klassische Friseurhandwerk ein neues, buntes Berufsbild, das den Friseurberuf mit jedem Kunstwerk im Stundentakt völlig neu würdigt.

Auch hier war es wieder Monas Stärke, nicht aus Angst heraus nach Lösungen zu suchen, sondern aus der liebevollsten Betrachtung auf uns selbst Wege zu finden, die längst schon da waren, immer in der Annahme, dass da draußen längst schon Menschen auf uns warten und den Weg ein Stück weit gemeinsam mit uns gehen würden.

Mindful MEMO an DICH:

Du suchst eine Veränderung im Job? Dann vergiss nicht: Du hast eine einzigartige Persönlichkeit, du hast deine Skills, du hast dein ganz besonderes Auftreten. An wen hast du vielleicht noch nicht gedacht? Für wen könntest du, egal ob in Festanstellung oder auf selbstständiger Basis, dienlich sein? Wo könntest du einen Beitrag leisten? Zeig Eigeninitiative & go for it!

Damit will ich sagen, dass wir alle von Mona immer wieder gelehrt bekommen: Das, was wir scheinbar sind, immer wieder in einem neuen Licht zu betrachten. So entsteht ein völlig neuer Fluss an Wertschätzung, an Einkommen und an Fülle. Ich liebte Monas wundervollen Drang, das Leben im Überfluss zu spüren und damit immerwährenden Wandel und Magie passieren zu lassen. Wenn du vorbeikommst, wirst du diese Magie in unserem Salon spüren.

Hier eine SALONFÜHRUNG für DICH:

Mitten im hübschen Stadtviertel Schwabing, unweit des Englischen Gartens, haben wir unser Langhaarmädchen-Zuhause gefunden. Beim Betreten des Salons erwartet dich im Eingangsbereich, umrahmt von einem echten Baum, eine übergroße Eisenschaukel, die von meinem Großcousin und Papa Dieter wieder einmal handangefertigt wurde und dir erlauben soll, etwas Kind zu bleiben. Dein Blick fällt dann auf unsere integrierte Pop-Up Corner, in der du immer wieder Neues aus der Langhaarmädchen-Welt entdecken kannst. Eingebettet in ein hohes Altbaugebäude mit deckenhohen Bogenfenstern und verziert mit Trockenblumen befindet sich inmitten des hellen Raumes ein runder, edler Steintisch mit ovalförmig beleuchteten Spiegeln, der zum gemeinsamen Verweilen einlädt und den Blick auf unsere bunte Storytelling-Wand und unsere vegane Produktwelt lenkt. Im Waschbereich liegst du umfangen in Mama Utes Traumfänger-Landschaft unter einem Lichterketten-Himmel, wo du, verwöhnt mit Kopfmassagen, deine ganz entspannte Auszeit für dich genießen kannst.

Vom Visionsraum über unsere Schaukel, vorbei an einem Bildermeer und einem Ruhebereich, möchten wir am Ende jedem Gast die Möglichkeit schenken, seine ganz eigene Energie auf unserer DREAM BIG WALL zu hinterlassen und damit unser Salon-Feeling ganz individuell mitzugestalten.

Die Basis für den Erfolg des Salons ist die Stimmung, die wir transportieren und mit der wir bewegen und begeistern möchten. Wir möchten Schönheit bei uns neu definieren und dem Schönen, egal ob mit unseren Einrichtungsideen oder während deines Friseurtermins mehr Konsistenz verleihen. Wenn du das nächste Mal bei uns in der Nähe bist, schau doch auch ohne Termin einfach mal rein!

Wir tun uns immer wieder schwer, den Erfolg unserer Unternehmen nur am Umsatz zu messen. Das ist für Mona und mich wenig greifbar und erfüllend. Stattdessen wollen wir Umsatz, inspiriert durch Götz Werner, als Applaus unserer Kundinnen und Kunden betrachten. Wir haben den Salon für dich gegründet, weil wir einen Ort in die Welt bringen wollen, der dazu einlädt, neben äußerer Schönheit im Spiegel mehr zu entdecken, mehr zu sehen. Du bist mehr als eine umwerfende Frisur. Darin machen wir den Unterschied.

Wenn man nicht nur versteht, sondern auch fühlt, lehrte uns Götz Werner, schaut man anders auf die Welt, entdeckt andere Dinge und DANN macht man den Unterschied!

Erst mit dieser romantischen Sichtweise auf die Welt funktioniert sie letztlich für uns, wohlwissend, dass Papa Rudi und Monas Freund Obi in dieser Zeit ihre rosarote Brille ablegen und stattdessen mit ihrem scharfen Blick unsere Zahlen unter Kontrolle haben. ← dankbar!

Lulia, vielleicht wirkt es für den ein oder anderen als Rückschritt, mich als Gründerin von Langhaarmädchen jetzt wieder am Stuhl zu sehen, doch für mich liegen nun Welten dazwischen.

Mona war nicht als Fachkraft zurück zu ihrer Liebe zu Haaren gekehrt, sie war nun als Visionärin am Haareschneiden und schaffte es, durch ihr Handwerk am Menschen in eine Fülle zu gelangen, die ihr ganz neue Luft für die Weiterentwicklung unserer Marke bot. Mona beschreibt das Arbeiten an ihren Gästen oft als meditativen Moment. Das Konzentrieren auf ihre Dienstleistung, die oftmals völliges Im-Moment-Sein abverlangt, ermöglicht es Mona, ihre Gedanken, die sie sich sonst macht, eine Zeit lang ruhen zu lassen. Dazu kommt Monas brutale Präsenz, die sie jedem schenkt, der sich für die Zeit mit ihr entscheidet. Ich kenne keinen Menschen, der eine solch wundervolle Verantwortung verspürt, anderen Menschen mit ihrem eigenen Sein ein so gutes Gefühl zu geben. Sie lebt den Ansatz, dass absolut jeder Mensch bereichernd ist und es absolut jeder Mensch verdient hat, egal mit welcher Geschichte der Salon betreten wird, uns mit einem ganz besonderen Gefühl wieder zu verlassen. Mona ist seit der Salon-Eröffnung ganz neu in ihrem Element und lädt mit Friseurmeisterin Roby und unserem Friseurteam das Grundgefühl unserer Marke ganz neu auf.

Mona wird im Salon ganz oft gefragt, wo denn ihre Julia sei. Mona berichtet mir dann mit 300 km Entfernung von München nach Karlsruhe am Telefon immer ganz stolz, dass sie über diese Frage nie verärgert sei, oder sich nie im Leben insgeheim im Stich gelassen fühlt. Besonders weil wir uns nicht den ganzen Tag an unserer Seite brauchen, funktionieren Wachstum und das Führen mehrerer Unternehmen parallel. Des öfteren kommt es vor, dass ich von Mallorca oder sonst wo aus arbeite, während Mona gerade mitten im ausgebuchten Salon-Alltag steckt. Man könnte meinen, dass Mona so oft Grund dazu hätte, neidisch zu sein, was ihr allerdings nicht mal in den Sinn kommt, weil wir wissen, dass dies alles auf unseren Entscheidungen beruht. Ich liebe unsere Partnerschaft dafür. Mona weiß so sehr zu schätzen, dass ich mich in der Zwischenzeit wie ein treuer Workaholic um alle anderen Themen, wie um die Markenkommunikation mit dm kümmere oder eben gerade hier dieses Buch schreibe, sodass negative Gefühle erst gar nicht aufkommen.

Aber es wäre ja komisch, wenn nicht auch im Paradies massive Steine auf uns warten würden, die immer wieder den Weg blockieren. Nicht nur, dass sich Mona im Salon auf einmal unfassbar intensiv mit Herausforderungen wie Brandschutz, Gewerbeämtern, kaputten Waschmaschinen, die den ganzen Salon-Alltag lahm legen und sie sich sogar mit Beinahe-Anklagen rumschlagen musste. Nein, es kam zwischenmenschlich noch dicker.

Eines Abends besuchte eine äußerst einnehmende Kundin unseren Salon. Mona erzählte mir noch, dass es vielleicht nicht leicht mit ihr werden könnte, liebte es allerdings auch immer von Herzen, genau solche Menschen, die Liebe brauchten, mit ihrem Einfühlungsvermögen und ihrem Fachwissen glücklich zu machen. Wenige Besuche später hatte es dieser Gast geschafft, dass das ganze Salon-Team zitterte, wenn nur der Name im Terminkalender stand.

Mona war angespannt, weil sie es der Dame nie recht machen konnte, das Team war angespannt, weil Mona vor jedem Termin alle verrückt gemacht hat, und die Energie im Raum verwandelte sich mit dem Betreten dieses Energievampires in eine höchst explosive Stimmung.

Merk dir diesen Namen, Julia. Irgendetwas passiert hier, wenn sie bei uns ist.

Mona versuchte alles, sie glücklich zu machen und verlor sich dabei selbst. Sie ließ ihre Liebe, im Dienste der Kundin zu stehen, ausnutzen. Verlieh teure Friseurtools, bot auf einmal sogar Hausbesuche bei ihr an, leistete Überstunden, Nachtschichten und ließ sich völlig zermürben. Alles, um zu gefallen. Die Kundin war schließlich Königin und sollte unsere Liebe erfahren. Aufgewacht nach einer Zeit aus terrorisierenden Anrufen, unruhigen Nächten und unzähligen Rechtfertigungen, bei denen man nur verlieren konnte, fasste Mona einen mutigen Entschluss, den sie wohl ohne diese heftigen Auseinandersetzungen niemals übers Herz gebracht hätte. Nach einer letzten schlaflosen Nacht erkannte Mona, dass sich diese Dame ein ganzes Universum von unseren Werten entfernt aufhielt und sie ihre Dienstleistung, so schwer es ihr fiel, beenden musste.

Was keiner von Mona verlangt hätte, was aber völlig unsere Mona war: Bis zum Schluss blieb sie liebevoll und respektvoll und bot sogar an, lieber jeden Penny zurück zu geben, als die Dame weiterhin als Kundin bei uns zu bedienen. Mona konnte die Person nicht glücklich machen, weil sie es selbst nicht konnte. Als Dienstleisterin denkt man fälschlicherweise oft, alle überzeugen zu müssen. Aber dem ist nicht so. Bevor sich Mona selbst und das ganze Salon-Team unglücklich machte, gab sie auf. Ein Aufgeben, das mutiger nicht hätte sein können. Für meine Mona, direkt zu Beginn, die wohl prägendste Salon-Geschichte ihres Lebens.

Und was lehrt uns dieses Kapitel des Lebens, das Mona für uns durchlebt hatte? Wir dürfen und müssen uns immer wieder an unseren Wert erinnern und vor uns selbst bekräftigen, dass es im Leben nicht darum geht, es immer allen recht zu machen.

Vier Monate nach Salon-Eröffnung plus die sechs harten Monate davor, in der wir den Salon aufgebaut hatten, erkannte ich Mona nicht mehr. Sie wollte nicht mehr wirklich mit sich reden lassen und fand für alle Handlungen, die sie mit der Zeit ausknocken würden, Rechtfertigungen. Auch wenn wir ausgemacht hatten, dass ich in Karlsruhe mit der gewissen Distanz die Adlerperspektive über den Salon einnehmen sollte, wusste ich: Ich musste sie jetzt rennen lassen. Ich wusste, es war wieder einmal Zeit, dass Mona ihre Grenzen selbst spürt. Nachts lag ich wach und mir war klar, wir müssen etwas ändern, bevor Mona umkippt. Langhaarmädchen sollte doch erfüllend sein und nicht der pure Stress. Der Salon sollte ein Ort der Entfaltung für uns sein. War das der Preis, den man für seine Träume zahlen musste? Nein, zur Hölle! Ich bin ein Mensch, der sich grundsätzlich kaum Sorgen macht. Wenn ich mir nun über Mona Sorgen machte, war es eindeutig an der Zeit, etwas zu ändern. Als hätte sie meine Energie wahrgenommen, erreichte mich nur wenige Tage später eine achtminütige Sprachnachricht von ihr.

Rotz und Wasser habe ich heute geheult, Julia. Eine Stunde lang, ohne Unterbrechung.

Wow, ich liebe diese Frau für das Teilen ihrer intimsten Wachstums-Momente. Was war passiert? Was hatte Mona zum Umdenken gebracht? Sie hatte endlich das gemacht, was in dieser kräftezehrenden Zeit das Cleverste war. Sie hatte angefangen, sich endlich um sich selbst zu kümmern, und sich einen Tag Zeit für sich genommen. Auch wenn es nur ein einziger Tag war, er war ihre Rettung. Und was machte Mona an diesem

Tag? Nein, sie ging nicht zum Wellness, traf sich nicht mit Freunden, und lenkte sich auch nicht mit einem Restaurantbesuch ab. Sie hatte sich Lauras Podcast auf YouTube *Wie du mit EFT (Emotional Freedom Techniques) deine Ängste und Sorgen loslassen kannst* angesehen. Nach zwei Minuten liefen ihr die Tränen und damit wich die Anspannung. Mona wurde erst jetzt bewusst, wie sehr sie sich den Druck gemacht hatte, unsere Salon GmbH schnellstmöglich zu einem Erfolg zu machen. Sie wollte es uns allen beweisen. Sie war zum von sich selbst getriebenen Workaholic geworden, verzichtete auf ihren geliebten Sport und war zu der angespannten Chefin geworden, die sie nie sein wollte. Nur schleichend hatte sie bemerkt, wie sich all ihre Ängste wie ein Tuch über sie und ihren Salon-Alltag legten. Glücklicherweise hatte sie sich endlich wieder Zeit für ihre Persönlichkeitsentwicklung genommen. Im Stress kann keine Reflexion stattfinden und somit auch nicht der gewünschte Fortschritt.

Es war kein Fehler, als Fachkraft wieder alles selbst zu machen. Im Gegenteil. Es brachte alles voran. Es ging nur darum, den Fachkraft-Modus auf 40% herunter zu fahren, um genug Luft zu haben, all das Erfahrene als Unternehmerin zu transformieren. Ich kannte keine Frau, die aus dem Fachkraft-Dasein so viele Erkenntnisse zog. Ein Haarschnitt war nie nur ein Haarschnitt bei meiner Visionärin Mona. Wieder einmal war es ihr Ego, das sie durch die Anerkennung der Kundinnen und Kunden heiß laufen ließ, mehr Fachkraft zu sein, als es dem Unternehmen gut tat. Dem schnellen Umsatz tat es gut, keine Frage, aber nicht der langfristigen Vision dahinter. Der Erfolg lag allerdings nicht darin, das Sichtbare in Excel-Tabellen zu messen, sondern schnellstmöglich die Kurve zu kratzen und für nachhaltigen Erfolg, Gesundheit und Zukunftsfähigkeit zu sorgen. Keiner sagt dir in Unternehmerbüchern: Führe stundenlange Gespräche über deine Gefühle und reflektiere über dich selbst. Doch wieder einmal war das unsere Therapie und Lösung, indem aus einem zweiminütigen Anruf zwischen Tür und Angel mehrere Stunden wurden. Das schweißt uns so zusammen, lässt uns die Erkenntnisse des anderen aufsaugen, ohne dass der andere es auch durchleben muss. Mona hat die Kurve gekratzt, sie hat wieder Energie getankt und ist aufnahmefähig für alles, was kommt. Und außerdem, geteiltes Leid ist halbes Leid. Ich bewundere Mona.

Zur Krönung der ganzen Anstrengung erreichte uns nach wenigen Monaten die erste und einzige 1-Stern Bewertung auf Google. Leider ohne erkennbares Profil, ohne Kommentar und ohne, dass wir den Namen im Kundensystem finden konnten. Ob die Person also überhaupt jemals bei uns im Salon war, ist fraglich. Ja, es war klar, dass uns hier jemand schaden wollte. Aber was auch immer dir jemand sagt und mit welchen Mitteln auch immer dich jemand aus der Bahn zu werfen versucht, ob mit einer schlechten Sternebewertung oder mit einer verstörenden Art in zwischenmenschlichen Begegnungen, lass dich von deinem Weg nicht abbringen. Denn es gibt auf der anderen Seite eine Vielzahl von Menschen, denen du mit deiner Art mehr als dienlich bist. Die genau das an dir feiern. Auch im Salon gibt es unendlich viele Gäste, die die ganz besondere Warmherzigkeit und Leistung unseres Teams wertschätzen und uns unzählige ehrlich gemeinte Komplimente und herzerwärmende Worte schenken. Dafür machen wir all das! Dafür gibt es den Salon! Und das durfte Mona endlich für sich aufsaugen!

Mindful MEMO an DICH:

Kennst du diese Momente, wenn dir alles über den Kopf wächst? Wir kennen das nur zu gut. Dann ist es an der Zeit, aus dem Vollgasmodus rauszukommen und in der Ruhe die Kraft zu finden. Auch wenn du noch so motiviert bist: Nimm Abstand, fahr dein Stresslevel runter und gönn dir eine Pause. Pause bedeutet nicht Stillstand, sie bedeutet Wachstum und ist in solchen Situationen das größte Geschenk, das wir uns machen können.

Acht Monate nach der Salon-Eröffnung kehrte allmählich Ordnung und Ruhe ein. Rückblickend frage ich mich, wieso wir immer alles sofort wollen. Besonders, wo es doch logisch ist, dass man in einen neuen Betrieb erst einmal hineinfinden muss. Wieso denken wir immer, dass alles schnell, unkompliziert und reibungslos ablaufen müsste? Wir haben es uns nicht zum Ziel gemacht, direkt die nächsten zehn Salons in Deutschland zu eröffnen. Uns liegt die Lebensqualität am Herzen. Und das sollen alle Gäste, die zu uns in den Salon kommen, spüren. Wir möchten unseren Salon mit den Werten füllen, die uns seit Australien immer wieder den richtigen Weg für uns gezeigt haben:

Wahre Authentizität, Menschlichkeit, Wachstum und Entfaltung.

Ja, aber es ist eben nicht immer leicht, seinen Träumen zu folgen, sagte eines Tages eine Mutter zu ihrer Tochter skeptisch, die strahlend von unserer DREAM BIG WALL zurückgekehrt war und sich dort mit einem Traum verewigt hatte. *Doch, Mama, das sind oft nur Gedanken, die dich von deinen Träumen abhalten,* erwiderte die Tochter. Hör auf, Ausreden zu suchen, wenn es um das Verwirklichen deiner Träume geht. Diese Momente. Unbezahlbar.

Vielleicht hast du uns schon besucht oder betrittst eines Tages unseren Langhaarmädchen-Salon und hinterlässt selbst deine ganz eigenen Spuren bei uns. Vielleicht denkst du, du lässt dich bei uns verschönern. Vielleicht verschönerst du dir mit unserem gemeinsamen Blick in den Spiegel deine Reise aber auch einfach selbst.

Wir kümmern uns um deine Haare, kümmere du dich um deine Träume!

Persönlicher Herzens-Hinweis zu unserem Salon: Du willst gemeinsam mit uns Gutes tun? Wir haben uns als einer von wenigen Salons in München dazu entschieden, dass bei uns Haare gespendet werden können! Wir freuen uns riesig, wenn du bei einer Radikalveränderung an uns denkst! Alle Infos, was dazu gehört, um einem anderen kranken Menschen mit deinen Haaren ein neues Lebensgefühl zu schenken, findest du hier:

DIE STILLE

ist nicht leer,

sie ist

voller Antworten.

GLÜCKSREZEPT — DER SCHLÜSSEL ZUM GLÜCK STECKT VON INNEN, ABER WIE VERDAMMT NOCHMAL KOMME ICH DA RAN?

Direkt auf den ersten Seiten dieses Buches haben wir dir angekündigt, dass es für unseren Geschmack keine Vision, nicht einmal ein konkretes Ziel braucht, damit du dich wertvoll fühlen darfst, richtig? Damit all das keine leere Hülle bleibt und wie wir Langhaarmädchen das anstellen, dass wir unser Glück unabhängig von äußeren Umständen selbst in die Hand nehmen, werde ich nun mit dir teilen.

Mona und ich hatten seit unserer Rückkehr aus Australien ganz klar etwas Grundlegendes verändert. Mit all unseren Gedankenspielen, den positiven Affirmationen, unserem Erfolgsjournal, den täglichen Dankbarkeiten und dem Arbeiten an unserem positiven Mindset hatten wir den Fokus auf das Gute gelenkt, auf das Gute im Leben und das Gute in uns. Und damit Tag für Tag über die Jahre auch unser Unterbewusstsein erreicht. Wir hatten uns so oft erzählt, dass wir erfolgreich und glücklich werden würden, dass es für uns nur noch zu einer Frage der Zeit wurde.

Mindful MEMO an DICH:

Unser Unterbewusstsein soll für 90% unserer Gefühle und unser Handeln verantwortlich sein. Stell dir vor, du hast dein Unterbewusstsein auf deiner Seite. Mit welchem Mantra möchtest du die Tiefen deines Bewusstseins füttern? Was willst du noch verändern?

Die Theorie hatten wir also verstanden. Persönlichkeitsentwicklung schien für uns mit all ihren Übungen zu funktionieren. Kurz nach unseren ersten Erfolgen mit Langhaarmädchen fingen wir an, dieser Magie, die neuerdings durch unsere erfüllende Entwicklung in der Luft lag, noch viel tiefer auf den Grund zu gehen. Denn gefühlt war wesentlich mehr passiert als das reine Trainieren unserer Wahrnehmungen. Es fühlte sich so an, als hätten wir seit dem Anpacken unserer Träume immer wieder Schubser und Bestätigungen vom Leben erfahren. Irgendetwas fühlte sich leichter an. Als würde uns das Leben auf einmal applaudieren und den Weg ebnen, weil wir endlich unserem Herzensweg folgten. Unser Konto füllte sich. Die besten Mitarbeiterinnen und Mitarbeiter kamen in unser Leben geflattert. Unsere Beziehungen wurden tiefer. Unser Selbstbewusstsein stärker. Unsere Zufriedenheit so hoch wie noch nie. So viel Glück auf einmal konnte kein Zufall mehr sein. Klassische Unternehmerbücher halfen uns nun nicht mehr weiter. Mona und ich landeten auf der Suche nach der Begründung für dieses unbeschreibliche Lebensgefühl in der modernen Spiritualität. Es war erstaunlich. Da stand genau das, was wir fühlten, aber bis dato nicht in Worte fassen konnten.

Spiritualität zu leben, so heißt es, bedeutet das Leben auf einer höheren Bewusstseinsebene wahrzunehmen. Sich vom Materiellen und Dogmatischen abzuheben und zu spüren, dass es etwas Größeres gibt, als den Alltag und das eigene Wohl.

Ganz schnell wurde uns bewusst, dass nicht viele in unserem Umfeld etwas mit dem Gerede über die geistige Ebene anfangen konnten oder wollten. Dass man mit zu viel Universum-Gedöns blitzschnell in der Esoterik-Tanten-Ecke landen konnte. Für uns ist das bis heute ein Phänomen. Keiner hat etwas dagegen, noch etwas glücklicher zu sein, aber kaum einer befasst sich mit dem wahren Glück. Sobald es zu metaphysisch oder esoterisch wird, ziehen viele die Reißleine. Dann kümmern wir uns lieber um die glücklichen Momente im Außen, indem wir uns hübsch machen, Essen gehen, Freunde treffen oder etwas Schönes mit unseren Liebsten unternehmen. So genießen wir das Leben im Außen, was natürlich auch unser Inneres für einen Moment erfüllt. Die gute Nachricht ist, da gibt es noch ein tieferes Glück für uns alle.

So oft werden Mona und ich gefragt, woher wir bloß unsere Energie nehmen. Wieso es bei uns oft von Zauberhand zu laufen scheint. Wie wir mit Tiefschlägen so schnell fertig werden oder weshalb es bei uns kaum nach Tiefschlägen aussieht. Das, was Mona und mir also immer wieder ganzheitlich den Arsch rettet und uns unendliche Motivationen und pures Vertrauen ins Leben schenkt, versuche ich dir nun auf unsere Art und Weise zu erklären. Mach dich auf unsere Interpretation von Spiritualität gefasst, denn jetzt lernst du das volle, ehrliche Ausmaß unseres Dachschadens kennen. Denn unser Leben einfach nur mit Luft,

Liebe und Unternehmerfreude zu beschreiben, würde einen Großteil unserer Vorgehensweise verheimlichen. Denn nur so kannst du dir deine eigenen Schlüsse(l) daraus ziehen. Schnall dich an für einen letzten Roadtrip, für den wir einmal mehr dein Herz benötigen.

ZUTATENLISTE FÜR UNSER GLÜCKSREZEPT:

1. Innere Ruhe
Es gibt da nämlich eine Ursache, die, wie wir lernen durften, uns gerne mal davon abhält, grundlos glücklich zu sein.

Unser Verstand.

Er versucht, uns permanent am Denken zu halten. Wobei ich jetzt nicht sagen will, dass unser Verstand ein heimlicher Drecksack ist, der uns schaden will. Ganz im Gegenteil. Er will nur das Beste für uns. Er gehört zu uns und ermöglicht uns unser Dasein. Trotzdem dürfen wir feststellen, wenn wir uns schon eine ganz kleine Weile beobachten, dass wir uns mit unseren Gedanken immer entweder in der Vergangenheit, in der Zukunft oder in unserer Traumwelt bewegen. Als wären wir gar nicht richtig präsent in dem was im Moment ist.

Mindful MEMO an DICH:

Mach das mal. Beobachte deinen Verstand für eine Weile oder immer mal wieder und nimm wahr, in welcher Zeit er sich gerade befindet. Schärfe dein Bewusstsein für den kostbaren Moment.

Denn während wir davon ausgehen, den Moment wahrzunehmen, bewertet, sortiert, beschreibt, überdenkt oder grübelt unser Verstand direkt voller Elan weiter. Um allerdings den Wert und das Wunder von sich selbst nicht nur durch Fakten, sondern durch ein Gefühl über sich selbst hervorzurufen, ist es Ziel, all das Gedankengewusel für einen Moment zur Ruhe kommen zu lassen. Es geht dabei nicht darum, sämtliche Gedanken auszuschalten. Wir sehen es lieber als Zeit mit sich selbst zu verbringen. Ein bewusstes Wahrnehmen und ein Wertschätzen des Augenblicks, ohne von den nächsten Gedanken getrieben zu sein.

Ich gönne mir dann ab und zu ein paar Momente, in denen ich mir in Erinnerung rufe, dass ich absolut nichts sein muss. Ich sage mir dann, dass keiner Erwartungen an mich hat. Und ich versuche zu vergessen, was gerade Privates oder Geschäftliches bei mir los ist. Ich bemühe mich, nur im Jetzt zu sein. Nicht im Gestern und nicht im Morgen. Ich lasse mich mutig fallen. Genauso wie Mona in ihren einsamen Bus-Momenten. Allein der Versuch, keinen Stress oder Druck an mich heranzulassen, macht es zu einem Erfolg. In der Ruhe finde ich Kraft. Mona und ich machen das jeder auf seine Weise. Ich eher in Stille und Mona während des Salongewusels beim meditativen Haaremachen ihrer Gäste. Bewusste Atemzüge helfen uns dabei. So oft stelle ich mir dann vor, wie viele Atemzüge mein Körper für mich heute schon übernommen hat, ohne, dass ich bewusst dabei war. Ich schaffe es kaum, einem Atemzug zu folgen, ohne, dass ich von meinen Gedanken herausgerissen werde. Jeder Versuch ist ein Erfolg.

Für uns ist es später im Schaukelstuhl - du weißt schon, wenn Mona und ich umringt von unseren vielen Enkeln unsere Langhaarmädchen-Story erzählen - ganz wichtig, dass dieses Leben nicht nur aus aufregenden Roadtrip-Szenen und einem Rausch aus Abenteuern, inneren Kämpfen und Erfolgen bestanden hat. Wir möchten nicht verpasst haben, das Leben auch in den unscheinbaren Momenten genossen und unser Glück auch abseits unserer sichtbaren Erfolge gefunden zu haben. All das Äußere, was ein großer Teil in uns immer wieder anstrebt, um das Leben augenscheinlich und bestmöglich auszukosten, wird auf einmal ganz leise.

Wir stellen uns dann vor, uns nur für einen Moment nicht mit dem zu identifizieren, was wir tun, wo wir uns befinden, was wir haben und was wir denken. Wir lösen uns von all dem Weltlichen und nehmen uns als süße Seele war, die jede Möglichkeit hat, sich auf der Erde auszutoben.

Verstand an Großhirn:

„Wer bin ich dann noch, wenn all diese aufgebaute Identifikation wegfällt?" fragte sich hier dann unser kritischer Verstand. Ich antworte ihm dann einfach mal nicht und lasse mich nur für einen Moment nicht auf seine Spielchen ein.

Heute kann ich mich innerhalb von Sekunden nach oben oder eben mit mir selbst verbinden und Energie auftanken. Nenn es Universum. Nenn es das Göttliche. Nenn es einfach nur die unsichtbare Kraft des Lebens oder Verbindung zu allem. Auf die Begrifflichkeit kommt es nicht an. Einen Begriff braucht unser Herz nicht. Uns von unseren eingefahrenen Gedanken zu lösen, ist eine Aufgabe, die uns nicht nur sichtlich schwerfällt, sondern für unseren Verstand nicht einmal zu greifen ist. Heißt für uns, Momente zu schaffen, die viel mehr mit dem Herz als mit dem Verstand wahrgenommen werden können.

Vor wichtigen Terminen, vor Bühnenauftritten, vor schönen gemeinsamen Erlebnissen haben Mona und ich sogenannte *Bewusstseinsmomente* etabliert. Dabei fassen wir uns kurz an den Händen, schließen die Augen und versuchen, der Aufregung und dem Rausch der Zeit zu entkommen und einfach nur den Moment zu genießen. Gefolgt von einem intensiven, strahlenden Blick in unsere Augen und los geht's. Selbst Stylingbus BOP verhilft uns auf Tour immer wieder zum regelmäßigen Luftholen. Irgendwann stellten wir während des Fahrens fest, dass BOP durch seine Druckluftbremsanlage ca. jede halbe Stunde Dampf ablassen musste. Dieses erleichternde, laute Zischen von ihm konnte nie überhört werden. Mit jedem *„Furz von BOP"* erinnern wir uns daran, den Moment zu genießen, statt gedankenverloren der Autobahn zu folgen. Lustig finden wir heute auch, dass wir uns anfangs noch unheimlich darüber aufgeregt hatten, dass wir mit BOP nur 80 km/h fahren durften und für jede Strecke mit diesem Koloss fast doppelt so lang brauchten. Herrlich der Moment, als wir feststellen durften, dass es in Wahrheit ein Segen ist, dass BOP uns derart entschleunigt.

Und genau dann, wenn wir zur Ruhe kommen und unser Verstand meint, wir hätten nach seinem Geschmack langweiligen Stillstand hervorgerufen, weil wir doch eigentlich so viele andere Dinge überdenken oder tun sollten, irrt er sich gewaltig.

Stillstand im Geist bedeutet für uns Veränderung, Entwicklung, Wachstum. Diese Sekunden der Ruhe bringen uns oft mehr voran als ein ganzer Workaholic-Tag.

Wie sollen wir dann jemals fertig werden? Wie soll dann dein Alltag aussehen?, hämmert unser Verstand auf uns ein. Wir beruhigen ihn dann und sagen ihm, dass er gleich wieder für uns rattern darf und wir nur eben Energie holen gehen. Ganz oft huscht mir dann ein unkontrolliertes Lächeln über das Gesicht, als würde sich in mir etwas dafür bedanken, dass ich mir Zeit für die Stille genommen habe. Diese Momente retten Mona und mir immer wieder die Stimmung und lassen uns spüren, dass wir unter dem Strich längst schon glücklich sein können. Egal, was unser turbulentes Leben da draußen anstellt. Ein Moment, in dem wir einfach nur sind.

Oft sind es nämlich gar keine bestimmten Situationen, die uns glücklich oder unglücklich machen. Es sind unsere Gedanken darüber. Unsere Sorgen. Unsere Bewertungen.

Ist das nicht großartig? Wenn wir möchten, können wir uns jederzeit selbst in Fülle bringen?! Wir tun es nur häufig nicht.

Warum?

Weil unser Verstand eben seinen eigenen Dickkopf hat. Der süße Fratz hat einfach Angst.

Angst, nicht mehr gebraucht zu werden.

Angst, auf etwas Unschönes zu stoßen.

Angst vor der möglichen Veränderung.

Doch unser Inneres wird früher oder später eh laut. Deshalb lieben wir es, uns zu bemühen, lieber gleich hinzuhören, bevor wir die Ehrlichkeit zu uns selbst verpassen.

Mindful MEMO an DICH:

Viele unserer Freunde berichten uns regelmäßig, dass Meditation nichts für sie sei. Wir können das völlig nachvollziehen. Denn es ist anfänglich wirklich schwierig, sich entgegen des Verstandes in der Ruhe wohlzufühlen. Wenn's leicht wäre, würde es jeder machen, sage ich mir dann immer. Bist du jeder? Ja, klar ist das eine Herausforderung. Aber lass dir nochmal gesagt sein, dass jede klitzekleine Bemühung alleine schon dein Bewusstsein schärft und etwas in dir verändern wird. Alleine dieses Wissen, dass es unser Verstand ist, der uns von dieser inneren Ruhe abhalten will, ist pures Gold für Mona und mich. Und wenn wir, ohne es zu merken, auf einmal im Moment angekommen sind, folgt für uns etwas Magisches!

2. Offenheit für Veränderung

Auch wenn es so scheint, als würde es bei dieser Ruhe um unser Inneres gehen, ist es nicht ausschließlich unsere innere Welt, die wir damit verändern, es verändern sich auch unsere äußeren Umstände. Nein, nicht wie Hokuspokus. Hier folgt die Erklärung für unseren kritischen Verstand:

Mit dieser Gelassenheit, diesem Ankommen bei sich selbst, gehen wir komplett anders durch den Tag als ohne diese bewussten Pausen. Dadurch, dass wir oft sehr präsent sind, entstehen ganz andere Gedanken und Gesprächsthemen. Zuerst ist es vielleicht nur ein Gedanke, der ausgelöst durch mehr Ausgeglichenheit anders fortgesetzt wird. Dann sind es andere Menschen, die uns auffallen oder in den Sinn kommen. Dann ist es vielleicht ein Gespräch, das anders verläuft als sonst oder ein Tag, der anders endet als gewöhnlich. Bei sich selbst einzuchecken heißt, am Ende sein ganzes Leben beeinflussen und bereichern zu können.

Die Summe unserer Gedanken entwickelt über Jahre unsere Realität.

Alle Gedanken, die wir täglich über uns selbst und über die Welt hegen, versammeln sich zu einer Grundstimmung in uns. Das wiederum wirkt sich darauf aus, wie wir unserem Partner, unseren Familien, Freunden und fremden Menschen begegnen, wie wir auf Situationen reagieren und besonders, wie wir mit uns selbst umgehen. Wer gute Stimmung auslöst, hat häufig selbst gute Stimmung zu erwarten. Wir erschaffen uns selbst neue Möglichkeiten und erhöhen den wertschätzenden Blick auf die Welt und uns selbst. Für uns geht es nicht darum, um ein Wunder zu beten. Es geht darum, das Wunder in den kleinen Dingen selbst zu sein und bei sich zu beginnen. So gut es uns möglich ist. Mit all unseren Stärken und Schwächen, die einfach sein dürfen.

Ganz ehrlich, als ich zum ersten Mal davon las, dass sich durch diese meditativen Momente nicht nur mein Inneres beruhigt, sondern auch mein Äußeres auf positive Veränderungen reagieren würde, versuchte ich immer mehr, in den Moment zu kommen, damit sich meine äußeren Umstände verbesserten. Das waren meine ersten krampfhaften Versuche von gelebter Spiritualität. Aber so klappt das natürlich nicht. Das Universum checkt unsere wahren Gründe, unseren Antrieb und unsere Schwingungen. Ich umgehe diesen ungesunden Egoismus, indem ich mich ertappte, dass ich mit meinem eingeschalteten Verstand meditiere, statt mich zu bemühen, wirklich nur zu sein. Gedanken dürfen kommen und wieder gehen.

3. Die eigene Wirklichkeit neu interpretieren

Ich finde die Betrachtungsweise in der Spiritualität so faszinierend, einmal von dem Gedanken auszugehen, dass gar keine Vergangenheit oder eine Zukunft gibt, so wie wir sie uns auf dem Zeitstrahl erklären. Anders betrachtet sind es alles Momente im Jetzt.

Und diese Momente im Jetzt sind die einzigen, in denen wir etwas ändern können.

So viel Unruhe stiften wir uns selbst, indem unser Gehirn immer wieder an alten Geschichten aus unserer Vergangenheit festhalten möchte oder uns Szenarien in der Zukunft ausmalt, die noch passieren könnten. In diesen Momenten wach zu reflektieren, was uns unser Verstand gerade wieder einmal erzählt, ist so unfassbar interessant für Mona und mich und lässt uns in diesen Sekunden darüber entscheiden, was wir denken wollen und wer wir sein möchten. Ich liebe die Vorstellung, dass wenn ich mir nur eine Sorge weniger mache, ich damit mein ganzes Leben verändern kann.

Sind wir doch mal ehrlich. Es gibt exakt zwei Dinge, die wir uns doch alle gerne zu viel machen: NUDELN & SORGEN

Durch dieses Bewusstsein, ganz bei uns selbst anzukommen und präsent zu sein in dem Wissen, dass es nur den Moment im Jetzt gibt, entsteht für uns die gesunde Basis für clevere Entscheidungen. Wir verändern durch das Innehalten unsere Einstellung und damit unsere Ausstrahlung und damit unsere Gedanken und damit unsere Worte und damit letztendlich auch unsere Handlungen, die unser Leben verändern können. Und nein, Mona und ich können diese weisen Zeilen natürlich auch nicht immer umsetzen, doch allein das Bewusstsein dafür zählt.

4. Auf das eigene Gefühl hören

Es gibt Phasen, in denen ich von meiner spirituellen Praxis Abstand brauche. In denen ich nicht meditieren möchte. Nicht visualisieren. Nicht manifestieren. Manchmal kommt es mir erzwungen vor. Dann möchte ich Dinge wieder einfach passieren lassen. Bis ich spüre, dass mein Leben irgendwie an mir vorbeizieht, planlos, unbewusst, fast unbelebt. Dann weiß ich, dass es an der Zeit ist, wieder in Verbindung mit mir selbst zu treten. Ich möchte nicht eines Tages über mein Leben sagen, dass ich verpasst habe, es wahrzunehmen, zu spüren, auszukosten. Und wenn es manchmal nur wenige Sekunden am Tag sind, in denen ich bewusst ein- und ausatme, ist das besser als nichts. Spätestens, wenn mir dann ein Grinsen über die Bäckchen huscht, weiß ich, ich bin wieder im Jetzt. Diese Momente schätze ich ungemein. Ich darf längst glücklich sein. Also bin ich es. Probier's mal. Tut gut.

Mindful MEMO an DICH:

Spiritualität funktioniert nicht mit Zwang. So wie kaum etwas in unserem Leben funktioniert, wenn wir es erzwingen wollen. Wenn du merkst, dass du eine Zeit lang Pause vom Spirituellen brauchst, dass du aktuell vielleicht nicht mal damit anfangen magst oder es einfach überhaupt nicht fühlst, dann lebe genau das! Erlaube dir, dich immer nach deinem inneren Kompass auszurichten und in dich hinein zu hören. Alles trägt seine Botschaften in sich.

Die Zubereitung

Hier ein kleiner, passender Schwank aus Julias Real-Life. Beim Feinschliff meines Buches kotzte ich mich eines Tages wütend bei meinem Freund aus.

„Es ist zwar manchmal die Schönste, gleichzeitig aber auch die krasseste Herausforderung, die ich mir jemals zugemutet hatte. Wer bin ich, überhaupt ein Buch zu schreiben. Ich weiß nicht einmal, wie das geht. Die Abgabe drängt und eigentlich müsste es längst Mona zur Korrektur vorliegen."

Mein Freund, der durch mich ganz neu zu seiner Wahrnehmung von Spiritualität gefunden hatte, meinte nur ganz trocken: *Baby. Skip doch einfach den Moment. Du weißt doch eh, dass du es hinbekommen wirst. Warum also unnötig lange Sorgen machen. Spring direkt zu dem Punkt, an dem alles wieder gut ist und du neues Vertrauen in dich und dein Buch gefunden hast. Ich weiß, dass du es kannst, und du weißt das auch, in einer anderen Stimmung. Dein süßer Verstand hat bloß Angst, wie du selbst immer sagst.*

Er hatte so Recht und predigte mir meinen eigenen Scheiß. Es geht nie darum, perfekt zu sein, es geht immer um unsere Bemühungen und den Prozess, der einfach sein darf. Genau so wenig, wie Mona und ich es natürlich nicht jeden Tag schaffen, zu meditieren und uns die Ruhe zu holen, die wir bräuchten. Denn natürlich wissen wir, dass nur die Ruhe Langhaarmädchen nicht voranbringen würde, allerdings nur die Action eben auch nicht. Und um den Boden der spirituell angehauchten Tatsachen noch ein klein wenig mehr zu demonstrieren, kann ich dir persönlich sagen, wo ich es am häufigsten schaffe, in das Hier und Jetzt einzutreten. Dazu ist für mich kein schönes Yogastudio nötig. Keine 20 Minuten. Keine Räucherstäbchen und Gedöns.

Ich hole mir Kraft, indem ich, ehrlich gesagt, die Toilette betrete.

Eine Routine, die ich nicht erst aufwendig neu etablieren musste, sondern mir mehrmals am Tag sowieso die Möglichkeit schenkt, daran zu denken, bei all dem Gewusel um mein ach so wichtiges Leben, immer mal wieder den Tag zu lieben, egal, was los ist. Das Handy dann endlich mal beiseite gelegt, schließe ich die Augen, beobachte meinen Atemzug, bekomme oft direkt Gänsehaut am ganzen Körper und lasse mit dieser Fülle samt einem fetten Grinsen mein Inneres überschwemmen, ob du es dir in diesen Räumlichkeiten vorstellen magst oder nicht.

Wie ein innerer Raum, den ich überall abrufen kann, in einem äußeren Raum, der so ziemlich überall zu finden ist. Egal also, ob wir auf dem Klo sitzen oder sonst wo unsere Momente für uns finden. Sie sind kostbar und wir wollen bei all dem kreativen Rattern im Kopf immer auch Bewusstseinsmomente der Stille schaffen. Und weißt du, uns ist nicht wichtig, dass du diese Zeilen genauso fühlst wie wir, weil es unser Weg ist. Allerdings ist es uns einfach wichtig, dir die ganze Wahrheit weiterzugeben und nicht nur das zu formulieren, was erwartet und gerne gelesen wird.

Unsere Art, Business zu machen, und unsere Art, durchs Leben zu gehen, sind für uns keine zwei unterschiedlichen Dinge. Sie beeinflussen sich gegenseitig und werden zu einer persönlichen Lebensphilosophie. Immer mehr können wir dadurch privat und beruflich so leben, wie es sich für uns authentisch anfühlt, auch wenn die Rollen unterschiedlich ausgeprägt sind. So wie ich feiern kann, so gebe ich auch Gas in meinem Business. So positiv, wie ich im privaten Umfeld denke, gehe ich auch im geschäftlichen ran. So wie ich Krankheiten bei mir persönliche als Chance für Ruhe und Stärkung ansehe, so nehme ich auch unternehmerische Tiefschläge an.

Mindful MEMO an DICH:

Mona hatte uns irgendwann ein ganz einfaches, aber sehr machtvolles Bild injiziert, das vielleicht auch etwas für dich ist:

Weißt du, hinter einer grauen Wolkendecke wartet auch immer wieder die Sonne. Sie ist nie weg, auch wenn wir das denken. Wir können sie dann gerade nur nicht sehen. Mit dem Sonnenschein in unserem Leben ist es auch so: Er ist immer da, wir dürfen nur außergewöhnliche Wege finden, dort hinzugelangen.

Dein Unternehmen ist 80% deiner Persönlichkeit, heißt es. Unser Leben ist 100% unserer Persönlichkeit. Da, wo wir heute stehen, wo wir wohnen, wie wir leben - ist unsere Widerspiegelung unserer Gedankenwelt. Immer wieder entdecken wir unseren Wert neu, immer wieder verstehen wir, dass wir längst nicht verstehen, was noch in uns steckt.

Wir sind Schüler des Lebens und das darf immer so bleiben. Sich auch und besonders in beschissenen Phasen in diesen Zustand des Vertrauens zu bringen, löst Knoten der Anspannung in uns und damit auch im Außen. Es ist längst alles in uns. Wir dürfen nur lernen, hinzufühlen. Und weil du mir bis hierhin schon so fleißig mit deinen Gedanken und auch deinem Herzen gefolgt bist, noch ein weiterer Mindblower, der Monas und meine Welt immer wieder verblüfft.

Worauf wir bei unserem Glücksrezept gern verzichten können: DRAMA Während unserer Australienreise haben wir es immer wieder vermutet, es aber selbst erst Jahre später wirklich begriffen.

Durch die Spiritualität durften wir lernen, dass uns unser Verstand oftmals nicht nur von unserem Glück abhalten möchte, nein, er liebt sogar das Gegenteil! Drama mode on!

Das erklärt für uns, warum wir Menschen so oft das Drama brauchen. Wir möchten in einem Streit nicht gleich wieder die Harmonie anstreben, sondern erst einmal auf unser Recht pochen und gerne so lange wie möglich schmollen.

Unser Verstand wird dann zu unserem Ego und versucht, uns so lange wie möglich in negativen Gefühlen zu halten. Auch hier ist es wieder die Angst, die uns lähmt.

Die Angst, nicht genug geliebt zu werden.

Die Angst zu versagen.

Die Angst, nicht genug zu sein.

Warum er das tut?

Der Verstand meint, er schenkt uns das Drama, weil er davon ausgeht, im Drama seine und damit auch unsere Erfüllung zu finden. Er möchte uns quasi helfen. Wie geil kann diese Erkenntnis bitte sein?

Mindful MEMO an DICH:

Lies die letzten Sätze bitte nochmal.

Vollendung mit einer Prise Angst ODER Liebe

Jahrelang habe ich folgenden Satz, den wir immer wieder von Laura Seiler gehört haben, nie wirklich verstanden.

Wir sind nicht unsere Gedanken.

Verstand an Großhirn:

Wie? Wir sind nicht unsere Gedanken? Meine Gedanken finden in meinem Verstand statt. Gedanken, die ICH produziere. Freiwillig. Es sind schließlich MEINE Gedanken. Also bin ich meine Gedanken und meine Gedanken sind ich.

Nicht ganz.

Tatsächlich sind wir nämlich nicht alle unsere Gedanken. Unsere Gedanken werden ja ausgelöst. Manchmal von etwas Gutem in uns. Manchmal von unseren ängstlichen Anteilen. Mona und ich lieben es, uns dabei zu beobachten, wie wir die Höhen und Tiefen eines Tages meistern und immer öfter, gemeinsam mit unserem Verstand, an unserer Ausgeglichenheit arbeiten. Wir wollen unseren Verstand nicht unter Kontrolle bringen. Wir glauben auch nicht, dass das möglich oder nötig ist. Auch mal sauer und genervt zu sein, gehört zu einer authentischen, ehrlichen Lebensweise natürlich dazu. Trotzdem kann das Wissen darüber, wie unser Verstand funktioniert, nicht schaden. Vielleicht hegst du schon seit Jahren oder Jahrzehnten Gedanken, die gar nicht wirklich deine sind. Es sind Gedanken der oftmals unnötigen Angst, die du ab heute vielleicht mit etwas mehr Abstand betrachten möchtest, damit sich dein Alltag leichter anfühlt. Vielleicht sind es auch Gedanken, die dir über gewisse Aussagen von deinen Vorfahren mitgegeben wurden. Für Mona und mich war das die lebensveränderndste Weisheit überhaupt.

Gedanken, Ideen oder Wahrnehmungen, die in Fülle passieren, dienen uns wesentlich mehr als alles, was aus Mangel heraus entsteht.

Und ab in den Backofen

Ich würde nicht sagen, dass Spiritualität unser Geheim- oder Erfolgsrezept ist, allerdings ist sie ein großes Puzzleteil davon, was unsere Energie ausmacht. Spiritualität lässt uns mit Herausforderungen besser umgehen und hitzige Momente auf ein Minimum reduzieren.

Sie lässt uns verstehen, dass wir besser keine Verhandlungen führen, wenn wir uns im Mangel befinden und dass neue Visionen aus Fülle heraus entstehen. Spiritualität lässt uns Tiefschläge leichter wegstecken und Stress schneller reduzieren. Ziel ist es nicht, alles Negative auszulöschen. Aber es hilft uns, unser Bewusstsein immer mal wieder zu schärfen und damit dem Leben mit mehr Leichtigkeit zu begegnen.

Mein größtes Learning der letzten Jahre ist, zu akzeptieren, dass diese Unzufriedenheit, die unser Verstand so sehr liebt, bis zu einem gewissen Grad förderlich ist, um bestimmte Lebensphasen oder Lebensbereiche zu hinterfragen. So machen wir uns frei für Weiterentwicklung und Veränderung. Die Kunst liegt nur darin, die Unzufriedenheit, die pure Angst ist, bis zu einem gewissen Punkt walten zu lassen, wenn sie uns nützlich ist und zu unterscheiden, ab welchem Punkt sie uns schadet. Genau diese Balance zu finden, scheint manchmal schier unmöglich. Doch wir sagen: Durch mutiges Hinsehen ist immerhin eine Annäherung möglich.

Heute nehmen wir wahr, wie oft unsere hässlichen Gedanken, die nicht nur uns, sondern auch andere bewerten, die Gedanken unseres Egos sind. Wir verurteilen uns nicht mehr, weil wir wissen, dass dies nur der ängstliche Teil in uns ist, der sich selbst nicht gut genug fühlt. Wenn wir es schaffen, reduzieren wir diese Gedanken und kommen zurück zu uns, weil wir wissen, wer wir sein können. Immer mehr sortieren wir aus, welche Gedanken uns runterziehen und welche uns für ein starkes Heart- und Mindset pushen.

Mindful MEMO an DICH:

Kurzer Alltags-Check. Schau mal kurz, welche Smileys du unter „oft benutzt" in deinem WhatsApp findest. Ich habe mir angewöhnt, selbst hier in meiner Ausdrucksweise über Emojis kein überspitztes Drama zu versenden und erhalte dementsprechend wenig Drama zurück.

Statt diesen Smileys verwende ich persönlich diese:

Süßes Topping

Und wenn du dich selbst schon sehr bemühst, du aber bei anderen Menschen Harmonie, Freude oder Wertschätzung vermisst, dann fangen wir auch hier bei uns und vor unserer eigenen Haustüre an zu kehren. Vielleicht sind es nur unsere kleinen, beharrlichen Flügelschläge, aber wir wissen ja, was diese auslösen können. Die Welt braucht jeden einzelnen von uns. In der Spiritualität wird oft davon geredet, dass wir alle eins sind. Dass wir miteinander verbunden sind, dass alles zusammenhängt. Auch wieder eine Information, mit der unser Verstand herzlich wenig anfangen kann. Ihn nerven solche Aussagen, die er nicht einordnen kann. Mona und ich haben durch viele spirituelle Lehren über die Jahre die Vorstellung angenommen, dass jeder Mensch in unserem Leben gleichzeitig auch wir selbst sind. Klingt beim ersten Mal hören völlig abgedriftet, lässt unseren Blick auf die Sterne allerdings weiter werden. Was passiert, wenn wir uns vorstellen, dass alle Menschen, die uns begegnen, gleichzeitig auch wir selbst sind? Wir in einer anderen Zeit, in einem anderen Leben?

Deine Freunde versammelt an einem Tisch, die alle auch du sind. Ich liebe es, mich immer mal wieder in den unterschiedlichsten Persönlichkeiten und Rollen zu betrachten und kann mir vorstellen, dass ich in einem vorherigen oder späteren Leben auch dieser Mensch bin und dadurch jede Facette des Lebens kennenlernen kann. Eine Schwester können wir lieben wie eine Schwester. Eine fremde Person können wir nicht direkt in unser Herz schließen. Das trennt uns voneinander und lässt uns, statt zusammenzuhalten und Fremde wie die eigene Familie zu behandeln, Distanz aufbauen. Uns hilft dieser Blickwinkel, uns weniger über andere aufzuregen, weil wir es ja selbst sind, die einfach an einem anderen Punkt im Leben stehen und andere Herausforderungen und Meinungen haben. Es hilft uns, unser Umfeld mit viel Humor zu betrachten und den Kopf über uns selbst zu schütteln oder uns inspirieren zu lassen. Es hilft uns, unser Langhaarmädchen-Leben nicht als wichtiger als das unserer Nachbarn anzusehen, weil wir alle gleich wichtig und gleich viel wert sind. Es hilft uns, bewusst bodenständig zu bleiben, weil wir wissen, welches Privileg wir genießen, in diesem Leben Langhaarmädchen zu sein. Es hilft uns, weniger über Mein oder Dein nachzudenken. Alles ist viel mehr miteinander verbunden, als wir denken, auch wenn unser Verstand diese Wahrheit oft genug hinterfragt. Unser Herz spürt, dass wir richtig liegen. Uns macht das glücklich. Natürlich betrachten wir die Welt nicht jeden Tag so, das wäre echt anstrengend. Aber besonders in Momenten, in denen wir unser Gegenüber nicht verstehen, hilft uns diese Perspektive, Verständnis, Geduld und Empathie aufzubringen.

Und was, wenn wir uns das alles nur ein- und schönreden?

Dann ist es eben so. Es geht doch darum, dass es uns guttut und uns persönlich hilft, ein besserer Mensch zu sein. Da ist die Frage für uns nach der subjektiven Wirklichkeit irrelevant. Für uns sind es weder der Kontostand, noch die Freiheit, noch die Beziehungen an sich, die uns glücklich machen. Erst die Betrachtungsweise und das erhöhte Empfinden verstärkt für uns den Genuss am Leben. Wenn wir uns um unser eigenes Glück kümmern, können wir mehr Sonnenschein für andere sein und damit kommt Sonnenschein zurück. Sonnenschein = Liebe = Geld = Energie. Unter dem Strich ist für uns alles Energie. Und um die gilt es, sich zu kümmern. Naja und jetzt mal Tacheles. Dann gibt es da noch die tatsächlichen „Beweise" für alle rational Geprägten, dass all das für uns funktioniert.

Während des Buch-Feinschliffs erreichte uns von „Finanzminischter" Papa Rudi die freudige Nachricht, dass wir im Sommer 2022 wieder einmal neue Rekordumsätze mit Langhaarmädchen geschrieben hatten. Nach sechs Jahren Langhaarmädchen Aufbau hat sich Mona mit ihrem Obaid nun ein wunderschönes Reihenhaus zur Miete in München ermöglicht, um in der Nähe unseres Langhaarmädchen Salons zu sein und dich vor Ort glücklich zu machen. Ihre Liebe zu München bleibt seit Jahren unverändert und lässt sie für diesen Lebensabschnitt ihren Traum leben. Parallel zu Mona habe ich mir zum Entstehungs-prozess dieses Buches mit David unseren großen privaten Traum er-füllt: Ein gemieteter Zweitwohnsitz im Süden. Unsere wunderschöne Bilderbuch Finca auf Mallorca, die eben noch mein Visionboard ge-ziert hat, ist heute Realität. So sind Mona und ich unabgesprochen und gleichzeitig nach vielen Jahren des „Schaffe Schaffe" unseren privaten Träumen nachgegangen. Das Kümmern, um das eigene Glück im In-nern ermöglicht Glück im Außen.

Und allein die Tatsache, dass du deine wertvolle Zeit mit uns geteilt und ein wenig in unserer Langhaarmädchen-Welt verbracht hast, wird automatisch etwas Feenstaub in deinem Leben und auch in unserem hinterlassen. Achte mal darauf.

Immer wieder ist es für uns die Zwischenmenschlichkeit, die unse-re höchste Energie von uns abverlangt. Gleichzeitig finden wir darin aber auch die größte Form der Liebe. Deshalb ist es für uns jede Mühe wert, diese Erkenntnisse nicht für uns selbst zu behalten, sondern sie zum Wohle aller hier zu teilen. So verstehen wir Spiritualität als eine Art innere Vision von uns Langhaarmädchen, die vielleicht nicht in Zahlen gemessen werden kann, aber dafür in Form von schönen Le-bensmomenten und einer gewissen Schwingung Spuren in unserem Leben hinterlässt.

In diesem Sinne wird es langsam Zeit, sich von dir (und mir ;)) zu verabschieden und dir DANKE zu sagen. DANKE für deine wertvolle Zeit und den einzigartigen Moment mit dir! Kein anderer hat dieses Buch so gelesen und interpretiert wie du. Kein anderer saß mit exakt gleichen Gedanken und Gefühlen Seite an Seite neben uns im Van. Kein anderer betrachtet uns Langhaarmädchen nun wie du.

Nimm deine Gedanken, sei mutig, geh in die Welt und schreib' dei-ne ganz eigene Geschichte. Zimmere dir deinen ganz eigenen Dach-schaden. Denn es ist deine Weltanschauung, dein Leben. Lass dich in-spirieren, lausche deinen Atemzügen, genieße das Ankommen im Sein. Die größte Schönheit liegt längst in dir und wartet auf dich, entdeckt zu werden. Der Schlüssel zum Glück steckt von innen. Deine Aufgabe ist es, Mut zu beweisen. Mut bedeutet nicht, seiner Meinung immer treu zu bleiben. Mut bedeutet, auch mal Wege zu verwerfen, Ziele zu cancen, Zweifeln nachzugeben und vor allem ehrlich zu sich selbst zu sein.

Mach dein Glück nicht von anderen Menschen oder Umständen abhängig! Es gibt nur eine Person, die bestimmt, wie dein Leben verläuft,
und das bist
du.
Jeden Tag aufs Neue.

Danke, dass du diesen Roadtrip mit uns gewagt hast! So schön, dich an Bord gehabt zu haben! Und jetzt raus mit dir! Ach ja, vielleicht magst du das ein oder andere unnötige Gepäckstück einfach bei uns lassen? Kannst es hier abstellen. Wir entsorgen es liebend gerne für dich!

Es war so wunderschön mit dir! Pass auf dich und deine Gedanken auf! Komm uns gerne im Salon besuchen oder lass uns in deinem Badezimmer wirken. Du weißt ja jetzt, wo du uns überall findest. Schließ die Augen, fühl dich gedrückt. Und denk dran: Mutig ist das neue Schön!

Deine LANGHAARMÄDCHEN Mona & Julia
in einem TEAM voller WUNDERvoller DACHSCHÄDEN

PERSÖNLICHES NACHWORT Julia

Während des einjährigen Schreibprozesses dieses Buches sind hier in unserer Langhaarmädchen-Welt weitere Wunder passiert. Womöglich das größte Wunder von allen. Während du dieses Buch in Händen hältst, halte ich wahrscheinlich gerade meinen Nachwuchs in den Händen. Denn ich bin Mama eines wundervollen, kleinen Langhaarmädchens.

Die Frage, welche Produkte und besonders welches Gefühl wir für die Ära nach uns hinterlassen möchten, begleitet Mona und mich schon von Anfang an. Und schon immer haben wir unsere Vision generationsübergreifend verstanden. Denn unsere Botschaft, die wir in die Welt bringen, soll weitergetragen werden.

So wie ich es heute meiner Tochter wünsche, wünsche ich auch dir deine ganz eigenen Momente, deine Erlebnisse und Erfahrungen, die dich zerreißen und stärken, die dich fordern und formen werden und die dich zu dem Menschen machen, der du von ganzem Herzen sein möchtest.

Ich kann mein Glück, das ich überall wahrnehme, so oft nicht fassen und hoffe, einen Teil davon mit meinen Zeilen an dich übergeben zu haben. Ich wünsche mir für dich, dass du deine Chancen erkennst, dass du deine eigene Geschichte schreibst und du auf deinem ganz persönlichen Roadtrip durchs Leben so viel Freude wie möglich erlebst...

Mona und ich glauben an dich!

DANKsagung

Danke an alle Zweifler, ohne euch wäre das Erreichen unserer Ziele nicht so genüsslich.

Danke an alle Chefs, die uns nicht so behandelt haben, wie wir es uns gewünscht hätten, ohne euch würden wir in unserem Team nicht so oft das Gegenteil leben.

Danke an alle Kritiker, ohne euch wären unsere Überlegungen nicht so scharf.

Danke an euch Tiefpunkte, ohne euch wären unsere Highlights nicht so überflutend wundervoll.

Danke an euch Herausforderungen, ohne euch wäre das Leben viel zu geradlinig.

Danke euch grauen Wolken, ohne euch würde die Sonne nicht so guttun.

Dank euch wurde in uns der Mut gefordert, über uns selbst hinaus zu wachsen und so viele Dinge zu meistern, die wir uns nie zugetraut hatten.

Unser persönlicher DANK geht von ganzem Herzen an diese Wegbegleiter, die uns alle ein Stück zu dem geformt haben, wie wir heute sind:

DANKE an:

Unsere Traummänner David & Obi
Monas Eltern & Familie
Meine Eltern & Familie

DANKE an:

Monas Tanzszene
Monas Heimatfreunde
Monas Münchner:innen
Meine Würzburger Crew #crewlove
Meine Karlsruher Friends
Meine Heimatfreunde

DANKE an:

Unser Langhaarmädchen Kernteam
Unser Langhaarmädchen Salonteam
Unsere ehemaligen Teambegleiter

und von Herzen DANKE an unser dm Team!
Insbesondere an Kerstin Erbe und Adrian Martin, die all das
möglich gemacht haben.

DANKE an:

All unsere Lieblingsautoren & Coaches
Meine inspirierende Lektorin Cornelia Czaker
Sarah Maske und den wundervollen Malia Verlag, der Träume
wahr werden lässt

Nicht zuletzt DANKE Laura Malina Seiler:
Du hast das, was wir mit diesem Buch in anderen auslösen
möchten, zuvor in uns ausgelöst!

Und dann gibt es da noch eine Frau in meinem Leben, die mich
seit meiner Kindheit nicht nur geprägt und unfassbar bestärkt hat,
sondern mich bis heute wie keine andere durch ihre Feinfühligkeit trägt und mich einfach glücklich macht. Gleichzeitig sitzt sie in
meinen schwachen als auch starken Momenten wie ein Engelchen auf
meinen Schultern, um mir aus tiefstem Herzen jederzeit meine Stärke
und meine Einzigartigkeit ins Ohr zu flüstern.

Meine Schwester Lisa.
Ich kenne kein empathischeres Wesen als sie.
Niemanden, der nicht nur mich, sondern auch Mona so sieht, wie
wir wirklich sind und uns in allem unterstützt, einfach nur da ist oder
uns den Spiegel vorhält, wenn wir Antworten für unseren
Lieblingsweg brauchen.

Man sollte ja das eigene Glück nicht von anderen Menschen abhängig machen. Aber wenn es da jemanden gibt, dem ich mein
gesamtes Leben in die Hände geben müsste: Es wäre sie.

Danke für alles Lisa, du wundervoller Mensch!

Und zuletzt:

Für alles, was wir uns selbst ermöglichen und über dieses Leben
erzählen dürfen.

DANKBAR

IMPRESSUM

Originalausgabe
Veröffentlicht im Malia Verlag, Berlin, März 2023
Copyright © 2023 by Malia Verlag GmbH, Berlin
www.malia-verlag.com

1. Auflage
978-3-949822-05-6

Illustrationen und Gestaltung: Julia Schindelmann und Johanna Nüsch
Lektorat: Cornelia Czaker / schreibamt.at
Korrektorat: Christine Bittner
Satz: Johanna Nüsch / Instagram: stoned.letters

Druck und Bindung: Umweltdruck Berlin GmbH

Printed in Germany

Kein Plastik!
Aus Liebe zur Umwelt ist dieses Buch nicht in Plastik eingeschweißt.